M

传媒人才的培养与锻铸系列丛书

总主编◉高晓虹

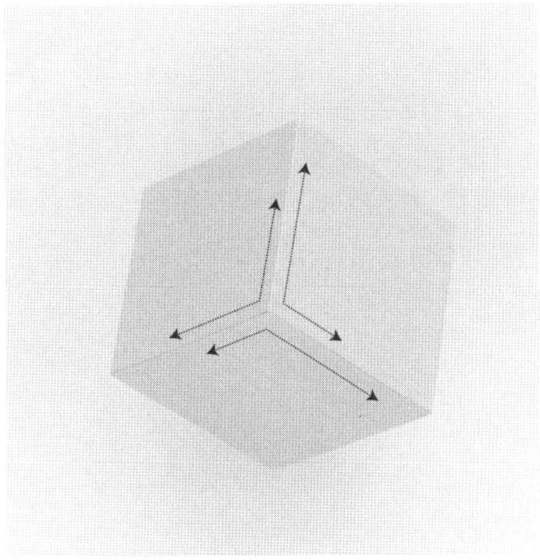

记者职业素养与实践路径探索研究

程素琴◉主编

中国传媒大学出版社
·北京·

序

从抗疫报道看新时代传媒体系建构和人才培养

◇ 程素琴

新闻是历史的底稿，而历史是最好的教科书。2020年的新冠肺炎疫情，是新中国成立以来在我国发生的传播速度最快、感染范围最广、防控难度最大的一次重大突发公共卫生事件。这次疫情是一次危机，也是一次大考。这场考试，中国无疑考出了高分。全国人民都参与了这场大考，风雨同舟、众志成城，构筑起疫情防控的坚固防线。在疫情爆发初期逆行到湖北、到武汉采访报道的中国媒体记者，是其中最特殊的"考生"群体之一。在疫情防控最危急的时刻，媒体记者临危受命、迎难而上，奔赴湖北，日夜奋战在抗疫斗争的第一线，及时发布权威信息，准确公开报道疫情，为坚决打赢疫情防控的人民战争总体战阻击战凝聚强大的力量，营造了浓厚的万众一心、同舟共济、抗击疫情的舆论氛围。

2020年11月，教育部和中宣部在部校共建框架下，向全国700多所新闻传播院校、1300余个新闻传播学类专业点推出"中国新闻传播大讲堂——来自武汉抗疫一线的报道"（下文简称"大讲堂"）。来自《人民日报》、新华社、中央广播电视总台、《光明日报》、《经济日报》、《中国日报》等14家媒体单位的39位参与一线报道的媒体负责同志及记者走进演播室，在镜头前分享了抗疫期间的感人故事和报道的创作体会，展现了新闻人的家国情怀、责任担当，绘就了一幅鲜活生动的人民抗疫画卷，留下了珍贵的历史影像底稿。"大讲堂"用生动鲜活的案例向新闻学子和媒体人呈现了"困难面前豁得出、关键时刻冲得上，以生命赴使命，用大爱护众生”①的抗疫精神，为新时代卓越新闻人才培养指明了方向。

一、大疫之下的使命与担当

第一，提高政治站位，听党指挥，以习近平总书记关于疫情防控工作重要讲话和指示批示精神，为报道立纲铸魂。

新冠肺炎疫情是百年来全球发生的最严重的传染病大流行。面对突如其来的疫情，党中央统揽全局、果断决策，以非常之举应对非常之事，用 1 个多月的时间初步遏制疫情蔓延势头，用 2 个月左右的时间将本土每日新增病例控制在个位数以内，用 3 个月左右的时间取得武汉保卫战、湖北保卫战的决定性成果，进而又接连打赢了局部地区聚集性疫情歼灭战，夺取了全国抗疫斗争重大战略成果。在这个看不见硝烟的战场，人们把医护人员称为白衣战士，把新闻工作者称为新闻战士。在关键时刻，提高政治站位，听党指挥，是各条战线取得胜利的根本要求。

疫情发生后，习近平总书记亲自指挥、亲自部署、统揽全局、果断决策，多次召开会议、调研视察、作出重要指示，危急之时，一个个高瞻远瞩的判断、一次次审时度势的决策、一句句掷地有声的话语，彰显着大国领袖的责任担当，为打赢疫情防控阻击战指引方向，明确了主流媒体应发挥强信心、暖人心、聚民心的作用。习近平总书记强调，要为舆论“融入更多暖色调，营造风雨无阻向前进的浓厚氛围”②，也就是要求主流媒体做好正面宣传，弘扬主旋律，激发正能量。总书记强调“让党旗在防控疫情斗争第一线高高飘扬”③。总书记提出广大医务工作者要发挥火线上的中流砥柱作用，强调务必高度重视对医务人员的保护、关心、爱护。围绕关于疫情防控工作的重要讲话和指示批示精神，许多优秀的稿件和作品被采写和刊发出来，起到了关键的导向作用。

每当重大突发灾害事件发生的时候，人们总能看到媒体记者与解放军、武警战士、医护人员一起并肩作战的场景。得知要组建武汉采访组，主流媒体记者纷纷主动请缨。2020 年 1 月 26 日零时到 4 月 8 日武汉“解封”的 76 天前后，他们不能轮换、没有

---

① 习近平.在全国抗击新冠肺炎疫情表彰大会上的讲话[J].求是，2020(20)：11.

② 习近平.在中央政治局常委会议研究应对新型冠状病毒肺炎疫情工作时的讲话[J].求是，2020(4)：10.

③ 习近平.让党旗在疫情防控斗争第一线高高飘扬[J].求是，2020(6)：26.

休假，3个月左右的时间里始终奋战在一线。新闻工作者用镜头记录战疫故事，用文字传递抗疫精神，用新闻报道守护山河无恙。

第二，精心设置报道议程，强化正面声音，消解负面舆情，讲好抗疫斗争中可歌可泣的中国故事。

在人类社会发展史上，疫病和谣言从来都像孪生兄弟一样相生相伴。每次重大突发事件发生后，虚假信息以及似是而非的观点也就随之而来。在传统媒体时代，虚假信息和有害信息传播的速度没有那么快，传播的范围也没那么广；而在现在的互联网信息时代，情况则完全不同，大小舆情接连起爆，社会反应迅猛而剧烈。国际上，疫情发展越严重，相关的舆论斗争环境就变得越复杂。中国的抗疫取得阶段性成果的时候，国际舆论形势就显得乌云密布。如今，中国抗疫取得了战略成果，西方政客和媒体还是在不断甩锅，竭尽造谣抹黑之能事。一边抗疫不力，一边甩锅中国，他们这样做，一方面是想要用政治话语转移国内民众的视线，通过甩锅寻找“替罪羊”；另一方面是为了消解中国抗疫的巨大努力和成果，消解中国通过支援其他国家抗疫而进一步提升的国际形象，进而消解我国持续增长的国际影响力。

当外部环境错综复杂，疫情、舆情相互交织、此起彼伏，媒介信息与公众安全感发生不对称的时候，主流媒体的责任与担当就体现在为社会提供全面、客观、真实、权威的报道，达到以正视听的作用；把抗击疫情的动人故事挖掘出来，把战疫一线勇于牺牲敢于奉献、舍小家为大家的大爱精神呈现出来，为战胜疫情营造好舆论氛围上。

第三，充分彰显有中国特色主流媒体的责任和担当，全方位参与抗疫实际工作。

主流媒体新闻工作者到达武汉之后，接到中央指导组宣传组的第一个工作任务，就是在采访过程中，一旦发现有患者的求助信息，就要收集上报，想办法帮助他们。许多媒体迅速利用互联网开辟了新冠肺炎患者的网络求助通道。数以万计的求助信息和问题线索通过新媒体平台报给中央指导组，成千上万的患者因此得到了及时救治。

还有不少媒体搭建了物资捐赠平台，解决了医疗物资匮乏的问题。用前方媒体负责人的话说，他们拿着驰援武汉的341支医疗队的花名册，给相关的负责人一个个打电话，询问需求、一一记录，完成了巨大的工作量。武汉“解封”后，主流媒体充分发挥融合优势，为湖北直播带货，促进经济复苏。《新闻联播》在报道相关的节目时引用网民的话：“没机会为湖北拼命，现在就为湖北拼个单，用这样的方式为湖北经济复苏贡献一份力量。”类似这样的工作，主流媒体在中央指导组宣传组的指导下做了很多，已经超出了传统意义上媒体的职责，充分彰显有中国特色主流媒体的责任和担当。

二、讲好抗疫中国故事

第一，扎根一线，扎根基层，通过深入调查和亲身体验带来既有情感温度又有思想深度的好稿件、好作品。

医护工作者的一线在病房和抢救室，社区工作者的一线在社区，还有公安民警、志愿者等等，在武汉抗疫过程中，他们是处于基层一线最核心的人。而媒体记者进行采访、调研、拍摄的一线和基层，就是医护人员、社区工作者、公安民警等等工作的所有地方。战地摄影师罗伯特·卡帕说过，“如果你拍得不够好，那是因为你靠得不够近”。图片摄影如此，新闻报道亦如此。人民日报社新闻协调部副主任汪晓东在“大讲堂”上说：“如果你写得不够好，是因为你离人民不够近。换言之，如果你要写得足够好，就要离人民足够近。只有这样，你才能真正与人民共情。”

在“大讲堂”上，很多记者都会提到“红区”这个词，说的是重症 ICU 病房、隔离病区等区域。这里既是医护人员抢救病人的主战场，又是媒体记者记录感人故事、采写出好稿件、拍摄出好作品的“前沿阵地”，记者需要和所有进入“红区”的人一样，穿着最严密的防护服，不用说采访和拍摄，就连行走和活动都比平时要困难得多。但就在这种条件下，记者们主动请缨、前仆后继，只要选题需要，大家都会主动冲上去，出现在现场。在前方报道组当中，仅中央广播电视总台一家媒体，就有 150 人进入“红区”，总计深入“红区”2600 余次，其中 12 人进入“红区”超过 40 次。进“红区”次数多的，党员占大多数。共有 33 人因工作在未知情况下接触高度疑似患者或确诊者而被隔离。

总书记在湖北省武汉市考察疫情防控工作时强调指出：“一线的医务工作者最辛苦，承受着难以想象的身体和心理压力，许多同志脸上和手上被磨出了血，令人感动，是新时代最可爱的人。”①中国摄影家协会主席、人民日报摄影记者李舸率领各方力量组成“中国摄协抗击疫情摄影队”，为全国各地援鄂医疗队的 4.2 万余名医务工作者拍摄肖像，用富有仪式感的摄影行动留存壮举，讴歌英雄。“为时代画像，为时代立传，为时代明德”，4.2 万余名援鄂医疗队员的光辉形象，正能量充沛，主旋律高昂，是摄影工

---

① 习近平在湖北省考察新冠肺炎疫情防控工作[EB/OL].(2020-03-10)[2021-10-20]. http://www.xinhuanet.com/politics/leaders/2020-03/10/c_1125692140.htm.

作者向党和国家、向疫情防控工作呈上的影像答卷。

湖北台记者谭海燕深入武汉市多家医院的隔离病房和ICU蹲守拍摄，自2020年1月28日至4月16日完成阶段性拍摄任务。她在长达80天的时间里，与前线医护人员同吃同住，与后方家庭完全隔离，以7×24小时的工作状态拍摄了100多名采访对象，留下了500多个小时的素材，完成了纪录片《金银潭实拍80天》和5集系列纪录片《隔离区》。这样的例子不胜枚举。

第二，全媒体，全方位，网上网下融合传播，全面创新内容表达形式。

在深度融合环境下，主流媒体除了做好新闻报道的基本工作外，还有很多创新表达和创新传播的方式，充分调动两微一端、机构媒体APP、抖音平台等在用户中有较大影响力的途径。基于5G＋4K/8K＋AI＋VR等新技术的融媒体平台，打破传统新闻报道线性的叙事方式，充分发挥了直播实时性、真实性、互动性、场景化等优势，让受众产生身临其境的“沉浸感”，全程见证参与新闻事件的进展和过程。

利用新媒体的采编平台，记者具有了新的采写方式，发稿速度大幅提高。新华社在新媒体报道上，采用了“前方采集，后方编辑”的模式，坚持移动端优先原则，建立起24小时响应机制，鼓励一线记者尽快将素材入库，后方在线编辑，遇重大新闻时以海报等形式播发快讯。对涉及中央指导组活动、国新办发布会、湖北武汉疫情防控举措成效等的权威信息，第一时间编发新媒体报道，以适应疫情期间的传播需要。《现代快报》记者是钟寅举例说：“3月17日，江苏省有6支医疗队从武汉返回，印象最深的是这条报道——《最高礼遇送别！江苏援湖北医疗队首批710名战士启程返苏》。这条稿子有多快？医疗队还在去机场的路上，队员刷刷手机，就看到这条新闻了。记者就坐在队员身边，几分钟前还在跟拍。不仅是医疗队员吃惊，就连媒体同行也很惊讶，他们还在争分夺秒用手机打字，或者剪辑视频，这条稿子已经发出来了。”[①]对此，记者总结了3条秘诀：一、前方合理分工、高效执行；二、后方制作人员通力配合；三、机制上实行扁平化审校。

广东报道组也为医护人员拍摄了一组名为《你摘掉口罩的样子很美》的照片，他们尝试了线上全媒体、线下多场景的创新表达和创新传播。一线医护人员的照片2020年2月17日首先在城市地标建筑上亮了起来，引起了轰动。这一做法很快被推广到

---

① 本书所录参与“中国新闻传播大讲堂——来自武汉抗疫一线的报道”的新闻工作者的观点，如无额外说明，均出自此次“大讲堂”讲稿等有关资料。

其他城市，英雄的形象在许多城市空间被点亮，具有很强的感染力。

2020年1月26日晚18时，央视大型网络慢直播《与疫情赛跑——全景直击武汉火神山、雷神山医院建设最前沿》上线，4路高清慢直播信号不间断直播，单日观看人数超千万，深夜同时在线人数超百万。1.3亿人次“云监工”慢直播成为2020年这个不平常的春天里“宅家”网友的“新工作”，也成为“全景化”战疫情报道中成功的突破点。2月1日，火神山医院VR慢直播正式上线，经过页面功能、网络扩容和直播窗口逐步优化，开24小时VR慢直播之先河。观众汇集在慢直播营造的同一时空，一边直观地观察事件进展，一边以讨论的方式获得“在场感”。他们不再是被动的信息接收者，而是隔着屏幕同时间为建设者摇旗呐喊的加油员，每一个参与者都能感受到武汉在为生命争分夺秒。从云监工到云守望，画面的形式虽简单，却天然带有现场感，事件的传播与发生同步进行，更加客观。

第三，人民至上，生命至上，将“把人民群众生命安全和身体健康放在第一位”的理念，落实到每一次采访、每一篇稿件中。

2020年全国“两会”期间，总书记参加内蒙古代表团审议时指出，在重大疫情面前，我们一开始就鲜明提出把人民生命安全和身体健康放在第一位。不少媒体和记者超出了传统意义上的职责定位，全方位参与抗疫实际工作。以媒体报道的角度来看，从前期的“应收尽收”“提高治愈率，降低病亡率”，到后来的“为湖北拼单”，充分调动了现场连线、网络直播、蹲点调研、跟踪报道等形式，反映群众实际困难和呼声。同时，媒体通过大量的内参报道，为领导决策、解决实际困难提供了重要参考。无论是为4.2万余名医护人员拍摄肖像，把医护工作者的形象在城市空间“点亮”，还是生动讲述广大医务工作者、基层干部、普通市民、志愿者等群体的感人事迹，塑造金银潭医院院长张定宇、武昌医院院长刘智明等重大典型，以及报道患者经过救治逐渐康复、出院与亲人团聚的真实故事，都催人泪下、感人至深。

三、培养新时代的全媒体记者

青年是国家和民族的希望。赴武汉媒体记者中半数以上都是“90后”，还有不少“95后”。他们中的许多人都是全国新闻传播院校培养的青年媒体人，刚刚走出校门不久，就逆行奔赴“战场”，奋战在抗击新冠疫情的前沿阵地。新闻传播高等教育的目标，就是培养这样的新时代好记者和卓越新闻人才。

首先，新闻传播院校应明确立德树人的根本任务。

立德树人，就是要引导学生树立正确的理想信念、价值观念、道德修养。高等教育的初心使命是教育报国，为“中国梦想”提供支撑，为“中国贡献”增强驱动[①]。互联网是今天新闻舆论工作的“主阵地”“主战场”，我们培养掌握网络传播规律的后备新闻人才，核心要义其实是要引导学生树立正确的国家观、人民观、传播观，要培养学生牢牢坚持马克思主义新闻观，具备家国情怀和责任担当意识，要培养学生坚定地成为党和人民放心的新闻工作者。可以说，记者来自抗疫一线的生动讲述，十分精准地实现了立德树人的思想。就像新华社记者刘刚在“大讲堂”上讲的那样：“对我们来说，不去武汉或是离开武汉，可以有许多理由，但去武汉和留下来，有一个理由就可以了，那就是‘职责’。”记者们的责任与担当，应该通过新闻传播院校、通过教育者、通过“大讲堂”，传递给未来的新闻传媒人。对新闻学子而言，记者“凝固”的抗疫精神，是一堂不可多得的专业课，是一堂最专业的马克思主义新闻观大课、最生动的国情大课、最有温度的思政大课。

这一系列紧密结合抗击新冠疫情的鲜活课堂、鲜活案例、鲜活故事，有助于推动抗疫精神进校园、进课堂、进头脑，感染和激励新闻学子坚定理想信念，提升专业素养，积极投身我们党和国家的新闻事业，成为党和人民的代言人、意识形态斗争的主力军、积极向上舆论氛围的引导者，在传播实践中坚守家国情怀、主流价值。

其次，媒体融合环境从客观上要求新闻教育具有融合创新的手段和方法。

一是传播主体的年轻化。尤其是“95后”“00后”一代成长起来，他们作为“新媒体原住民”逐渐成为网络传播的主力军，不仅是在自媒体传播中，也包括主流新闻媒体的新闻工作中，他们正在展现新的力量。2020年参加抗击新冠疫情战役的记者中，年轻记者冲到了最前线，慢直播、Vlog新闻、短视频新闻等新的传播形式也丰富起来。因此，在高校的新闻人才培养中，我们也需要面对传播主体年轻化，创新培养的手段与方法。

二是传播形式的视觉化。总书记在中央政治局第十二次集体学习中指出：“一张图、一段视频经由全媒体几个小时就能形成爆发式传播，对舆论场造成很大影响。这

---

① 高晓虹．守正创新：我国新闻传播教育理念探索与实践转型[J]．中国出版，2020(14)：3-9．

种影响力，用好了造福国家和人民，用不好就可能带来难以预见的危害。”[①]可见视听形态生产和传播问题已进入全媒体时代媒体融合发展的顶层设计。当前，手持拍摄终端十分便捷，移动网络信息传播速度和稳定性大大提升，5G＋4K/8K＋AI＋VR等技术的普及带来无缝的传播场景切换，社交媒体传播成为一种生活方式。在媒介社会化、社会媒介化发展的背景下，新闻院校人才培养所面对的年轻学生，是一群随时随地可以拍摄、愿意拍摄，而且拍得出精品佳作的同学，他们习惯于视觉化的表达与呈现。因此相关院校在专业教学实践中就要结合上述特点，引导学生身体力行地参与各种各样的传播实践。

三是传播语态的全媒体化。抗疫报道中的优秀作品，都是在“全媒体思维、全媒体方式，一体化思考，一体化推出”的逻辑下生产和传播的。这样的作品一经发布，就自然而然形成了报纸、广电、网站、客户端、微信、微博、抖音等全媒体矩阵报道阵容。全媒体化的语态创新也影响了高校新闻教育中的教学和学习环节。在居家线上教学、抗击疫情期间，中国传媒大学的教师与学生通过《忍冬信札》的几百封线上书信，以笔战“疫”，搭建起云端的情感交流纽带。面向新的传播语态，我们就应通过贴近网络化、社交化的媒介平台，创新新闻教育的方法与手段。

抗疫记者在一线记录中国精神、中国担当、中国力量，他们自己也是中国精神、中国担当、中国力量的最好诠释者。他们在报道抗疫英雄，他们自己也是抗疫英雄。为党育人，为国育才，培养担当民族复兴大任的时代新人，是新闻传播教育者的责任与使命。

---

① 习近平.加快推动媒体融合发展 构建全媒体传播格局[EB/OL].(2019-03-15)[2021-10-20].https://baijiahao.baidu.com/s?id=1628062181034138166&wfr=spider&for=pc.

目 录

角色篇

行动篇

“四力”篇

团队篇

角色篇

与情感并行：
新闻记者在战略动员中的“观守人”角色形塑

◇ 王妍丹

摘要：重大突发事件的来临需要媒体第一时间发出声音，记者应该做好随时前往一线的准备。新华社通过重大应急报道管理机制在短时间内完成了前线部署，组建起一支战略抽调、工种明确、技能扎实的报道团队，在此次武汉疫情的前线报道中发挥了根本作用。一名合格的记者离不开平台机构的常态化培养和锻炼，其报道风格和立场需要与平台进行最大化适配，依托平台力量进行自我技能的提升。同时，记者需要个人的成长和发挥空间，不同的记者对于报道的选题角度、情感报道、素材的记录与使用以及新媒体技术的应用等有不同的选择和侧重点，需要平台的理解和尊重。记者培养与成长是一个常态化过程，不仅需要早期的学习与基本功训练，更需要在实践中摸清个人的报道采访优势，依托平台进行深度的创新发展。

记者简介：钱彤，新华社总编室全媒编辑中心副主任，新华社武汉前方报道指挥部副总指挥。钱彤曾长期从事时政报道，2014 年后转战融合报道领域，其间负责的融媒体栏目和多个重点产品曾获中国新闻奖。

武汉，这个表面被按下暂停键的城市，还在以她特有的方式，忍耐、挣扎、坚持，直到奋起、重生、涅槃。

——钱彤

一、记者永远要做好随时出发的准备

（一）“用尽全力”深入现场

任何前线报道都不能“打无准备的仗”，整个新华社武汉前线报道指挥部就是为前线报道做准备的枢纽。钱彤作为武汉前指副总指挥，身上显然背负着责任和压力。他曾经在“非典”对外报道中带领过十人小组，也明白疫情报道首先要保护记者安全，在确保安全和安排采访中求得艰难的平衡。和“非典”不同，新冠肺炎疫情蔓延速度很快、传染来源不明，既往的经验不能完全应对这一次的疫情报道，信息传播环境的新变化更给前指增添了新的压力。

记者采访面临的第一个问题就是进出“红区”的设备保障和消杀安全。当时在武汉物资极度紧缺，记者进入“红区”采访，早期是靠医院解决采访安全问题，防护服和护目镜都是由医院方面帮助解决的。后来，记者多次进入“红区”，每次都会与医院方面进行彻底沟通，关注每个细节。比如，采访设备进入医院的高危区域后，从安全角度来讲，如何按流程进行设备消杀，必须带出的设备，比如相机和摄像机储存卡如何处理，都要想到，“关注到每个细节”。

在医院展开采访工作的流程是团队反复规划出来的，比如现场摄像需要将信号同步传回后方，以便除了直播还能够及时剪辑短视频。

对于团队整体采访工作的安排也需要遵循“战时”机制，面对人员非常紧张、任务空前繁重的情况，新华社武汉指挥部每天定时召开业务例会，重要情况随时碰头。“不仅安排当日工作，还要根据多变情况谋划未来几天的重要稿件和产品。”钱彤主任说。

前方报道团队有文字、图片、视频、新媒体多个工种，由总社编辑部和湖北分社人员“混编”成不同小组，采取“机动性和主题性”相结合的管理方式，指挥部充分发挥分社记者人头熟、地点熟的优势，发挥支援记者与后方编辑部对接的优势，首要的是做好权威发布，特别是中央指导组、湖北和武汉相关部门组织的权威发布会，同时结合舆情热点、重要节点、重点人物组织融合报道。一张海报、一条重点稿件、一个融媒体产品，都离不开从线索搜集到平台传播的全流程协同。

围绕封闭离汉通道第七天（大年初五）、元宵节、情人节等节点，挖掘武汉金银潭医院院长张定宇等一批典型人物，新华社都推出重磅特稿和多样化融媒体产品，重点融媒体栏目“新华全媒头条”连续播发 54 组稿件，慢直播、海报快讯、短视频等多样化融媒产品切合受众需要，体现了“国社”的权威性。

（二）一次全面的“调兵”

钱彤主任说，组织抗疫报道其实跟“打仗”一样。首先要做的是把“敌情”摸清楚，团队在到达的第一时间就紧急了解武汉疫情方方面面的情况。其次，需要“盘点兵力”，打仗需要考虑战场设置和兵力分布，哪些地方需要较强的兵力，同时要有“预备队”机动。各方面都要精心考量。

新华社武汉前线报道指挥部在成立后做的第一件事情，就是将前线所有记者统筹管理，按照不同的工种类别对所有记者进行划分。从工作性质来讲，前线记者的首要任务就是采集各种各样的信息，指挥部按照文字、图片、视频和新媒体几个大的工种进行划分。

这个划分提高了工作效率，发挥了人员各自的业务优势。比如新华社总社的记者们对于发稿的流程和后方的沟通比较熟悉，而湖北分社的记者们非常熟悉当地的情况，人脉也比较广，能够较为迅速准确地找到信源。因而，队伍内部也根据记者本身的优势来分工，尽最大可能地发挥每一个人的长处。

可以看出，当时的前线指挥部对于人员队伍管理和新闻产品管理都是按照一定标准和内容的划分进行分工，在分工的同时进行一定融合，显示了指挥部因时因地的管理智慧和谋略。

对于此次武汉报道中前来支援的记者们，钱彤主任非常赞赏，也很强调他们在此次抗击疫情当中发挥的作用。当时的新华社武汉指挥部其实在整个湖北辖区内疫情比较多发的地方都设立了记者点，例如湖北黄冈等，以便及时跟进和掌控湖北各地和整体的疫情发展情况。但是，当时的记者数量也实在有限，就算把湖北分社的记者算在内也不够，重心所在的武汉都人手紧张，更何况是湖北其他地区。

“封城”也是当时的客观现实，外面的人员进不去，在这样的局势下，指挥部采取了一次全面的就地“调兵”策略。时值春节，新华社全国各分社的一些记者当时正好在武汉休假，指挥部就把这批宝贵力量就地留下来，一下子增加了前线报道的力量。

这批力量也“兵分两路”，有的记者是在武汉直接加入前线的报道组，在条件许可的情况下，另外的一些记者就奔赴湖北黄冈等地，在当地形成报道小组。这就形成了一个覆盖湖北全省的报道格局，所有的报道组都由武汉前线指挥部统一管理，指挥部会及时下发任务，前线记者们第一时间出发。

对于一年中自己难得拥有的亲人团聚时光，这批支援前线的记者们愿意为了更多人的幸福时光而舍弃，真正体现了记者的道义和担当。他们的加入给前线报道注入了更强有力的信心，正如中国人在危难面前的团结一致，永远能够体现出一个民族的血性。

二、记录武汉的“平凡”英雄也是记录历史

（一）给人们温暖的希望

一场灾难席卷之下，是整个国家和社会在攻坚克难，也是每一个最普通的人在挣扎求生。面对疫情，每个人都处在这场严重威胁的阴影之下，或恐惧、或悲伤、或坚强，而新闻媒体就成为照亮这片现实的一丝光亮，驱散未知的恐惧，给予人们温暖的希望。

对于疫情，我们很多人都已经通过各种媒介平台有所了解，不过这是在较为广阔的层面上对疫情有了一定认识。但是，身处这场疫情核心圈的人们，他们都是普通人，却在抗疫的过程中努力坚守着，对于他们的生活，外界却不甚了解。我们的前线记者发现了他们和他们的故事，那些可贵的品质出现在了报道中和镜头里，点点滴滴汇集成了湖北人民的抗疫记忆。

钱彤主任和团队发掘了很多这样的主人公和他们的故事，用报道记录也是用报道来延续，历史感的画面中需要记录武汉百姓和武汉的一线工作者，我们所有人都应该充分认识到他们在这场疫情中的坚守和奉献。

武汉“封城”第七天的时候，事态在时间上和人们的心理上都到达一个节点，武汉人民的生活常态在七天里突变，然后趋于稳定。

所以这一天也是前线记者们全力出动的一天，记者们在那天看到了空无一人的归元寺，走进了火神山医院建设工地现场，观察到民警值班哨点的寒冷和社区办公室的繁忙，也看到了去世的老人家里的网上灵堂。

一位采访对象告诉记者，说这七天是反反复复熬住泪水的七天。这样的言语能够

戳中记者的心，更能在报道中戳中所有人的心。因而那天的前方指挥部汇集出了一篇数千字的长篇特稿《武汉，负重前行》，描述了很多普通人的生活和心声，他们之中有急诊科医生、母亲病重的中年女子、妻子被确诊的丈夫、高速路口值班的民警，也有寒假回乡的大学生和送货员等等。

这篇特稿被多家媒体转载，成为疫情初期贴近武汉人民真实生活的典型报道之一。除了文字报道，指挥部还策划了视频报道，这个视频的难度给钱彤主任留下了很深的印象。当时，从视频联系采访到剪辑成片只有一天的时间，内容量大而又人手不足，所以指挥部选择了“二更”团队滞留武汉的一个小组作为合作伙伴，采用“前店后厂”的模式，一方拍摄，另一方后期剪辑、配乐、合成，最终完成了成片《武汉影像日记七日谈》。

在《武汉影像日记七日谈》里，因为“封城”七天，所以采访对象选择了七组人。他们包括武汉大学中南医院的医生、火神山医院建设者、爱心车队发起人、冬泳爱好者、社区工作人员和从外地回家乡过春节的武汉市民，涵盖了各行各业，也代表了各种各样的人群。

在视频里，筹建 ICU、完成火神山施工和社区走访、去超市买蔬菜都变得很重要，因为这是每个人实实在在关心的事情，这些事情构成了每一天平凡的生活。而这样的生活能够通过视频画面传递给其他人，告诉所有人生活还在继续，武汉人民没有放弃。

钱彤主任对冬泳爱好者的那段采访印象很深，本来在“居家隔离”的形势下不应出现外出的个人案例，更何况是报道出来。但是在审片环节，钱彤主任被主人公的坦率和达观所触动，因为主人公说，“武汉是码头文化的城市，武汉人最大的特点是讲义气”，话语里那种对城市的骄傲和真诚说出了很多人的心声。把这个采访对象放进最后的成片里，说明了当时的判断不再受标准的唯一局限，而是敞开包容和传递基层最真实而共情的“声音”。

（二）感同身受就是最好的选题

节日总是一个很特殊的节点，有关节日的情感总是被固定式地渲染，媒体想要从中找寻新意变得越来越难。但处于疫情期间的节日，一切又有了截然不同的定义，情感的素材可能变得独特和多样化，如何策划和报道疫情期间的节日是一大重点和难题。对此，新华社在前方的两个节日报道给出了答案。

元宵节的到来凸显了时局的残酷性，以往的万家灯火、喜庆团圆变成了如今生死攸关的紧张和分离，怎么来表现和度过这个重要的报道节点，成为新华社前线指挥部认真衡量的问题。

钱彤主任用一个比喻来表达自己当时的心情，“庚子年元宵节似乎成了一道记忆的闸门，一头儿连着五光十色、热热闹闹的过往，一头儿牵起咬紧牙关、抗击病魔的当下”，这句话出现在后来报道的初稿上，因为这就是当时人们生活的普遍写照。

元宵节的当天，记者们决定走进武汉吉庆街，那里有着武汉人对于元宵节最深的记忆，有“汪玉霞”饼、“蔡林记”热干面，还有“老通城”豆皮，等等。人们对城市和节日的记忆永远绕不开舌尖味觉和鼻息嗅觉，那种味道是普遍的共识和温暖，是共同的人世乐事。

对过往场景的怀念不意味着全然悲观，而是蕴含着对未来和希望的期冀。当天武汉确诊感染新冠肺炎的病例数已经达到 13603 人，媒体怎样在这个节日去诠释这个数字呢？

新华社记者选择引用一位网友的留言，“我们在意这些数字是因为它意味着，有人生病这件事发生了 13603 次”。短短的一段诠释，化解了无尽的沉重，而转向温暖的关怀。

团队在最终报道的设计上用尽了心思，但他们最终的出发点很简单，那就是感同身受的孤独感。疫情拉开了人与人之间的距离，包括亲人、朋友、爱人、同事等等，这样的孤独感也在元宵节日里显得格外脆弱和无助。

团队的记者们想要拉近人们的距离，想要减轻大家普遍的孤独感，因而想出了最终的主体脉络——空间距离。通过与腾讯的视频合作，报道的创意落地成形，他们完成了一次接力赛，把一个口罩的 1.36 毫米厚度视为最终的距离，人们从远处不断将爱心向武汉汇集，就是为了早日缩短 1.36 毫米口罩拉开的遥远距离。

同样的创意设计还体现在情人节报道的内容上，团队通过一个中心概念“爱触不可及，但爱无处不在”完成了创意设计和视频拍摄。记者们找到了几对因为疫情分隔开来的情侣、夫妻，通过创意的角度拍摄他们真实的故事，成功引发了大众的共鸣。

比如，有一位在医院工作的妻子为了避免家人感染，一个人在外租房上下班，但是丈夫担心妻子值夜班路上的安全，就开车跟在妻子身后缓慢相送，用车灯照亮妻子前面的路。年轻记者们用航拍和车内跟拍记录了这样的画面，那种细节的真实和感情的自然流露具有很强的感染力。

通过镜头，人们可以看到很多的夫妻都因为身处特殊岗位而无法相守和团聚，除了情人节，他们连其他日子也难以相见。医生可能忙着支援武汉或者奋战科室急诊，民警可能连夜驻守高速路口，他们除了职业身份之外，也是别人的丈夫或妻子，因而他们的分离比平常人的分离只会程度更深。

也许看到其他的情侣和夫妻彼此分离而奋战在一线，大众能够更好地理解时局带给所有人的改变。疫情面前人人平等，而很多人的幸运是另外一些人更多的付出所换来的。

无论是元宵节的报道还是情人节的报道，新华社记者团队都是从共性的情感出发，从细微的角度去思考如何诠释特殊时期的情感，并且消融一部分的负面情绪，带给人们温暖和鼓励。好的报道其实就是共情的报道，前线记者们在当时的时局下能够感同身受，因而他们的报道具有不可比拟的情感共鸣。

（三）珍视朴素感情，捕捉动情瞬间

报道有的是策划出来的，有的是“碰巧遇见了”，但世间少有真正的偶然幸事，巧合其实往往离不开留心观察和细心感受。钱彤主任就很喜欢用“捡来的”这个词形容在武汉期间的两篇报道，这两篇报道得之偶然，却在传播之后具有强烈的感染力。

其中的一篇是从朋友圈“捡来的”，还是从湖北分社周副社长的朋友圈得来，当时有一位武汉医生发了一条朋友圈，内容是他的女儿写给他的信。全信不超过 200 字，但是抄写得工工整整，语言文白互用。在那时读来，这封信不仅令人感受到文学的美感，更令人感受到这个孩子对奋战在一线的父亲的崇拜和牵挂之情。

周副社长将这条朋友圈分享给了钱彤主任，钱彤主任看了之后进行了初步的情况了解，然后很快判定这条线索的价值，随后就让记者追踪报道。

女儿年龄尚小，父母都是奋战一线的医生，他们有些担忧女儿成为舆论环境的焦点，因而拒绝了这个报道的采访。好在记者并没有放弃，通过反复沟通，了解了小女孩写信背后的故事，用 3000 字的特稿勾勒出一个家庭的坚守和一段父女之情。

小女孩在信中写道：“吾坚信没有一个冬天不可逾越，病毒肆虐的当下，亦如是。”这样的话充满了无限的希望和力量。这不是一封普通的信，它是女孩对父亲的担忧和拜年祝福，更是无数家庭在疫情中付出的缩影。

在战争纷乱年代家书抵万金，而疫情肆虐又何尝不是一种纷乱，女孩给父亲的信宽解了一位父亲的心，在被报道后也能宽慰更多的人，这种质朴的感情未经雕琢才显得格外动人。

另外一篇报道来自一个"背影"，是一位前线记者用视频记录下来的。当时新冠肺炎重疫区接连出现，武汉一个社区的一位居民被确诊为轻症患者之后，由城管负责将其运送至方舱医院隔离诊治。

他离开家的时候穿着家居服，带着简单的随身物品。不同的是，送他隔离的车子后面跟着父亲的电动车，父亲在后面护送着他，无言而沉默的背影充满了坚定的力量，令人动容。

这个场景发生的时候，一位前线记者正好在场，就记录下了父亲骑车跟随远去的背影。整个报道的视频只有 23 秒长，却写尽了一位父亲的心情。视频传播出去后也引起了多数人强烈的共鸣，如山的父爱和亲情的牵挂都令人流泪，即使素材来得突然，报道的内容也很简单，但是细微之处的共情力量依旧被激发出来。

钱彤主任认为，这样最朴素的记录仍有不可替代的价值，因为新闻让人欣慰的，恰恰是在无数的平常中，总会有一些这样可遇不可求的动人时刻，抓住了，它就会给你一份巨大的职业满足。

三、做好记者的功夫从多方面而来

（一）平台和传播形式都很重要

有关此次前方报道，新华社平台和管理机制是一个首要前提，就像国家有个应急管理分类机制一样，新华社重大应急报道也有个分级机制，最重要的标志就是在新闻事件发生地成立前方报道指挥部。

钱彤主任详细介绍了新华社面对突发重大事件的应急响应机制。从时间来看，2020 年 1 月 23 日武汉宣布当日因疫情将关闭离汉通道，实施"封城"举措，就在当日上午，新华社第一批增援武汉的 5 名记者已经抵达了武汉。那么按照报道响应级别，这属于三级，标志新华社对一个新闻事件的报道进入应急状态。

2020 年 1 月 25 日，中共中央政治局召开会议，全面部署抗击新冠肺炎疫情的工作，新华社报道工作相应升级。1 月 26 日，新华社成立武汉前方报道指挥部，由新华社湖北分社社长唐卫彬担任总指挥，钱彤主任担任副总指挥，正式开始了在武汉的前方报道。

面对大型灾难事件，平台组织的反应和机动能力直接影响着后期的效率和成果。在对武汉疫情的应急管理中，新华社第一时间派出记者前往前线，其后紧跟形势成立前方报道指挥部，统一“作战”管理，做到了时间的合理把握和人员的有效安排。

在到达前线指挥部之后，钱彤主任很快意识到了当时的舆论场非常复杂，如何把最权威的声音第一时间传播出去是首要问题，同时，报道的采访形态、组织形态和发稿流程都需要有所不同。

在文字、图片、视频的工种基础上，前线报道团队另外分出了新媒体的类别，新媒体往往有自己的特定规律，更倾向于采用文图视频的混合文案。有些时候前方报道采集时间紧而任务重，摄像记者采集回来的视频素材往往只能配上简单的图片说明。面对这样的素材，如何把简单的图片说明转化为一个故事就是新媒体记者需要去承担的任务。

新媒体加工过程还进行了从直播中找新闻的尝试，在直播中间“抽”新闻并且跟其他产品形成新的融合性产品，都是在此次报道中积极的探索和尝试。许多好的报道就发生在记者们留心的记录和采集中，记者们在前方采集的一些视频很快传回了编辑部，一经审核处理后马上就在新媒体平台上进行发布。可以说，此次武汉前线报道的流程建设和实践大大加快了新闻产品的生产和发布。

另外，新华社需要处理的是全形态的报道方式和内容，产品面向国内外，对内报道面向国内的各种传统媒体和新媒体平台，对外报道需要发出有效的中国声音。

钱彤主任提到，当时前线有一位年轻记者徐泽宇就在对外报道方面做出了很好的尝试，他开设了新华社在海外社交媒体平台的 Vlog 栏目，叫“WUHAN Today”。在新闻报道指挥部的要求下，徐泽宇记者就按照当时舆论场的情况去做报道，从选题到拍摄再到剪辑，都是由他一人完成。徐泽宇记者成为当时少数的能够直接用英文进行对外报道的记者，在国际舆论场方面做出了自己的贡献。

同时，当时也有一些外国媒体要求新华社前线记者与他们进行连线采访，希望了解武汉一线的基本情况。对这方面工作，新华社前线报道团队做到了内外并重，成了对外报道交流的一大亮点。

随着前期工作的不断推进，新华社武汉前线报道团队无论是在信息发布方面，例如发布会的组织，还是信息披露的渠道方面，都在不断掌控中变得熟练化。前线指挥部内部的报道组织管理逐渐成熟，为中后期报道工作的开展奠定了基础。

（二）经验的积累和学习并重

新华社作为国家通讯社一直承担着重要的传播任务，只要是有受众的地方，“国社”的声音就应该在该地方有所体现。钱彤主任曾经从事外事报道 16 年，在转向新媒体工作后，他在实践中获得了很多的心得体会。

时政报道本身也是如今新媒体报道的一个特别重要的组成部分，钱彤主任在时政报道方面积累的敏感度和经验依旧能够发挥应有的作用。只不过，在新媒体传播环境下，新华社一直对时政报道采取多形态化的尝试。正面报道不仅要“唱响主旋律，弘扬正能量”，还需要在新闻报道上引发大众的广泛共鸣，这是任务，也是职责。

因而，钱彤主任在 2014 年转向新媒体报道工作之后也进行了大量的学习和尝试，从 2014 年到 2020 年不过 6 年时间，但是新媒体形态已经发生了巨大的变化。抖音、快手成了媒体观察的焦点，B 站和其他的一些新媒体传播平台也必须关注，传统媒体能够很快认识到每个平台的传播方式和扩大影响力的方式路径都不一样。

钱彤主任在转向后的学习是不断层层递进的。几年时间，他走遍了国内几大互联网公司，对互联网的规律性有了一定认识，接下来就是对传播平台渠道、产品形态和平台运营规律有了一定认识。同时他也意识到，好的创作内容总体上依旧是“稀缺品”和“硬通货”。

在新华社内部培训中，钱彤主任也不断向记者们强调，“要先进圈才能破圈”，所谓的“进圈”就是需要记者尽快去了解在现有的互联网传播形态下，哪些是信息聚集地和用户聚集地，同时掌握这些用户获取信息的方式、途径甚至喜好。

另外，钱彤主任也较早注意到平台运营的问题。内容运营和平台运营需要区别开来，过去传统媒体时代的内容运营有自己的标准，如今在新媒体时代的转换就包括了转语态、转文风以及渠道的拓展，实现起来不太困难。

而平台运营就需要了解不同平台的特性，抖音和 B 站、快手不同，微信公众号和微博不同，客户端也有自己独特的规律。媒体需要去思考如何巩固原有的渠道，同时开拓新兴的渠道，在共性的基础上努力把握平台独特性的内容。

所以，平台运营本身就透露着传播体系的构建问题，只有对互联网本身的发展拥有比较明确的认识，能够勾勒出未来发展的方向性问题，才能建构一个更有效的传播体系。完成这个过程需要从业者不断学习，认识的积累和经验的掌握是完成这项重要任务的关键。

（三）对年轻记者有所寄望

钱彤主任从记者这个行当出发，提到记者不仅要认识到传播环境的变化，更要从现场去真实了解某一环境领域的情况和改变，他谈到的新华社的一项传统就能够很好地验证这一点。

新华社每年入职的记者们需要前往各地分社锻炼一年，钱彤主任往往会在这个时机跟他们进行一次认真的谈话，主要是说明这一年的经历对他们而言意味着什么。这一年不仅没有业务完成方面的压力，还是一个难得的全心学习的过程，这将成为年轻记者整个记者生涯里难得的经历。

具体而言，钱彤主任认为前往地方分社的锻炼就是让记者短时间内尽快融入到一个新环境里，并且努力掌握信息和技能。地方分社相当于提供了中国发展的一个"横切面"，不管是在何处，都能够让记者从一个地域性的角度观察中国。

同时，这也是一次检验，你是否愿意踏踏实实去了解这个工作环境，是否对当地文化变迁有浓厚兴趣，是否愿意去思考，这些选择就决定了不同记者这一年锻炼的"含金量"。毕竟记者在职业生涯中可能碰上各式各样的题材，如何找到题材的突破口就需要从身边环境入手训练，而且这个过程中知识和沟通能力的积累有可能会在某个时刻派上用场，这些经验都将为记者未来的职业发展做好铺垫。

钱彤主任非常强调这种个人的积累和储备，也包括个人对观察力的锻炼。他强调说，记者这个职业最重要的技能之一就是采访提问，采访问题能否令采访对象产生强烈的共鸣，就体现了问题的准备质量和水平。同时，采访的场景和对象可能是田间的一位农民，或者是国内某领域的顶尖科学家，或者是官员和商人，这种情况下，如何针对采访对象设计问题，并且在短时间内和对象快速建立良好的沟通都与记者的功力相关。

所以，记者的功力往往就体现在敏锐的观察力和丰富的知识储备上。在一次任务中，不同记者对社会、相关领域和个人的认识程度不同，很多时候就能够在稿件和产品中体现出来，这也是记者产出的成果呈现出差异的主要原因。

对于年轻一代如何更早地进行知识和技能储备这个问题，钱彤主任认为，在信息获取渠道多样化的今天，年轻记者更要学会利用平台和资源，但同时妥善安排自己的注意力和时间。

年轻人读书期间看书应该尽量在种类和数量上对自己有所要求，因为在走上职业生涯之后，读书学习将会与不同的人生阶段和职业发展紧密相连，在能尽情读书的时光享受读书就是一件乐事。年轻一代应该运用好信息技术和平台资源，例如电子书的方便快捷和B站等平台提供的高质量学习资源，但同时管理好自己的注意力，尽量少花费时间在一些“低营养”的内容上面。

而在职业发展期间，关注业界的动态、掌握全局发展趋势变得更加重要。记者这个职业往往能够帮助我们在“读万卷书”和“行万里路”之间做到相互映照和平衡。钱彤主任在从事外事报道期间，出国访问的机会比较多，就充分认识到读书和实践的相互关系。在出访之前，记者往往需要做功课了解相关历史，而在出访之后往往能够在当地获取一些真实的高强度信息，帮助自己进一步消化和理解。

记者这个职业本身和任何其他职业一样，都需要从业者在不断学习和积累中完善自我认知和技能，从而真正做到在学习中工作，在工作中学习。而当新冠肺炎疫情等重大灾难来临之际，记者的一身本领也能够真正地显现出来。

“先救人后拍摄”

——突发公共卫生事件中媒体人的社会责任与职业坚守

◇谭　昆

摘要：新冠肺炎疫情期间，湖北卫视首席策划谭海燕率湖北卫视纪录片团队深入武汉市多家医院的隔离病房和ICU进行了长达80天的蹲守拍摄，其战疫事迹在社会上引起了重大反响。本文基于谭海燕的疫情纪录片拍摄实践进行分析，透视突发公共卫生事件中媒体人的责任与坚守。在此次疫情纪录片拍摄实践中，谭海燕从实践、理念、策略、团队协作以及专业反思等五个方面对“突发公共卫生事件中媒体人的责任与坚守”这一命题做出了回应：她身先士卒深入一线记录最新鲜的生命故事；在拍摄过程中始终恪守真实性和伦理底线，永远把“人”放在第一位；根据疫区实际灵活变通，调整拍摄策略；与前后方团队密切配合，秉持“先救人后拍摄”原则；坚持从专业角度进行及时反思，总结取得的经验教训。其疫区实践展现了在突发公共卫生事件中一名优秀记录者的责任与坚守，为广大媒体人树立了标杆。

记者简介：谭海燕，湖北广播电视台湖北卫视事业部影视频道首席策划，从事电视工作20多年，担任过记者、编辑、编导、制片人。此次疫情期间，谭海燕担任湖北卫视纪录片摄制组总导演，带领团队深入“红区”进行拍摄。2020年1月28日，谭海燕率领首批4人摄制团队进驻武汉协和东西湖医院；3月9日，她转战金银潭医院，冒着生命危险在ICU病房内拍摄了大量第一手现场资料。她用行动践行“用生命记录真实，用生命记录历史”的箴言。2020年9月8日，在全国抗击新冠肺炎疫情表彰大会上，谭海燕获评“全国抗击新冠肺炎疫情先进个人”。

一、风暴来临：被打乱的计划与“不能说的秘密”

（一）春节旅行计划

除了记者、编辑、编导、制片人等职业身份，谭海燕也和大多数的普通中年女性一样是一位妻子、妈妈和女儿。2020 年庚子年春节，母亲从老家出发来到武汉，一家人原本计划去杭州旅行过年，一切都看似那么正常，但突如其来的疫情让这个原本完美的计划彻底被打乱。“武汉爆发不明原因肺炎”的声音字正腔圆地从电视机、收音机、大喇叭上不断播报，一时间，武汉市的公交、地铁、航班悉数停摆，道路封锁，往日川流不息的江滩、江汉路步行街等著名景点失去了人头攒动的生机，整个城市陷入一种不知名的恐慌之中。一家人的春节旅行计划被迫取消，更重要的是，谭海燕自己也即将被卷入这次疫情风暴之中，接受前所未有的挑战。

（二）请缨战疫情

1 月 23 日夜间 2 点，武汉市政府发布“封城”通告，上午 10 时正式“封城”：全市城市公交、地铁、轮渡、长途客运暂停运营，无特殊原因，市民不得离开武汉；机场、火车站离汉通道暂时关闭。这是新中国成立以来，第一次对一个千万人口级别的城市采取最严厉的措施，这也给外界传达出一个紧张的讯号：此次疫情非同小可。

与此同时，谭海燕所在的湖北卫视第一时间反应并迅速召开选题策划会，提出了拍摄疫情纪录片的设想。谭海燕与其他编导一起紧急制订拍摄计划与拍摄思路，并着手向上级宣传部和卫健委打报告。如同整座城市的氛围一样，疫情纪录片拍摄工作也在混乱和匆忙中开始了。

经过短暂的讨论和前期准备，深入前线的纪录片摄制组也于当天迅速成立，谭海燕成了此次纪录片拍摄的总导演，负责全局的统筹与策划。实际上，按照原定的安排，作为总导演的谭海燕无须深入一线，但后来的一系列变故将原计划彻底打乱。

考虑到“红区”的艰苦环境和对于体力的高强度要求，原定计划中前往“红区”的摄像和导演都是男性。但是由于事发突然，其中一名导演回乡后被隔离在家，另外一名导演出现了感冒症状被建议不要前往疫区。紧要关头，谭海燕主动请缨带领团队深入

“红区”。情况紧急，1月28日，在获得省卫健委批准后，谭海燕马上率领首批4人摄制团队进驻武汉协和东西湖医院，后又有两支小分队分别进驻金银潭医院、雷神山医院。3月9日，她转战金银潭医院，冒着生命危险在ICU病房内拍摄了大量第一手现场资料。纪录片拍摄小组一共12人在金银潭、雷神山和协和东西湖等三家医院开始了整整80天的疫情纪实。

(三)“不能说的秘密”

去往“红区”就意味着与家人的隔离，而隔离多久却是个未知数。此外，医院以及ICU病房内情况如何？拍摄小组是否能够得到许可，进入隔离病房拍摄？防护物资如何保障以及感染风险有多大？一系列不确定性问题为此次“红区”涉险蒙上了一层阴云。

疫情爆发后，谭海燕就与丈夫迅速采取行动。她的丈夫以前做过记者，因此，对谭海燕的工作较为支持。但考虑到市区感染风险较大，谭海燕就与丈夫商量把正在上初三的孩子送到了爷爷奶奶家。同时，为了避免家人担心，夫妻二人决定保守谭海燕前往“红区”拍摄纪录片的这个“秘密”。没想到这一次分别竟然长达3个多月之久，直到2020年5月1日，结束纪录片拍摄任务并完成隔离之后，谭海燕才见到了阔别已久的家人。

其实，早在去往“红区”之前，谭海燕已经做好了所有的思想准备，包括“最坏的打算”。她直言，在决定报名的一瞬间曾经害怕和担心过，但也仅仅是一瞬间，后来忙碌的拍摄工作让她根本无暇顾及自己的安全问题，所以并没有受到太多心理因素的影响。不过，年迈的母亲依然是她最挂念的人。母亲年事已高并且患有冠心病，心脏还有6个支架。考虑到母亲的身体状况，谭海燕并不敢把自己深入疫区的消息告诉她，甚至担心孩子“嘴长”也不敢告诉孩子。过年期间，母亲来武汉与他们团聚，但是由于前往“红区”的缘故，谭海燕从始至终没能在武汉和母亲见面。去往“红区”的消息她也没有告诉其他亲人，一方面是考虑到来自亲朋的关心可能会“扰乱”自己的工作，另一方面也担心被年迈的母亲知晓。有人问起，她也只能以“在台里加班，住在单位安排的酒店”为理由回应。阔别家人深入疫区，谭海燕的80天“红区”纪实就这样开始了。

二、“红区”战疫纪实：镜头内外的生命故事

（一）数字背后的艰辛

12 人、3 家医院、80 天、100 多名采访对象、500 小时硬核素材……

这些数字的背后是谭海燕带领的纪录片拍摄团队艰辛的付出和努力。镜头里是医护奉献、医患真情、生命韧度和人间温暖；镜头外是十几人临危受命的担当、深入 ICU 的勇敢、日夜纪实的坚韧，更有 80 天与亲人咫尺天涯的分离。深入危险系数倍增的 ICU 病房中也意味着随时面临着可能被病毒感染的风险，摄制团队要在这样的环境中完成策划选题、寻找采访对象、访谈、拍摄等一系列的工作任务谈何容易。但谭海燕在访谈中强调，担心、害怕被感染的情绪并不可怕，因为在当时的情境中自己每天都要处理大量的工作，已经来不及害怕、担心个人安危，而真正受到考验的是每个经历者的心理承受程度。他们目睹了太多的 ECMO 救治、崩溃和死亡，甚至有一次在 ICU 病房拍摄抢救画面时，一名摄像因无法忍受强烈的刺激而“逃离”现场。然而，这只是他们工作内容的一部分。

1.零距离接触疫情最中心

要拍摄有深度、有温度的纪录片就要进入疫区最中心、最前线和最危险的地方。

几经周折之后，湖北卫视的纪录片拍摄计划终于在 2020 年 1 月 28 日获得了省卫健委批准。随后，谭海燕马上率领首批队员进驻了协和东西湖医院。这是一家基层医院，不仅下设发热门诊、负责全区的 120 急救，还需要代管东西湖区的基层卫生院、隔离点等的救治工作，情况非常复杂。

初到协和东西湖医院时，谭海燕对于眼前的状况感到非常震惊。彼时正值疫情走势的上扬期，大规模的援助医疗团队和物资都尚未抵达，医疗物资极度短缺、医生护士严重超负荷工作，无助、无力、挫败、崩溃，缺人、缺防护服、缺病床……从病人到医护，整个医院几乎面临崩溃。

如何进入隔离病房拍摄医患目前的状况是摆在他们面前的第一道关卡。谭海燕团队第一次申请进入隔离区拍摄时遭到了医院方面的拒绝：防护服实在不够，医生都快裸奔了！在外围拍了两三天之后，摄制组依然没能进入“红区”中心。然而，更糟糕

的是担心医院内感染的副院长直接下达逐客令:“你们已经拍了好几天了,我们有30多个医护疑似感染,没人能保证你们的安全,请立刻回去!”是无功而返,还是继续坚持?这成为谭海燕面临的首要难题。

出发之前,台里从省卫健委为摄制组申请到了5件防护服。当时,省卫健委宣传处一共只有20件给记者的防护服,而且这是给全省记者的。考虑到摄制组是长驻一线,因此拍摄团队从省卫健委拿到了其中的5件。其他同事得知台里的纪录片拍摄计划后也纷纷想方设法筹集防护物资,有同事动用各种力量弄到几件防护服交给前往“红区”的谭海燕。就是在这种状况下,谭海燕和摄像们开始了第一次进入“红区”拍摄的尝试。

为了节约物资,摄制小组先拿出了其中的2件防护服穿上,准备进入隔离病房拍摄。然而,窘迫的是,摄制组刚到进隔离病房的通道门口就被感染科主任发现,并且被警告防护服不达标,脸部和脖子大面积暴露,感染风险极大。好在感染科主任从科室挤了2件医用防护服给摄制组成员穿上,最终谭海燕带领的摄制小组才第一次进入了疫区最中心——隔离病房。

幸运的是,物资短缺的窘境在不久之后逐渐出现了转机,随着后方同事不断筹集到的物资支援的到来以及医院接受的物资捐赠的增加,防护物资问题已经基本解决,摄制组初步实现了每日进入隔离病房拍摄的计划。然而,令谭海燕始料未及的是,更加艰巨的挑战才刚刚开始。

2.硬件之痛

医院的特殊布局和空间实际上增加了拍摄难度,尤其是隔离病房有着极其严格的消杀标准,摄像机、三脚架等设备不允许直接带入病房,这给摄制组带来了极大的拍摄障碍。谭海燕带领团队从零开始,摸索特殊环境中的拍摄技巧,从包机器到换设备,从收录声音到更换存储卡,不断克服非正常拍摄环境下的各种障碍。

最开始,团队采用保鲜膜包裹的方式处理摄像机。但起初他们非常不熟练,包一台机器就需要半个小时,而且需要反复包,反复拆。摄像机被包裹之后又出现了两个棘手的问题:一是不能变焦,摄制组一开始准备的最适合的24—70毫米外变焦镜头根本无法使用,最后只能用16—35毫米镜头拍摄。二是收声问题。在隔离病房中,被包裹的机器无法外接话筒,更不能进行监听。然而摄像机自带的收音系统收声质量不高,病房中声音嘈杂,再加上保鲜膜包裹后操作可能带来的噪音,导致声音处理困难重重。有时大家完成一天的拍摄任务之后回看素材时才发现声音根本不能用，最终整个素材的利用价值大大降低。

拍摄硬件的另外一个问题在于电池和存储卡。通常，一块电池和一张存储卡只能持续拍摄一个多小时，然后就需要拍摄人员退出病房进行更换，这给拍摄带来了不便。后来摄制组改变策略，直接携带两台机器进入病房，换设备不换人，这样可以持续拍摄三四个小时。随着包裹机器越来越熟练，所用的时间大大缩短，70—200 毫米的镜头后来采用分段包裹的方式，不仅能变焦，保鲜膜摩擦也变小了，声音质量得到了很大提升。就这样，谭海燕和拍摄小组一边拍摄一边摸索拍摄技巧，硬件设备问题不再是阻碍拍摄进程的主要因素。

3.在 ICU 遇到的拍摄对象

既定的拍摄方案是以事件为中心来组织拍摄，因此，摄制组在前期一直聚焦于突发事件，如重症病人转院、离世等等。然而随着拍摄进度的不断推进，这种拍摄方案的弊端逐渐显露，在金银潭医院里，每天海量的突发事件让谭海燕率领的四人拍摄小组完全无法兼顾，以人物为中心的拍摄方案很快得到团队的采纳。紧接着，如何选择拍摄对象，又成了初期最大的难题。

寻找拍摄对象一般有两种途径，第一种是找医生打听有特点的病人，第二种是自己进入病房观察。经过实践，第一种方式的效果并不理想。一个科室有四五十位病人，医生对病人的了解也仅限于病情，而且当时医生都非常忙碌，因此，摄制组只能进入病房亲自观察，寻找合适的拍摄对象。

谭海燕回顾这段经历时说，大多数拍摄对象都是在跟别人交流时遇到的。

由于 ICU 的特殊性，非医护人员进入的时间有限，而且病人大部分是躺在床上不能动，能够走动的病人也是不允许出自己病房的，摄制组只能逐个病房进行观察。例如朴实的出租车司机李超，外形上就很有特点，他是个满脸胡子的大胖子；另外，其他病人说起病情和患病经过大多表现悲伤甚至崩溃，他却非常乐观。谭海燕后来在病房再见到他时，他已经成了一名志愿者，帮社区的人搞团购。李超身上的乐观主义和正能量不正是彼时人们最需要的吗？因此，摄制组很早就将李超确定为《金银潭实拍 80 天》的主要拍摄对象之一。

另外，ICU 病房里的绝大部分病人是插管的，这些插管的病人一般都处于深度镇静状态，既不能动也不能说话，只能静静地躺着。因此，在前期的拍摄过程中，谭海燕只能每天在病房里守着，不停歇地观察，下“笨功夫”等待病人醒来。然而现实却很残酷，的确有人逐渐苏醒过来，但也有很多人猝不及防地离开了。例如凤凰卫视记者敖慕麟的父亲敖醒吾，从摄制组第一次拍摄见到他一直到一个多月后他离开人世，就一直静静地躺在病床上，没有说过一句话。这种场面在ICU病房却是一种常态。

但谭海燕和摄制组并没有放弃寻找，他们最终在ICU病房采访了李超、王枫姣、肖军等主要拍摄对象。

4.先救人再拍摄

征得拍摄对象的同意之后，如何走进他们的内心，在短时间内获得与拍摄对象真实、深刻的交流——从最普通的信息层面到更深刻的情感层面，又成为摆在谭海燕面前的一个更大的难题。最终，她还是选择了“笨办法”——陪伴与帮助。

医生们说，他们的工作是有时治愈，常常帮助，总是安慰。谭海燕也将自己定义为帮助者、安慰者，先学会去体会、去感受，然后才是记录。在医院的几个月期间，3个摄制组12人在这一点上达成高度一致，他们几乎花掉与病房拍摄等长的时间去为拍摄对象提供帮助：寻找家人，买药，联系心理医生，帮患者给隔离的家人采购物资，小到买指甲剪、洗发水这种微不足道的小事，大到陪伴出院的患者安葬亲人，送外地的患者回家乡。最紧张的时刻是一名重症患者的妻子不堪重负想要跳楼结束生命，她的丈夫才30多岁，十几年都没住过院，突然进了ICU病房生死未卜，医生告诉她疫情可防可控，然而网络上信息、谣言漫天，在这种巨大的信息错位接纳中她很难信任别人，甚至无法信任医生。危急时刻，谭海燕赶去劝说，最终挽救了跳楼女子。正是有了这种坚持的陪伴与帮助，他们才终于获得了一些更松弛、更深入人心的素材，真正走进了这些拍摄对象的内心世界。

（二）《金银潭实拍80天》创作纪实：风暴最中心的生命故事

纪录片创作讲求社会价值、故事性与真实性的统一。在疫情风暴最中心，最极致的状态，未被命运眷顾的人，面对生死的挣扎，这些听起来都是纪录片的绝佳素材。但实际创作过程却是波折重重。

1.创作思路的颠覆性重构

谭海燕认为，纪录片从文本形式的意义上说是一种叙事文体，但它不能只停留在对现实的复制上，需要通过一定的结构模式完成对现实有限度的重构，来实现影像媒介的叙事功能,完成创作者的叙事意图。最重要的是,要通过表达来完成价值判断。因此,创作者的思路就决定着片子的走向。与预定的创作思路相比,《金银潭实拍80天》在最终的创作呈现方面有着颠覆性的改变。

按照原定的设计方案,此次疫情纪录片拍摄团队需要完成两部纪录片的制作任务,名称分别是《隔离区》和《金银潭战役》。前者是以人物故事为主的系列片;后者是一部以金银潭医院在疫情当中发生的各种事件为线索,以医疗救治为主题的全景式纪录片。在结构上,《金银潭战役》预设了4条线索:一条是以全国驰援专家组为代表的医疗救治线;一条是以张定宇院长为代表的本院医务人员的奋斗线;一条是以瑞德西韦、康复者血浆为代表的新冠病毒研究线;最后一条才是典型患者的人物命运线。

4条线索的设计方案给摄制组带来的工作压力可想而知,团队成员每天都背负着沉重的拍摄任务,不敢轻易放过任何突发性事件。在协和东西湖医院拍摄近两周之后,谭海燕转至金银潭医院,摄制组依然面临人手紧缺的窘境。然而进入到后期制作阶段以后,导演组发现现有粗剪片段中绝大部分都是以医生的视角切入,是从救治线来讲述的。这导致纪录片整体线索单一且过于集中在医生视角。谭海燕带领导演组反复讨论、谋划,最终达成一致意见:推翻之前多线索叙事的构想,只做患者命运线,并且将其他线索的内容附着在患者命运线之上。这样既能最大化体现生命故事的温度,又兼顾了其他线索。

然而,创作思路颠覆性重构的一个直接后果是大量素材无法使用,前期根据事件拍摄的所有素材几乎都没用上。团队冒着生命危险拍摄的素材只能封存于幕后,这成了谭海燕的"一点点遗憾"。

2.线索的交织与重叠

经过了创作思路的颠覆性重构,患者命运线正式成了此次纪录片拍摄的主线,如何选择典型人物、如何透过生命故事反映历史等成为谭海燕以及团队在《金银潭实拍80天》创作中面临的下一个难题。

首先,《金银潭实拍80天》选取了5个典型人物作为主要呈现对象。5个人物的命运是整个纪录片的一条线索,另外一条线索是整个疫情的时间线。全片通过人物的个人视角来引出疫情大事件,串起整个时间线。例如,"武汉封城事件"是从凤凰卫视原记者敖慕麟的现场报道中体现出来的;"武汉解封以及复工复产"是通过出租车司机李超的视角展现的。他们的职业特性以及他们的职业所带来的个人视角呈现对于展现整个疫情时间轴起着至关重要的作用。其次,《金银潭实拍 80 天》还将全国驰援专家组为代表的医疗救治线、医务人员的奋斗线等融入主线当中,如家庭聚集性感染、医务人员感染、ECMO 救治、遗体捐献与病理研究、社区隔离与社区团购等等也均在片中有所展现。

3.用生命故事记录历史

《金银潭实拍 80 天》中选取的 5 个典型人物分别是:敖慕麟、李超、彭博、王枫娇和肖军。实际上,在“红区”拍摄期间,摄制组并非一开始就聚焦于特定的拍摄对象集中拍摄,而是后期从拍摄的大量人物中进行筛选。除了其中 2 个重点人物彭博和王枫娇,其他 3 个人物的拍摄素材以及人物故事的深度挖掘都不够充分,这也是谭海燕在前期的最大遗憾。

在进入后期之前,谭海燕研究了很多疫情相关的纪录片,利用快节奏营造出紧张氛围是多数这一题材纪录片的一大特点。团队经过反复磋商,最终为成片奠定基调:《金银潭实拍 80 天》应该区别于上述节奏明快、氛围紧张的纪录片,它的节奏应该是缓和的,是一部适合静下来慢慢观看的影片。每个人物的故事都能承载一定的精神内核、内在价值,它以冷静、平和、克制的方式讲故事,其目的是用生命故事记录历史,给观众带来某种触动与思考。最终,导演组将 5 个人物的故事分别定义为:责任、选择、信任、亲情、重生。

例如,在《金银潭实拍 80 天》中,敖慕麟的故事被定义为责任。他毕业于人大新闻系,曾在凤凰卫视担任记者和主编,2019 年年初从香港回到武汉。武汉“封城”当天,他之前的同事找他做直播连线,他是在同事的电话里才得知武汉“封城”的消息。彼时的武汉深处“潭水”之中,外景报道毫无疑问会大大增加感染风险,但他丝毫没有犹豫就答应了。敖慕麟的父亲出于担心,志愿给儿子做司机陪同他一同外出采访,凤凰卫视早期在武汉的连线报道就是这样依靠这对“父子兵”来完成。

不幸的是,仅仅几天之后,敖慕麟一家人就出现了发热症状,直播连线也被迫终止。在接受治疗后,他和母亲的症状有所好转,但父亲情况却不容乐观,随后被转移至金银潭医院治疗。两周之后,父亲的病情持续恶化,他被从普通病房转入 ICU 病房治疗,后又接受了康复者血浆治疗等救治手段,但最终还是没能好转,在进入医院后的 56 天不幸离世。在得到父亲离世的消息后,敖慕麟的母亲建议捐献父亲的遗体,在巨大的悲恸当中,敖慕麟选择了同意。

《金银潭实拍 80 天》展现了太多的无奈、死亡、无力的片段，如敖慕麟的父亲和李超的父亲的逝世，但这远不是这部片子的全部，其背后是希望、勇气、力量、坚持、奉献这些光明的底色，正如谭海燕所说，水深之处有光亮。面对亲人逝去，敖慕麟和李超及其家人都选择了捐献亲人的遗体，没有告别仪式，甚至无法与逝去亲人见最后一面，这种大无畏的牺牲奉献精神正是《金银潭实拍 80 天》所要展现的要义。肖军与郑霞这对医患之间无条件的信任、王枫娇与家人的亲情、彭博康复背后的精神支撑都是灾难之中人性力量光辉的彰显，这也是《金银潭实拍 80 天》的意义所在。

（三）成就、遗憾与反思

谭海燕说，对于纪录片创作者而言，完成一部片子会有成就感，但遗憾是大于成就感的，《金银潭实拍 80 天》也不例外。此次疫情纪录片拍摄任务的完成并不是终点，谭海燕还从纪录片制作专业性的角度对自己的工作进行了反思：

1.简化故事线，增加时间跨度

时间是纪录片的第一要素，许多经典的纪录片都是经历了长时期的跟拍才有所成就。谭海燕认为，只要赋予其时间跨度，任何人的生命故事都会呈现出强烈变化，因为时间终究会使个体显示出其戏剧性和命运感。在疫情期间，尤其是在 ICU 病房里发生的事本身就具有命运感和情感张力，因此，只需要赋予其足够的时间跨度，生命故事就可以得到完整的讲述。因此，谭海燕提出了简化故事线，增加时间跨度的方法，她认为如果将医院里的故事作为起点，删除一些故事线，只选择两个主要人物，并且将时间线延长至被拍摄对象疫情结束之后的生活，持续聚焦于其后续的发展就可能会使得生命故事更加生动和深刻。

2.策划先行：人物与空间、时间同构

谭海燕认为，疫情期间特殊的拍摄空间与时间实际上限制了纪录片的创作空间。例如，由于严格的隔离规定，摄制组并不能自由出入病房，有时只能被限制在隔离病房之中进行单点观察，这样所得到的画面只是整个故事的一个侧面，在同一时间的不同空间中，病人的家属、医护人员的情况却得不到反映和记录。如果能够有一个摄制组同时负责记录病人家属的状况，让人物与空间、时间形成同构关系，那么纪录片的叙事空间将会被大大延展，人物形象也将更加立体。

3.镜头语言及风格设计

实际上，在疫情的特殊时间与医院的特殊空间中，镜头语言和风格是被忽略的元素。谭海燕直言《金银潭实拍80天》和《隔离区》的镜头过于直白，并没有形成自己的镜头语言风格。在当时的拍摄条件下，牺牲镜头语言是无奈之举。如果时间和条件允许，她认为应该对医院中的隐喻性空间进行发掘，寻找其中的隐喻性物象，设计隐喻性镜头，提升纪录片本身的想象空间。

其他诸如摄录器材等硬件设备出现的问题也是这次疫情纪录片拍摄过程中遇到的主要障碍，这也成了谭海燕的一大遗憾。她认为如果能够增加一些辅助设备，例如在重点病房安装摄像头，就能利用监控画面来解决事件发生时摄像机不在场的问题。但是，相较于对于生命体验与表达的记录，技术的遗憾便显得不那么重要了。她指出，技术只是辅助创作者表达价值观的工具，而创作者自己的价值观、对生命和社会的体察本身才是最关键的东西。

三、战疫启示录：真实性、媒介伦理与家国情怀

（一）恪守真实性底线：真实自有万钧之力

真实性是纪实创作的核心要义，也是纪录片能够在众多视听体裁样式中为公众所青睐的魅力所在。深入一线、抵达现场是创作者获取材料的唯一方式，它要求创作者用纪实的、非虚构的方式对上述材料进行艺术化再现。今天的影像就是明天的历史，对于重大灾难事故的记录更是如此，灾难中的影像往往是人类反思历史与展望未来的重要记录载体。而对于记录者来说，其最重要的工作就是最大限度地反映客观世界的真实面貌。

但纪录片本身也是一种矛盾集合体。客观记录的影像不一定代表真实，它会受到被拍摄者的思维、动机以及当时情境的影响，如何让其讲真话，走入被拍摄者内心极其重要。另外，作为一种纪实影像的同时，它也要求表达创作者的主观态度，历史上伟大的纪录片作品无一不是得益于创作者精巧的蒙太奇结构。从前期策划到后期制作，作为“设计师”的创作者的主观态度又显得至关重要。因此，纪实创作对于真实性的要求绝不是“纯粹记录”的真实，而是融合了人类能动性的相对真实。这就要求创作者把握

真实的尺度、主观与客观的界限以及人类能动性的介入程度。实际上，这在灾难事故的记录中对于创作者的要求更高。

在武汉大学分享疫情期间的纪录片创作感悟时，谭海燕将主题确定为“真实自有万钧之力”。毫无疑问，在她看来，真实性是纪录片的第一要义，更是纪录片创作的底线。然而，追求真实的过程并非一帆风顺，尤其是在“红区”最中心、最极致的状态当中。

起初，一些被拍摄者虽然同意拍摄，但经过交谈，谭海燕敏锐地察觉到这些受访者并没有说“真话”，交谈内容始终浮于表面。经过反思之后，谭海燕随即调整了策略：要让病患说“真话”就先要取得他们的信任。经过多次与受访者接触，她发现病房里的患者由于行动不便或隔离原因实际上有着许多需求，比如联系家人、购买生活用品等，还有患者不慎弄丢了牙刷，又不好意思麻烦医护人员，只好强忍着几天没有刷牙。后来摄制组就从患者的各种大小需求着手，帮助病人解决生活上的各种困难，甚至有一段时间暂停了拍摄来为病人服务，比如他们在金银潭医院帮李超打探到了父亲的状况等。正是这种帮助与陪伴换来了心与心的交流。一些患者逐渐对谭海燕敞开心扉讲“真话”，还有一些患者在出院后和谭海燕成了好朋友，这种真实的情感有时其实无须言说，这正是谭海燕所说的“真实自有万钧之力”[①]。

（二）恪守伦理底线：有舍才有得

关于纪录片拍摄伦理的讨论一直都是学界和业界经久不衰的话题。美国纪录片制作者迈克尔·拉毕格（Michael Rabiger）曾经指出：“唯有考虑到伦理问题，才能有真正纪录片的产生。”这种伦理问题通常涉及拍摄者、被拍摄者以及观众三者之间的互动关系。[②] 灾难题材纪录片拍摄的意义在于用影像承载历史记忆，通过对于灾难的记录引起人们的反思，但这绝不能以伤害被摄对象和侵犯隐私为基础。邹细林在《纪录片创作伦理》中将责任原则、隐私原则等作为创作主体处理与受访对象伦理关系的重要标准。同时，获准原则、真实原则等同样是纪录片创作者应该恪守的基本准则。[③] 然而，这些原则在实践操作中却困难重重，时刻考验着谭海燕带领的纪录片摄制组。

具体来说，摄制组几经周转寻找到合适的拍摄对象后，说服他们允许拍摄通常是

① 武汉大学媒体发展研究中心.战疫记者谈话录|谭海燕：真实自有万钧之力[EB/OL].（2020-11-24）[2020-12-27]. https://mp.weixin.qq.com/s/f5C2nhMdLpjrCKmVXSuUNw.

② 沈庆斌.纪录片伦理问题探讨[J].文艺争鸣，2010(24)：13.

③ 邹细林.纪录片创作伦理[M].北京：中国传媒大学出版社，2018：70-125.

一件棘手的事情，多数受访者并不愿意直接面对镜头吐露心声。有些拍摄对象刚开始同意，拍摄到一半反悔了；有些拍摄对象拍摄到一半就离世了；还有的患者在昏迷阶段被拍摄了多次抢救画面，等他本人醒来后又不同意……因此，许多前期耗费大量精力拍摄的画面和素材摄制组最后只能选择放弃。即便如此，当患者在拍摄过程中不幸离世，如果他们生前状态还算不错，摄制组都会专门剪辑一个小片段送给他们的家人。

谭海燕和她带领的摄制组目睹过ICU病房里的抢救场面和病人状态，因此，在后期制作过程中，整个制作团队还达成共识：涉及病人被抢救的惨烈画面绝对不用。这既是对于逝者及其家属的尊重，也是对于媒介伦理底线的恪守。

（三）媒体人的责任自觉与家国情怀

此次疫情突如其来，是新中国成立以来在我国发生的传播速度最快、感染范围最广、防控难度最大的一次重大突发公共卫生事件。病毒来势之凶，疫情传播之烈，范围扩散之广，全社会所面临的挑战和压力之大，堪称前所未有。但灾难来袭总有勇士逆行而上，抗击疫情战场上的逆行者不只是医务工作者，还有像谭海燕这样的媒体工作者。回顾谭海燕的疫情历险全过程，我们似乎可以找到一些答案：支撑其逆行的是责任自觉，是家国情怀。

疫情爆发之初，作为总导演的她本可以身居后方统筹全局，但谭海燕在突发灾难面前毅然选择去往“红区”最中心，与自己带领的拍摄团队共进退。她甚至直言：“没什么大不了，反正孩子也大了，在决定报名的一刹那，我就已经想过最坏的后果是什么。”摄制组成立后，她身先士卒率领团队首先前往协和东西湖医院拍摄。转战金银潭医院后，她率领团队克服重重困难进入隔离病房拍摄，寻找拍摄对象、走近拍摄对象、帮助拍摄对象等一系列工作让她来不及考虑个人安危。为了“大家”，她不得不暂时舍弃“小家”。这是媒体人在面对灾难时所展露出的大无畏底色。

四、总结

谦逊、专业与注重人文关怀是谭海燕作为专业媒体人的典型特征。

此次疫情纪录片拍摄完成后，在北京举行的全国抗击新冠肺炎疫情表彰大会上，谭海燕凭借着在疫区的杰出表现获评“全国抗击新冠肺炎疫情先进个人”。谈到这份荣誉时，谭海燕谦逊地说："这个'全国先进'是摄像老师让给我的。"实际上，谭海燕是此次纪录片制作团队 12 名成员中唯一的一名女性，她克服重重困难与医护人员、病患以及同事战斗在一起。在一次拍摄病人从金银潭医院转院至武汉协和医院西院进行手术时，谭海燕和摄制组其他成员从上午 9 点一直等到下午接近 6 点，其间滴水未进，甚至由于担心浪费防护服而不敢上厕所。跟拍转院过程中，他们用了不到 20 分钟就开完了平时需要 40 分钟的车程，然而却最终被告知当天的手术取消了。由于出发匆忙，他们还把自己的衣物落在了出发地金银潭医院，从武汉协和医院西院 ICU 出来的他们脱下防护服后发现身上仅剩下短袖，被冻得直哆嗦，谭海燕戏称这是"最囧的一次拍摄"。一整天的忙碌却几乎一无所获，这样的遗憾在谭海燕的疫区经历中并不少见。

强调专业性与人文关怀并重是谭海燕在纪录片拍摄中的又一重要特征。纪录片这一题材是人类反思自我、反思社会的独特方式，但这种反思绝不能以侵犯被拍摄者为代价，因为人本身才是纪录片的核心要素。纪录片是公开的历史片段，这在灾难题材的纪录片中尤为凸显。疫情纪录片在拍摄过程中可能会经常涉及被拍摄者的隐私问题。疫情已经对他们造成了巨大的创伤，一旦处理失范就将对他们本人及其家属造成二次伤害，如何平衡拍摄者、被拍摄者以及摄像机这几者之间的关系是每个纪实创作者需要精心考虑的问题。

谭海燕在此次疫情纪录片拍摄中用实际行动对这一问题做出了回答，那就是人永远是第一位的。在拍摄的过程中，创作者要始终坚持人文关怀，必要时甚至可以放弃拍摄。谭海燕还从镜头与人的关系的角度思考了拍摄行为本身对于拍摄对象的侵犯。她认为镜头的在场是一种非常态环境，在这种环境中，她与被拍摄者的交流过程也变得与往常不同，缺少了从认识到熟悉再到最终拍摄循序渐进的过程。而拍摄完成后，摄制组又会迅速离开，只剩下拍摄者独自恢复原来的状态。因此，她认为这种拍摄行为实际上已经构成了一种侵犯。这种由镜头产生的侵犯所涉及的纪录片拍摄伦理问题值得学界深入讨论。她还呼吁学界和业界能够就这一问题展开深入讨论，并从实践的角度给新闻和纪录片从业者以指导。

融媒体时代传统记者在突发事件现场报道中的角色重塑

◇ 朱俊桥

摘要:作为新中国成立以来传播速度最快、感染范围最广、防控难度最大的一次重大突发公共卫生事件,2020 年初来势汹汹的新冠肺炎疫情无疑是对全人类的一次考验。各地新闻工作者奔赴一线,履行职责使命,借助不同的媒体形式记录、报道,弘扬伟大抗疫精神,为中国抗疫斗争取得战果作出重要贡献。

在媒体融合纵深发展阶段,媒体的主战场、主平台已发生改变,疫情报道对新闻产品的专业性、时效性、全面性以及新闻工作者的专业素养与职业道德提出较高要求。本文以《现代快报》记者是钟寅为例,梳理其在抗疫期间的优秀报道作品与抗疫表现,并结合其个人经历与职业发展展开分析,对记者在突发事件报道中的职业素养要求提供有价值的参考;并从"速度""精度""温度"三个维度探讨新媒体时代新闻产品应具备的品质,旨在提出传统记者在媒介融合风口下利用自身优势进行角色转变与重塑的可行性建议。此外,本文以《现代快报》"借船出海"的媒体融合之道为例,针对传统媒体的转型困境,分析内容生产与平台服务的平衡之道,并探索全能记者的人才培养路径。

记者简介:是钟寅,1986 年生,《现代快报》融媒体中心值班主任。在新冠肺炎疫情期间,他深入湖北武汉两个多月,驾车外出采访累计行程超过 5000 公里,发稿量达百余篇,拍摄现场影像素材超 100GB,发表了《"宇宙最拼工地"火神山,口头禅就两字:快点》《直击武汉"清零日"最难转运:ECMO 患者的生死之托》《这一刻! 武汉》等重要稿件,多条报道被各大中央媒体转载,在社会上产生广泛影响。2020 年 3 月，是钟寅荣登“江苏好人榜”；2020 年 11 月，获得江苏省“抗击新冠肺炎疫情先进个人”称号。

疫情爆发后，是钟寅记者毅然加入报道队伍奔赴武汉。在武汉，他见证了火神山、雷神山医院平地崛起的奇迹，见证了医护人员不畏生死地日夜奋战，见证了守望相助的凡人善举，见证了患者亲人离世后的泪水，见证了医院休舱后护士绽放的笑容，记录下无数惊心动魄的现场，采写出大批温暖动人的报道，甚至数次将自身置于危险之中。是钟寅在突发事件中展现出了极高的专业素养与职业道德，是新闻工作者“不是生而勇敢，而是选择无畏”的最佳印证。

一、现场纪实：88 天守望相助，记录爱与温暖

（一）“一线才是记者最好的归宿”

接到出征武汉的通知正是大年初四的晚上 9 点，是钟寅赶到报社开了一个行前会议，半夜 12 点才到家。第二天早晨 8 点，他坐上了赶往北京的火车，随后转车去武汉。他深知这次任务的危险性和重要性，但心里依旧五味杂陈。面对未知的危险，他没有感到恐惧，更多的是放不下。母亲年前刚因为胃部和肺部的肿瘤做了两次手术，出院才不久，他为了让家里人放心，没有多说任务的细节。“这不是说放弃就放弃的任务，我必须去现场看一下具体的情况。”他的决心得到了父亲的支持，是钟寅的父亲是一名基层的社区医生，曾经在“非典”期间参与过抗疫工作，在隔离的宾馆为疑似病例与密切接触者测量体温。“父亲当年工作时防护条件很差，只有普通的口罩，他们的条件远不如现在好，那时候都能完成这些工作，我们现在好了这么多，总还是得把事情做下去。”家里有父亲的照顾，是钟寅放下顾虑，毅然决然地奔赴武汉。

去一线对于是钟寅来说其实并不陌生，他毕业后便在南京成为一名突发记者，一做就是 5 年，主要负责突发新闻和调查类新闻的采编。后来，他被派去盐城与淮安驻站 4 年，2013 年后，是钟寅担任《现代快报》融媒体中心值班主任，负责部门管理的工作。上任管理岗位后，跑一线的机会便少了很多，但他对一线的热爱从未停止。“我总觉得一线才是记者最好的归宿，看着同事们出去跑，还是很羡慕的。每天可以认识不

一样的人，听不一样的故事，比你坐在家里面有意思很多。”

到达武汉后，尽管有着丰富的一线经验，是钟寅还是感到了前所未有的压力。尽管“红区”的场景已经在他的脑海中想象数遍，但当他真正地到达武汉，进入“红区”时，焦虑感扑面而来。“病毒轻而易举地夺走生命，没有一个人是绝对安全的。”但这种焦虑感又是间歇性的，当是钟寅从网上的“云监工”变为火神山、雷神山建设的现场见证者时，他的心又被强烈的震撼感击中。他两次前往火神山，三次前往雷神山，在工地采访数小时，甚至在凌晨目睹工人在工地争分夺秒的场景，只希望尽可能记录这一奇迹诞生的过程。

除了时而袭来的焦虑外，忙碌是是钟寅在武汉的常态。疫情初期，《现代快报》团队在武汉的队伍仅有 6 人，第二批又支援了 4 名记者，在人数配置上较其他主流媒体相差甚远。他每天早晨醒过来做报道前的准备，抓住一切机会前往“红区”现场，直到半夜 12 点同事们也陆续写完稿件，团队召开电话会议。夜里一两点入睡是他每天基本的状态。为了让团队保持良好的精神状态，他与同事商议制订轮休规则，但这样的规则却没有机会真正地实行。对于是钟寅来说，在武汉的 88 天，每一个阶段都是不一样的历史性阶段，无论是 1 月底的至暗时刻，还是方舱医院的启用、病人陆续出院，以及武汉“解封”，每个瞬间都是不容错过的。“不可能给自己一个放松的机会，这么多事情我们要记录下来，不记录下历史性的瞬间太遗憾了。”直到 2020 年 4 月 8 日武汉“解封”，他收到医护人员发来的病人在病房中竖起大拇指的照片，大家一同倒数零点的到来。“3、2、1”后，他站在长江大桥边看着灯光将江岸全部点亮，瞬间感受到一种最单纯的开心。那一刻令他明白，在最近的现场感受到的力量是任何二手资料都无法替代的。

是钟寅在一线时几乎每天都不知疲倦地奔赴各个现场勘点采访，甚至独立前往最危险的“红区”完成报道任务。“那个时候是一种竭尽全力的状态，是竭尽全力的一次挑战。”尽管如此，是钟寅表示如果再给他一次机会进入“红区”，他一定会在方舱医院休舱的前一夜，再次进入医院拍摄。“我一定会更加坚决，哪怕承受多一点的风险，留下宝贵的画面，不留任何遗憾。”

1.“不爱摄影的文字记者不是好爸爸”

媒介融合使新闻生产传播多元化趋势明显增强，要求新闻报道在准确及时、客观公正的基础之上更具创新性，要求记者能够拓展报道视野，在报道过程中深度利用新媒体技术以及融合新闻等新闻样态，运用文字、声音、图片、视频等表现形式实现话语表达方式的创新，生产实时、全面、多角度的融媒体报道产品，实现内容与形式的协调统一。

“不爱摄影的文字记者不是好爸爸！”是是钟寅新浪微博的个人简介，体现出他对自己精准的评价。中文系毕业的他对文字有着极强的掌控能力，此外，他还是摄影发烧友。在驻站期间，他便具备独立完成采访和拍摄等所有前期环节的能力。《直击武汉“清零日”最难转运：ECMO 患者的生死之托》是是钟寅记者独立前往“红区”现场拍摄采访制作完成的一篇稿件。2020 年 3 月 19 日，正值武汉市新冠肺炎新增患者清零的历史性时刻，一名年过七旬，心肺功能衰竭，只能使用 ECMO 来维持生命的新冠肺炎患者从武汉市第一人民医院转运至武汉市肺科医院。转运难度极大意味着新闻价值极高，也同样意味着采访风险是极大的。往日进入“红区”时需要一名文字记者搭配一名摄影或摄像记者团队作战，然而当日同样是医疗队的返程日期，团队记者兵分多路，人手十分紧缺，是钟寅便肩负起独立完成报道的重要使命。“全媒体记者嘛，没啥做不到的。”是钟寅要进出两家医院，冒着气溶胶传播的风险进入重症监护室拍摄素材，但他排除了一切杂念，很快进入了工作状态。转运开始后，是钟寅见缝插针进行采访拍摄，多年全媒体记者的职业经验赋予他迅速捕捉新闻价值的能力。他身穿防护服，一手持运动相机，一手持微单，同时拍摄视频和照片，并在头脑中构思文字稿件。在重症监护室中，7 台 ECMO 同时运转，病人身上插满各种管线，医生提醒他动作要慢些，但转运开始后，要选择不同的角度拍摄，他不得不小跑起来才能跟上医生的速度。2 个小时，是钟寅穿着厚重的防护服，在距离不到 3 公里的两家医院之间奔波，采访结束时，他早已浑身湿透。回到驻地酒店后，他立刻整理制作影像素材，撰写文字稿件，忙到夜里 3 点，在后方领导与同事的连夜配合下，第二天一早便将全媒体报道《直击武汉“清零日”最难转运：ECMO 患者的生死之托》发布。从采访到审核，再到推送，整个过程没有超过 24 小时。作为第一篇记录 ECMO 患者转运过程的报道，这篇稿件对转运前病房中的准备工作和转运过程中的重重挑战进行了细致的全方位采写，相应的视频产品同样尽可能完整还原真实的转运现场，展现江苏省人民医院援武汉医疗队人员在抗疫阻击战中的奋斗与奉献。这篇全媒体报道也被中央网信办全网推送，在武汉“清零日”的重要历史时刻起到鼓舞人心的作用。

2.“做好准备，应对一切变化”

突发公共卫生事件的报道是对记者职业素养、专业能力和心理素质的全面考验，而新闻报道的准确性也要求其在涉及专业医疗知识时做好充分的准备，以及在众多纷繁复杂的信息中保持理性，审慎地甄别思考，保证信源与信息的准确可靠。在可预见的重要节点上，《现代快报》武汉战疫队迅速确立符合自身媒体特点的热点话题着重进行策划准备，明确报道主题，提前勘点，收集背景资料，对信息真实性充分研判，前后方协调分工，高效产出高水准的全媒体新闻报道。

但更多的时候，现实场景与想象有着巨大的差异，突如其来的众多变化给一线记者带来了前所未有的挑战，纵然是经验丰富的记者也不能完全做到从容不迫地应对。是钟寅说："没时间准备是突发报道的常态，但一定要竭尽全力。"在人命关天的危急时刻，记者的一个小小的失误必定会影响整个救治过程。因此在进入"红区"报道转运现场前，是钟寅与江苏的医疗队始终保持着密切的联系，与医疗队员进行充分的沟通，明确病房的进入流程与注意事项等。转运前，医护人员会给病人进行吸痰等准备工作，这对于手持多个器材的记者来说存在巨大的风险。因此，医护人员会提前对记者进行穿脱防护服的安全培训并采取对拍摄器材的消毒防护措施。"并不是每个记者都具备专业的医疗知识，为了报道速度和准确性必须提前做好功课。"是钟寅提前构思采访提纲，充分收集关于 ECMO 的相关资料，在不耽误医护人员工作的情况下灵活应对现场变化，确保在整个转运过程顺利进行的同时高效完成采访。

"做好自身防护也是准备的重要一环，是对自身安全负责，也是对团队负责。"2 月 5 日，洪山体育馆方舱医院收治首批病患，是钟寅早早赶到现场勘点，以便在转运车进入医院时拍摄一手资料，然而 2 小时后却不见转运车的身影，于是他暂时离开了洪山体育馆方舱医院。直到半夜 11 点左右，在方舱医院周边准备现场采访的他突然看到一辆救护车驶过，此时他已经脱掉防护服，距离病毒不过数十米，只能在防护不够充分的情况下冒险抓拍车辆驶入的影像素材。"确实有点后怕的，都自以为准备得妥妥的，但操作起来还是有冒失和风险。"经历过这次离危险非常近的时刻，也目睹过同行因为走路太快把防护服刮破而被隔离 14 天的事件，他嘱咐团队成员在疫区不能随便穿脱防护服，对自身与器材的消毒防护工作也要做得更细致，"我们团队前线的人力非常宝贵，必须要非常小心，准备再多都不过分"。因此在突发事件的报道过程中，记者不仅需要根据经验对复杂的情况作出预判，面对未知变化更应做好万全的准备、采取积极灵活的应对措施，以保证报道高效、高质量产出。

(二)“记者不只是见证者”

2020年2月23日,习近平总书记在统筹推进新冠肺炎疫情防控和经济社会发展工作部署会议上发表重要讲话,强调疫情形势依然严峻复杂,防控正处在最吃劲的关键阶段,各级党委和政府要坚定必胜信念,咬紧牙关,继续毫不放松抓紧抓实抓细各项防控工作。① 中央指导组指导督导湖北省、武汉市刻不容缓依法采取果断措施,不折不扣落实“四类人员”分类集中管理措施,真正做到应收尽收、不漏一人。

新闻专业主义要求新闻从业者作为社会观察者与事实的报道者还原事件现场,逐步接近事实真相。而疫情报道却远比普通事件报道更具复杂性,记录现场与救助生命的排序,不只是职业道德与人道主义之争。“当你看到那些求助者,没有人会置身事外,媒体更应该展现自己的温度与关怀。”是钟寅这样说。在抗疫阻击战中,无论是新闻工作者还是医护人员都将挽救生命作为首要任务。中央指导组有关负责同志表示:“记者提供一条有效求助信息,可能就挽救了一条生命,其意义和价值是一篇报道无法比拟的。”收治工作刻不容缓,《现代快报》武汉战疫队迅速响应“应收尽收、不漏一人”的要求,线上通过微信、微博等社交媒体平台收集求助信息,线下前往武汉江岸后湖街道等老城区调查社区收治情况,将从街道办收集来的居民排查信息逐一筛查统计,完成相关调查报告上交中央指导组,一定程度上成为方舱医院相关工作迅速推进的重要动力。此外,《现代快报》联合多家企业,发起“2020支前行动”,将米、油、牛奶等生活必需品,以及保险、健康、空调维护等服务,赠送给湖北医疗队员的家人,为逆行英雄提供关怀保障。②

是钟寅在一线奔波的同时,也密切关注线上线下的市民求助信息,尽自己最大努力帮患者协调入院。武汉市民王女士的舅舅因感染新冠肺炎不幸去世,她的舅妈朱女士随后也出现了咳嗽、发热等相关症状,王女士辗转联系到是钟寅,在他的帮助下得以成功收入医院隔离区。

后来,随着求助信息数量的减少,是钟寅感到欣慰的同时对记者的职责也有了更加深入的理解与思考。撤离武汉前,《现代快报》武汉战疫队收到了武汉同济医院的护

---

① 习近平.在统筹推进新冠肺炎疫情防控和经济社会发展工作部署会议上的讲话[EB/OL].(2020-03-23)[2021-11-20].https://baijiahao.baidu.com/s?id=1659339186726732837&wfr=spider&for=pc.

② 梁波,张星.编织全覆盖战疫融媒报道图景:以现代快报为例[J].中国报业,2020(9):33-34.

士家属为所有记者画的漫画群像，这对是钟寅而言意义非凡。“现在回想起在武汉的日子，我们记者并不只是简单的见证者，而是参与者、亲历者。”人民至上，生命至上，新闻工作者不仅是连接政府与群众的桥梁，更应始终将人民的利益放在首位，全心全意为人民服务。

二、成功经验：从“三度”看新闻产品的必备品质

（一）追求速度，团队高效配合出精品

新闻的“速度”，一直是媒体在不断追求的东西，尤其是在突发事件的新闻报道当中，面对事件的严重性与未知性，受众对事件的进展与真相的披露是极度渴求的。在新媒体时代，专业记者的报道更是要与网络上大量的碎片信息“赛跑”。在疫情初期，谣言和假新闻的炮制者往往采用新闻报道的手法，盗用媒体的名义，发布形式逼真的不实消息，通过有公信力的传播平台进行再次传播，从而混淆视听，造成公众情绪焦虑、媒体公信力下降等负面影响。因此，在动态新闻与网络谣言尤其多的时候，如何拥有更多机会占据重大事件的头部流量，在舆论中占据优势，对“速度”的追求就显得格外重要。

作为一名跑突发出身的记者，是钟寅对新闻产品速度的标准有着很高的要求。他将自己的职业类比为急诊科医生，“急诊医生的首要任务，是在最短时间内，先把这个病人的命保住；我们的责任，则是在最短时间内，把新闻发出去”。在融媒体时代，记者们无须同战地记者鼻祖拉萨尔一样趴在马鞍上写稿，但技术赋权意味着“速度”的比拼前所未有地激烈，也意味着每个记者每一天都承受着截稿时间的压力。不同于传统媒体的新闻产出方式，动态发展中的突发新闻并不具备等待事件结束再进行报道的条件，而是保持持续滚动更新达到新闻的“无限”更续与延展，因此只要确定了事件中的某一重要节点，达到一定信息量后，记者就可以根据每个节点的新闻性分切开发稿。《最高礼遇送别！江苏援湖北医疗队首批 710 名战士启程返苏》报道了 2020 年 3 月 17 日江苏省的 6 支医疗队从武汉返回的现场，这也是是钟寅印象中最有“速度”的报道之一。“这篇稿子有多快呢？媒体同行还在争分夺秒用手机打字，或者剪辑视频，我们的稿子已经发出来了。甚至医疗队还在去机场的路上，队员刷刷手机，就看到这条

新闻了。”这样的高效产出自然得益于整个《现代快报》战疫团队的全力支撑。首先是前方的合理分工与高效执行。报道当天，前方的记者提前来到医疗队驻地，准备好事件背景性内容的文字稿件，为后续的现场报道争取了时间；事件现场的记者的主要任务是拍摄，是钟寅在车队的最前方自驾拍摄交警护送的画面，还有部分记者跟随医疗队上车跟拍医疗队队员，其余记者留在医疗队的驻地酒店，等待整合内容和照片。其次是后方制作人员通力配合。在南京的后方，视频制作人员始终待命，在收到前方各组发送的视频素材后立即开始制作视频。最后是机制上实行扁平化审校，追求速度的同时，新闻报道的准确性也不容忽视，为了杜绝差错，值班领导与编辑在收到稿件后也立即开始审校，确保稿件零误差以及流程的顺利平稳推进。团队的所有交流都在QQ群组里高效进行，整个流程无一滞后，团队成员各司其职，有条不紊地完成了“令医疗队员吃惊，媒体同行惊讶”的高质量稿件。

说到“速度”，在媒体技术高速发展的当前，网络新闻直播成为新闻报道的重要形式，其在实时传递现场信息、营造共同时空语境以及搭建社交场景等方面具有独特的优势。面对这种零时差的报道方式，单条传播的新闻稿件的优势又该如何体现呢？对此，是钟寅认为：“直播或许是很好的方式，但也有其局限性，并不能取代单条传播的新闻稿件。”看似复杂化的单条新闻稿件依然是在网络时代最能产生裂变式传播的报道形式，优势便在于其更有利于受众在社交平台的转发。新媒体的社交属性使传播的效率得到指数级的增长，一条优质的单条稿件具备高打开率、高完读率、强记忆点等特点，从而达到在社交平台的高传播率。对比而言，一场以小时为单位进行的直播尽管实现了零时差，但新闻价值最重要的瞬间却只是其中的某几分钟。在漫长的直播中捕捉最重要的新闻价值并不是毫无门槛，个体对其解读存在差异化，这种形式对公众注意力的集中程度也有较高的要求。央视频对火神山医院崛起过程的慢直播取得较好的效果也是与整个过程的自然态、陪伴性与视觉审美性有着不可分割的关系。是钟寅认为，直播新闻在社交平台上的转发效果并不乐观，在转发后往往并不能实现与当下语境的同步，在漫长的直播回放中受众往往并不愿意付出高额的时间成本去寻找最关键的时段，从而导致转发意愿的降低，持续传播的循环链断裂。因此，直播报道与追求单条新闻的时效性并不存在矛盾，而有利于转发的单条新闻，尽可能以最快速度刊发出来，这种意义上的“速度”是《现代快报》团队追求的目标。

（二）把握精度，策划出来的优秀报道

在媒体融合纵深发展阶段，去中心化传播成为新闻产品的重要特点，随着信息获取渠道的不断拓展，分众传播的特征逐渐明显。“同一条新闻，在不同的平台，阅读量可能天差地别。”基于不同平台的受众特点以及平台本身的呈现方式进行差异化精准分发则成为新媒体时代传播特性的更好体现。例如，抖音的视频优先竖版，微信朋友圈视频不超过 15 秒，而新闻类的客户端则延续 PC 时代的传统，是文字、图片、视频的综合呈现，视频以横屏为主。是钟寅认为，有针对性地制作不同版本的报道内容是较为理想的状况，而对于争分夺秒的重大突发事件报道来说，实际操作层面是很难做到的。因此比较可行的方式是“根据各平台呈现方式的不同，做三四个版本，在求最大公约数的前提下，做到精准”。

在疫情期间，《现代快报》团队不仅聚焦战斗在一线的医护人员，还同样把目光放在了许多默默奉献的普通人身上，先后制作“凡人英雄”与“无名英雄”两个系列，并基于不同平台的特点产出不同产品。其中，发布在抖音平台的《疫情期间那些感动你的瞬间——致敬无名英雄》达到了 1300 万的阅读量与近 120 万的点赞量，点赞量与阅读量的比例接近 1∶10，对于非垂直类账号来说是非常可观的数据。这条新闻产品成功的因素则在于对“精度”的把握，与传统新闻报道的区别在于其利用集纳于各个网络平台的凡人善举作为素材，用普通群众不求回报捐献物资的画面与“无名英雄”的主题紧密契合，《无名之辈》音乐的响起、歌词对主题的贴切描述也自然将受众带入到当下的语境中，对新闻五要素的模糊同样是呼应“无名”的主题，因此达到了可观的播放效果。

“新闻产品的精度，来源是计划性。”疫情期间的武汉，每一瞬间都是历史性的瞬间，每一家媒体都几乎一刻不停地记录、制作与传播。在无法避免突发情况发生的情况下，对于特定时间点的重大时刻的新闻报道则更体现出策划的重要性。清明哀悼日当天，默哀、鸣笛、恢复通行，整个过程持续时间非常短。是钟寅与其团队为记录好这一极具历史意义的时刻首先在前期制订采访计划，策划不同平台上推出的差异化新闻产品，包括微信朋友圈海报、武汉市全市默哀的综合视频、部分地点默哀的单条视频；其次在人员安排方面，《现代快报》的武汉战疫队按小组编队，将分别驻守在江汉关、长江大桥、汉街、医疗队驻地等各个地点，提前勘点后，制定拍摄计划与脚本，包括拍摄角度、运镜方式等细节；最后是前后方的紧密配合，为了提高制作效率，前方记者与后方的制作人员在群组提前沟通制作思路，分配制作任务，甚至提前一天时间制作好江汉关的海报，利用前一天勘点时拍摄的照片撰写海报文案，等待清明节当天拍摄江汉关降下半旗的图片素材回传后替换，即可做到第一时间高效产出，精准分发。

"新媒体产品的精准打击，要对传播的底层逻辑有更多关注和思考。"是钟寅说。《这一刻，武汉！》是在清明节当天《现代快报》团队制作的短视频产品，在抖音平台上的播放量近2000万，点赞量26.2万。但其实这条视频良好的传播效果是在是钟寅意料之外的。作为一条非典型的抖音产品，这条视频长度达到1分钟，没有音乐作为铺垫，除了开头的钟声，后面都是刺耳的汽车鸣笛，且没有单独制作适配于抖音平台的竖版视频。是钟寅在总结这条产品的成功经验时认为，控制视频的长度本质上是为了达成较好的完播率，以便视频进入更高层次的流量池。视频分别在江汉关、武汉长江大桥、临江大道、雷神山医院的几个场景选取两三个镜头，素材选取不冗长，容易达到较高完播率；在没有配乐的情况下，视频中的声音本身就可以拓展画面的信息，汽车鸣笛不仅直观地交代了事件，更将全城哀悼的情绪推到高潮。因此，对素材的后期加工是在服务新闻事件本身，摸索不同传播平台的底层逻辑，对产出优质的新闻产品有重要的意义。

（三）守护"温度"，与共情力博弈

疫情爆发初期，民众对病毒的认知处于较为粗浅的状态，加之有效的治疗手段还在摸索研发当中，民众对病毒和疫区未知的状况充满恐慌与消极的情绪。而媒体的责任不仅在于及时准确地将疫区动态与抗疫现场等事实报道出来，更应当将温暖感动的瞬间通过文字与影像传递给民众，给予社会以希望。正能量的人和事是抗疫报道的主流，以人为本意味着在关注新闻本身的同时应更加关注新闻中的人的故事。人民日报社新闻协调部副主任汪晓东在一次演讲中提到："传播力源自共情力，就是指媒体人面对百姓的困难和需求，还有没有流泪的能力，能不能与百姓拉近心与心的距离。"而深谙于此的是钟寅却在武汉经历了与共情力博弈的艰难时刻。

《你还有未办的婚礼，还有那么多牵挂你的同事！彭医生，一路走好》是是钟寅记者对自己参与的众多报道中最为遗憾、最不满意的一篇稿件。报道中的彭银华医生是一名区级医院的普通医生。2019年8月，彭医生完成规培，成了一名呼吸科的医生。疫情爆发后，他从2020年1月21日开始便吃住都在医院，全力接诊患者，也因为疫情

取消了2月1日的婚礼。不幸的是，他于1月25日确诊新冠肺炎，且病情持续加重，转入武汉市金银潭医院接受治疗，在金银潭的医生的全力救治下，仍因新冠肺炎引发的多器官衰竭于2月20日病逝，年仅29岁。2月21日，是钟寅与同事前往彭医生生前所在的江夏区第一人民医院参与一场集中采访。彭医生的家人因过度悲伤不便接受采访，是钟寅便在医院门口采访了他的同事。在征得当地卫健委的同意后，是钟寅决定前往医院里的吊唁厅拍摄相关素材。由于医院内的感染风险较高，是钟寅只能只身前往。走进吊唁厅的瞬间，是钟寅感受到了极强的压抑感，当看到彭医生的遗照是由结婚照裁切后做成黑白效果装裱的，他更是感觉“整个人都不好了”，到了这一刻，是钟寅才真正意识到“疫情面前，众生平等”。“尽管年轻人发展成重症、危重症的概率不高，但这种概率终究存在，正好彭医生就遇上了这样的小概率事件。”当天从医院走出来的是钟寅始终无法平复自己的情绪，回到驻地的他坐在电脑前，一个字都写不出，只做了个视频。最终，整篇文字稿对人物的描绘较为表面，没有深层次的挖掘，也没有呈现结婚照成遗照的感人细节，因此反响平平。“记者这个职业，要跟各种各样的人交流，倾听他们的心声。只有理解受访对象，并且在交流中表达出理解、关注、尊重，才能顺畅完成采访。”而这次疫情报道却让他明白，记者“还需要具备从共情中抽离的能力”。真实性是新闻报道的基本原则，对人物、事件和现场的客观还原与体现新闻报道的“温度”并不矛盾。

2020年1月底到2月初的武汉，病床是最稀缺的资源，焦虑和恐慌笼罩整个荆楚大地，而总面积超过3万平方米的火神山医院从设计到建造完工，仅历时10天，堪称奇迹。在工地上目睹这一奇迹诞生的是钟寅感受到前所未有的振奋，“那是一种从心底迸发的兴奋感”。《“宇宙最拼工地”火神山，口头禅就两字：快点》这篇报道正是在这样振奋的情绪下开始落笔的，但是钟寅却在稿件中适当控制了自己的情绪，为避免口号式的“宣传腔”，他选择用干净的白描来体现温度感。“这里是最受瞩目的工地，4000万人通过在线直播当‘监工’；这里是最繁忙的工地，高峰时间等待入场的车辆排队长达1公里；这里是工期最紧迫的工地，上千名新型冠状病毒感染的肺炎患者将移送这里救治。这里是武汉火神山。1月31日，记者来到这里，上千台施工机械，4200名工人，已经在这里施工7昼夜。”是钟寅在开头导语部分破例用了近百字，通过“这里是”的排比句式突出气势感，重点运用日期、人数、距离等数字，体现精准性的同时彰显“中国速度”。他在正文中交代环境，描绘工地现场机械轰鸣、工人吆喝的声音来增强画面感。在对关键人物的报道中，是钟寅选择采访从河南洛阳赶来支援的“90后”小伙李凯凯。在视频产品中，团队选取李凯凯用沙哑的声音喊出“武汉加油”的镜头，但在文字报道中，是钟寅为避免过重的“口号感”，放弃了这一幕的描绘，而是用上了李凯凯站着接受采访，手捧一份盒饭的细节。“他们吃饭的时候不是像我们这样一口菜一口饭地吃，而是把盒饭的每一格一口气扒完，不考虑饭菜是否好吃，而是想尽快摄取能量，有力气干活。”于是，他在报道中用白描的写作手法对这一细节深入描摹：“小伙子匆匆几口扒完了菜，又大口大口往嘴里扒白饭。他一边嚼着饭，一边说话，讲述他来到武汉的曲折经历。”除了吃饭的细节外，是钟寅也观察到工人直接坐在泥土地上打盹儿的一幕：“每一个人都是普通人，他们没有一个人对我说‘天下兴亡，匹夫有责’的话，但他们就是这么做的。”即便是钟寅为他们的质朴所动容，但他尽可能让自己从共情中抽离，用他者视角完成稿件写作。这篇稿件也因其温暖的笔触得到中央网信办的推荐，被众多主流媒体、商业门户转发，实现了较大的影响力与传播力。

正如是钟寅所说：“职业记者，就像职业运动员一样，无论什么时候，都要保持稳定的高水准。”面对重大突发事件中的生死和别离、温馨与感动，不陷入一味的悲伤、喜悦或是愤怒的情绪旋涡，也体现出新闻工作者的专业素养，他们在保持高度的客观性与准确性的前提下，通过纪实的影像与细节性的文字表达情感与人文因素。疫情报道是专业媒体人与共情力博弈的过程，用冷静的方式守护“温度”，才能更好地表达“温度”，体现人文关怀，实现良好的传播效果。

三、经验启示：媒体融合背景下对新闻记者的新要求

（一）践行“四力”，重塑记者角色

在媒体融合的背景下，当前的疫情报道，媒体的主战场、主平台已经逐渐发生转移。2018年8月，习近平总书记在全国宣传思想工作会议上强调：“要不断增强脚力、眼力、脑力、笔力，努力打造一支政治过硬、本领高强、求实创新、能打胜仗的宣传思想

工作队伍。”①

新闻工作者应提升政治站位、站稳政治立场、保持政治定力。面对疫情发展的严峻形势，党中央迅速作出部署，第一时间作出一系列重要指示和批示，彰显了中国共产党强大的政治领导力。我国媒体担负宣传正确舆论导向的重要责任，最根本的是坚持党对新闻舆论工作的领导，坚持党性与人民性相统一。主流媒体应充分发挥应急组织指挥能力与应急报道机制中的优势，为提高舆论引导的质量水平，应主动设置议程，准确研判舆情，把握“时度效”，有效应对突发事件带来的舆论危机。新冠肺炎疫情在全球各地持续爆发，面对国际舆论攻势，争夺国际话语权至关重要，因此我国媒体应全面坚持正确舆论导向，积极主动回应质疑，体现大国担当。此外，媒体工作者应前往一线、深入群众，坚持以人民为中心的基本要求，通过不同形式的新闻作品呈现人的生存、生活和生命的状态，在硬新闻中挖掘软内容，增强人文关怀。例如，报道应聚焦个人的故事和碎片化的表达，描绘人物的多个侧面，把每一个鲜活丰满的人物汇聚成拼图，展现个人与群体的联结，个人的记忆与国家的记忆的联结，以体现个体与民族同频共振、与国家共同成长。

疫情报道是关乎人民生命财产安全的重大事件报道，离不开专业记者对新闻准确性与科学性的判断。专业媒体人应对信息来源反复核查，尤其是在遇到涉及争议性、敏感性的问题时保证信源的权威性；在报道相应科学成果时谨慎研判，充分查阅权威背景资料，对较难理解的信息进行通俗化时应防范出现“标题党”的误导与歧义性信息。在互联网信息狂潮的喧嚣中，更加凸显主流媒体辨别是非、把握方向的把关能力，主流媒体还要特别警惕反转新闻引发的舆论危机。此外，媒体在进行主题宣传与典型宣传时应注重宣传的正面效果，以事实作为根据，避免形式主义与浮夸风，产生“低级红，高级黑”现象，与正面宣传的目的背道而驰。

（二）媒介合作，跳出转型困境

2019 年 1 月 25 日，习近平总书记在中共中央政治局第十二次集体学习中强调：“推动媒体融合发展、建设全媒体成为我们面临的一项紧迫课题。”②媒体融合发展到

---

① 新形势下宣传思想工作怎么做 习近平作出部署[EB/OL].(2018-08-23)[2021-10-12].https://www.12371.cn/2018/08/23/ARTI1534982804090456.shtml.

② 守正创新 有“融”乃强：党的十八大以来媒体融合发展成就综述[EB/OL].(2019-01-27)[2021-10-12].http://politics.people.com.cn/n1/2019/0127/c1001-30591719.html.

今日，传统媒体向新媒体或全媒体的转型已初见成效，在组织架构、话语形态、平台终端、技术能力等方面逐步实现融合共通。传统主流媒体充分利用互联网思维，以用户、产品、技术为导向，尝试在新的传播形态当中占据传播至高点，是新闻舆论工作的重大突破。

以《现代快报》为例，2016年，《现代快报》提出"忘掉一张报纸，迎接一场革命"的口号，与新媒体内容聚合平台ZAKER展开合作，"借船出海"，利用新的ZAKER的平台优势分发优质内容。这与ZAKER打造"区域融媒体"的愿景不谋而合。同年，两家单位合作推出"ZAKER南京"项目，ZAKER借用《现代快报》的本地化新闻资源与专业化的内容生产不断优化平台，并引导《现代快报》配合技术平台的发展战略进行内容生产；《现代快报》改革体制架构，成立融媒体运营中心。二者互利共赢，成为媒体融合的成功典型。[①]

然而，在媒体融合的进程中，传统媒体往往无法克服旧有传统中商业取向与宣传取向之间最根本的矛盾，其价值取向与报道旨趣与新媒体时代的大众文化并不契合，其结果是它貌似建立起了一系列的新媒体端口，但仍然改变不了，甚至加深了它作为"文化孤岛"的命运。[②] 商业新媒体平台向传统媒体主动地寻求话语资源、合作路径、科层内社会网络资源等，呈现一种"反向融合"逻辑，其首要目的是增强企业自身的系统安全性而探索确保政策合规性的资源和路径。[③] 在这种背景下，全媒体生产流水线中新闻报道的专业性往往存在一定程度的消减。为跳出转型困境，《现代快报》利用三轮驱动、构建四商格局、推动五大融合，在媒体融合的过程中逐步凸显转型优势。具体而言，三轮驱动是指以技术、创意、服务激发融合发展内生力。在疫情报道中，《现代快报》推出包括纯文字、图文、视频、新闻海报、H5等创新的报道形式，以视频为例，策划包括直击式视频、专题式视频、新闻视频、主题视频、Vlog、公益MV等不同形式的视频报道，在多平台精准分发，形成矩阵式报道，达到全媒体传播的效果。[④] 四商格局则是指全媒体内容生产商、全媒体产品分发商、全媒体技术服务外包商、全媒体创意营销供应商，以技术为驱动，不断提升内容的公信力和影响力，重构整合传播体系，挖掘产品最大市场价值。在此基础上，传统媒体升级转型，逐步实现产业链、科技与内容、媒

---

① 赵磊，梁波.融合转型的"现代快报＋"[J].中国报业，2019(4)：32-35.

② 张婧妍，李宁."端口"争夺时代地方主流媒体的新闻生产：以"荔枝新闻"为个案[J].新闻界，2018(4)：17-25.

③ 周逵.反向融合：中国大陆媒体融合逻辑的另一种诠释[J].新闻记者，2019(3)：45-51.

④ 梁波，张星.编织全覆盖战疫融媒报道图景：以现代快报为例[J].中国报业，2020(9)：33-34.

体和用户、内容与需求、产业跨界的五大融合。①

媒体融合，是不同媒体机构间的充分融合，首先则体现为技术层面边界的消融，而关键点则在于不同媒介间的合作共通。② 有学者指出，如何在利用传统媒体机构的媒介及其生产的某些合理知识的同时，又能够跳出条条框框，一览众山小，在新的视野中思考融媒体的实践，创造出一套新的融媒体知识和文化，是目前业界和学界面临的最大难题。③ 因此在媒体融合发展的纵深阶段，为跳出转型困境，传统媒体应充分利用自身专业性优势，以技术为依托，充分认知互联网思维，寻找内容生产与平台服务的平衡点，达成媒介之间的深度合作；此外，重视对新媒体平台的专业化管理，包括遵守新闻专业准则、维护版权市场、监管新闻业务等，营造健康的媒体融合环境。

（三）转换思维，培养全能记者

2020 年 2 月 25 日，人力资源和社会保障部与市场监管总局、国家统计局联合向社会发布了 16 个新职业，其中“全媒体运营师”作为传媒领域新发布的唯一一个新职业，符合习近平总书记提出的构建全媒体传播体系的总体要求，对引领传媒产业发展、促进就业创业、增强社会认同具有重要意义。随着 5G 技术的蓬勃发展与逐渐普及，我国的全媒体行业也呈现持续高速扩张的态势；而 2020 年突如其来的疫情也使舆论生态与媒体格局发生了深刻变化，传统媒体数字化转型速度进一步加快，新技术对新闻行业的赋能也代表着对高水平、全能型专业人才的培养迫在眉睫。

新闻记者队伍作为媒体行业重要组成部分，其专业能力与职业素养的培育对于媒体行业的发展具有重要意义。传统媒体用人机制的僵化、体制内外薪酬机制的显著化差异也导致严重的人才流失，新媒体的冲击不断倒逼传统媒体人才供给制改革。事实上，传统媒体记者在转型全媒体记者时具有较大优势，经过专业院校的培养与一线的多年打磨，传统媒体记者具有对新闻热点敏锐的判断力与较高的媒介素养，能够迅速研判舆情，把握舆论风向。在转型中，成为传统记者发展瓶颈的往往并非技术层面的障碍，而是在思维层面对全媒体生态缺乏充分的认知，且缺

① 周斌，刘美华.浅析《现代快报》融合发展之道[J].出版参考，2018(12)：49-51.

② 李璟.媒体融合背景下都市报转型路径研究[D].南京：南京大学，2019.

③ 黄旦.试说“融媒体”：历史的视角[J].新闻记者，2019(3)：20-26.

乏转型的主动性。例如，他们在制作短视频新闻时，仍保留制作电视新闻的思维，在叙事方式上仍习惯对事件背景进行充分铺陈，较慢地切入主题，尽管在有限的时长内对事件全貌进行了还原，但画面缺乏吸引力，无法凸显最具新闻价值的精华与亮点，甚至仅是将电视新闻简单裁剪成时长较短的片段在各平台分发。而在疫情报道中，传统记者往往只追求速度与多平台分发的数量，而忽视对不同平台受众偏好的深入分析与精准定位，违背了传播的底层逻辑与平台的产品特性，在争夺用户注意力时失去主流媒体的话语权，因此很难达到较好的传播效果，打造出现象级的新闻产品。

全媒体记者要全面、熟练地掌握媒体技能，具有对各个渠道信息的把控与整合能力，具有充分调动新媒介与新技术特点实现信息覆盖的全媒体策划能力，以及针对不同用户与平台提供差异化内容与服务的精准化营销能力，从而实现媒体运营和信息传播的高度匹配。以《现代快报》为例，其成立产品技术中心，由总编辑直接领导，引进网络工程师、技术研发官、流媒体研发工程师、多媒体集成分析师等专业性人才。产品技术中心从创意、策划开始介入所有融媒体产品的生产，同时开展对外服务，拓展新的经营领域。① 此外，在新闻生产流程上，记者采写的稿件首先给各新媒体终端播发，在考核权限上，新媒体的考核权重占总权重的70%，不断鼓励记者朝全能记者转型。② 因此，全能记者的职业素养要求其在做好自身专业技能的合理培养的同时转变思维，将平台不只看作一种工具，用包容的心拥抱新媒体时代的到来，并在全程媒体、全息媒体、全员媒体、全效媒体的新格局下把握先机、率先发声，彰显主流媒体的专业性、权威性与公信力。

① 赵磊，梁波.融合转型的“现代快报＋”[J].中国报业，2019(4)：32-35.

② 李璟.媒体融合背景下都市报转型路径研究[D].南京：南京大学，2019.

行动篇

夯实记者业务，挖掘典型人物

——重大战役性报道中的报道策略

◇ 刘怡康

摘要：本文通过对《湖北日报》记者李墨的抗疫报道进行个案分析，详细剖析以李墨为代表的前线新闻工作者在应对重大战役性报道时如何利用自身优势、夯实业务水平、发挥专业特长、生产优质报道。此外，本文重点讨论了新闻工作者在进行重大战役性报道时应如何进行典型人物发掘，总结了新闻记者在典型人物故事中对特定细节、矛盾、案例等关键要素的把握策略等，力图为主流媒体进行重大战役性报道输送一线经验和方法论指导，同时为国家培养优秀新闻传播人才队伍探索实践新道路。

记者简介：李墨，1982 年生于湖北武汉，《湖北日报》资深记者，从事新闻工作 16 年。疫情爆发后，李墨率先奔赴武汉市金银潭医院，坚守一线 76 天，发掘报道了重大典型人物张定宇，同时聚焦疫情中的医护人员、援鄂医疗队、医院环卫工等，采写了《用渐冻的生命，托起信心与希望》《会有天使替我来爱您》《“红区”里的“马路天使”》《誓做生命“摆渡人”》《她的一封信，抚慰一座城》等多篇优秀的抗疫一线报道。

战役性报道，是对一定时期内发生并发展的具有重大意义的事件所进行的集中、持续的报道。[1] 2020 年各大媒体对突如其来的新冠肺炎疫情进行了长期式跟进和针对性聚焦，从报道篇幅、数量及其涵盖的时间长度、空间广度来看，媒体对新冠肺炎疫情的报道已经成为新中国成立以来最具代表性的重大战役性报道之一。在这场持续

① 刘建明.宣传舆论学大辞典[M].北京：经济日报出版社，1993：163-164.

近一年的抗疫报道持久战中，无数新闻工作者投身疫情一线，不仅依托自身的专业能力和坚强意志生产了许多动人心弦的新闻作品，还在报道实践中不断探索道路、总结经验，为应对重大战役性报道输送了源源不断的优质案例和策略方法。

本文以《湖北日报》记者李墨的一线抗疫报道为个案，以其在“中国新闻传播大讲堂”的演讲内容《在重大战役性报道中搜寻直击人心的细节——以张定宇等抗疫典型人物的发掘报道为例》为出发点，详细剖析以李墨为代表的前线新闻工作者在应对重大战役性报道时如何利用自身优势、发挥专业特长、生产优质报道。此外，本文结合李墨的抗疫报道，重点讨论新闻记者在进行重大战役性报道时如何进行典型人物发掘，以及对人物故事中特定细节、矛盾、案例等要素的把握策略等，力图为主流媒体进行重大战役性报道提供一线经验和方法论指导。

一、记者应对：真情实感铸就新闻温度，感同身受彰显生命力量

在本次抗疫系列报道中，《湖北日报》记者李墨临危受命，与同事在抗疫一线战壕里连续奋斗了近百个日夜。在这场旷日持久的抗疫报道攻坚战中，李墨在前期采访筹备、现场落点挖掘、一线临场应变等方面应对得力、游刃有余，充分发挥了主流媒体记者的专业优势和澎湃动能，展现了地方媒体新闻工作者披星戴月、恪尽职守、迎难而上的职业素质和坚韧性格。

（一）忠于职守：临危受命赶赴一线，旷日持久鏖战百夜

新冠肺炎疫情来势凶猛并迅速蔓延扩张，被动感和紧急度给媒体工作者造成了前所未有的报道压力，众多新闻记者临危受命、不辞辛劳，肩负着重大的使命和沉重的负担匆匆赶往新闻一线。“大年初二，上午 10 点半，我接到报社紧急报道任务——立刻奔赴武汉金银潭医院，采访院长张定宇。中午 11 点半，我匆匆把孩子送走，简单收拾了一下采访物品后，便往报社赶。”李墨用了“大年初二”“10 点半”“11 点半”3 个时间词点明了此次报道任务的重要性和迫切度，体现了新闻工作者随时待命、迎难而上的专业精神。疫情与春节的交锋，使得众多媒体记者无法享受到与家人团圆的幸福和温暖，李墨作为千万名一线记者的一员，也在家庭与使命的抉择中毅然投入到“舍小家、顾大家”的抗疫报道工作中。

临危受命不仅考验记者的心理素质，更彰显其在一线的临场应变能力。在疫情爆发的初期，不断壮大的报道队伍与防疫物资的极度紧缺矛盾凸显，在医疗物资优先满足一线医护人员及患者的前提下，众多新闻工作者的防疫物资缺乏现象明显，李墨提到："当时物资不够，没有护目镜，大家就戴上游泳镜、滑雪镜。"面对无法预知且无孔不入的新冠病毒，李墨及其同事丝毫没有受到物资缺乏的影响，而是调整情绪、想尽办法，让自己能够离抗疫一线更近一步。

除了报道时间的紧迫与防疫物资的匮乏，抗疫工作的旷日持久也给新闻记者增添了沉重的工作任务和报道压力，考验的是媒体工作者的坚韧与耐性。"从1月份进入武汉金银潭医院重症病区，到4月8日武汉解封，我和我的780多名一线同事，在近百个日夜，24小时待命，战役最艰苦时一连多日几近不眠不休。"抗疫报道的长周期、超负荷工作给记者带来的不仅是肉体的疲劳，更是精神的折磨。"我的很多同事，从除夕夜直至武汉解封，多次出入重症'红区'，3个月没有踏进过家门。"抗疫报道所展现的不仅是新闻记者的优质作品，更是其背后所折射出的忠于职守、任劳任怨、不畏艰苦的专业精神。在这次媒体战疫历程中，大家比拼的不仅是媒介传播速度和新闻资讯数量，更应关注如何让信息更有效地触达受众，这正是提升媒体引领力、传播力、影响力的关键。①

（二）践行"四力"：注重第一现场，还原新闻本真

习近平总书记要求广大新闻工作者践行"四力"，即脚力、眼力、笔力、脑力。其中，"脚力"作为新闻记者的基本素养，在本次抗疫报道中体现最为明显。李墨提到："'四力'首先是脚力，所以我们一定要到一线去，到现场去，才能看到新闻发生时最真实的模样。"李墨对一线和现场的强调突出了新闻记者冲锋在前，力求第一视角、第一现场、第一素材的探求欲望，是新闻工作者探究事实真相、还原故事本貌的基本要求。

有学者提到，新时代对于新闻工作者的"脚力"有了更深层次的要求：行走的每一步都要明确方向，行动步调要与党中央保持一致，以人民为中心。在疫情期间，新闻记者采写抗疫报道时，一定要考虑人民群众的需求，深入疫情一线，满足人们对疫情发展

---

① 张明，吴佳玲.从战疫报道看主流媒体"四力"实践：基于马克思主义新闻观的视角[J].中国报业，2020(20)：94-95.

状况的探知欲。[①] 李墨还借著名战地记者罗伯特·卡帕的名言，表达了自己的看法："如果你的照片拍得不够好，那是因为你离炮火不够近。"这句话表明了李墨奉献于新闻事业的炙热忠心和不畏艰难的勇气，体现了主流媒体记者对增强"脚力"、深入一线、为民报道要求的不懈实践。

除了对"脚力"的着重理解，李墨还提到在新闻报道工作中，"眼力""笔力""脑力"同样是新闻记者必须具备的基本素质。在本次新冠肺炎疫情的报道工作中，"脚力"是保证一切前线新闻得以顺利采集的基础，"眼力"是挖掘典型人物、发现重要细节的重要保障，"笔力"是将人物故事利用共情传播手法传递给受众的桥梁和纽带，"脑力"则是记者在报道重大突发公共卫生事件时保持清醒和坚定立场的思想武器。"增强'四力'体现着对新闻传播规律的深刻把握，凝聚着新闻工作者职业素养的内在要求，是新闻工作者履行职责使命的基本保证和根本遵循。"[②]同时，坚持"四力"也是本次抗疫报道内容能够百花齐放、掷地有声的最有力的思想源泉，是今后各级新闻工作者都需要牢固树立的职业标尺。

(三)筹备专业：预判敏感显记者素养，未雨绸缪显专业精神

面对重大突发新闻事件，新闻记者在进行采访工作前往往缺乏足够的资料筹备时间，而且新闻人物在被报道发掘前往往缺乏详尽的背景资料，因此，记者对新闻要素的敏感预判和未雨绸缪至关重要。李墨在等候采访张定宇时便力图把握一切碎片时间做好预备工作，"我们尽可能多地向他的同事了解关于他的信息，并在采访提纲上，按倒金字塔结构，根据重要程度罗列出最关键的几个问题，以防 24 小时待命的他随时会走，采访能抢多少是多少"。在抗疫一线的新闻报道工作中，时间就是金钱，效率就是生命，记者必须把握住一切可以利用的现场信息吸收到报道中来。记者只有具备灵活的临场应变和信息捕捉能力，才能胜任高度紧张状态下的新闻报道工作。

此外，李墨报道武汉同济医院护士张霓事迹的契机来源于其出色的新闻敏感度，"她的故事，源于疫情期间，我无意中在美篇上看到她写的一篇日记，叫作《会有天使替我来爱你》"。李墨的"无意"看似无心插柳，实则是依托其从业 16 年来对新闻要素直觉般的察觉和捕捉。有记者指出："主流媒体是主角，关键时要'主动'，即主动预判舆

---

①② 吴晓来.抗疫报道中对增强"四力"的思考[J].记者观察，2020(29)：154-155.

情，主动设置议题，主动回应关切，主动提供解决方案。”[①]在进行重大战役性报道之前，记者必须主动出击发掘典型人物和典型故事，依靠自身敏锐的新闻嗅觉与职业本能进行选题预判和议题选择，才能在疫情重压下挖掘出优质的新闻信息点。

筹备专业的新闻报道队伍能够在有限的时间内生产出强信心、聚民心、暖人心、筑同心的新闻作品。人物通讯《用渐冻的生命，托起信心与希望》是李墨在抗疫一线采访完张定宇后连夜撰写的，该报道在全国率先推出后不到24小时，《湖北日报》新媒体点击量突破6900万次，孙春兰副总理在座谈会上也对李墨报道的张定宇事迹给予了高度评价。“座谈结束后，孙副总理走到我身边说，在疫情那么危险的时刻，你们第一批冲进了金银潭医院，很了不起！”[②]疫情期间，《湖北日报》全媒体报道组累计开设专题版面1100多个，全媒体发布新闻近10万件，阅读量超过400亿人次。[③] 新冠疫情报道为专业的媒体队伍建设提供了磨炼场，主流媒体记者预判敏感、未雨绸缪的新闻专业精神也为提振全民族抗疫信心注入了强心针和助推剂。

二、优质人物报道归因：把握细节特征，突出矛盾冲突

在本次抗疫报道过程中，李墨着重发掘了武汉市金银潭医院院长张定宇、同济医院感染科护士张霓、武汉环卫工人满彩美三位典型人物事迹，三篇感人至深的人物故事也成了武汉最艰难日子里的希望风铃，传送着平凡的温度和人情的光辉。在三篇新闻的采写过程中，李墨对人物性格的描摹、对细节特征的抓取和对矛盾冲突的刻画共同构成了新闻共情传播的重要因素。

（一）发掘典型人物：把握角色代表性，紧扣英雄故事性

李墨着力刻画的张定宇、张霓、满彩美三位新闻人物在全民抗疫的大环境中具有典型性和代表性。张定宇身患渐冻症，在疫情的生死线上从死神手中抢救病人，却唯独拯救不了自己；张霓每日奋战在患者身边，却救不了自己最亲的人；满彩美家徒四

① 黄春梅，李德明.从主流媒体抗“疫”报道管窥报道出彩的基本逻辑[J].新闻前哨，2020(10)：60-61.

② 黄璐，袁超一.湖北日报记者李墨：采访“渐冻斗士”张定宇，几乎全程流着泪[EB/OL].(2020-11-08)[2021-03-18].http://news.cnhubei.com/content/2020-11/08/content_13435942.html.

③ 王晶.湖北日报传媒集团抗“疫”报道报纸被国家博物馆收藏[EB/OL].(2020-09-25)[2021-03-18].http://news.cnhubei.com/content/2020-09/25/content_13358691.html.

壁、身无长物，却为了这座城市甘愿付出一切。李墨对三个人物身份、性格、故事的描摹各具辨识度和典型性，唤起了武汉千千万万普通民众抗疫生活的集体记忆和情感共鸣。

在重大战役性新闻报道中正确地选取典型人物，最重要的是要抓取人物身上的特殊性和不可替代性。以李墨笔下的张定宇为例，他与常人相比，最大的特殊性与不可替代性有以下三点：其一，身为武汉市金银潭医院的院长，张定宇身处疫情最前线的风暴中心，在一线疫情防控问题上具备权威性；其二，张定宇不断治病救人却无法让身患渐冻症的自己恢复健康，具备其他医护人员没有的典型故事性要素；其三，张定宇对不幸确诊新冠肺炎的妻子流露出了作为一个丈夫最朴实的担忧和愧疚，这与他那“兵不卸甲”、分身乏术的工作节奏产生了不可调和的矛盾冲突。这三点构成了张定宇这一饱满、立体、平凡的英雄形象，相应的人物报道成了疫情阶段最具感染力的人物特写。李墨在演讲中提到，在疫情之中，涌现出了无数的英雄，为什么张定宇的故事被人铭记？因为这些“细节的张力，命运的冲突，小我与大爱，绝境与坚守，唤醒了大家情感的共鸣，最后形成了一种生命的力量”。

除了英雄模范张定宇，李墨还发掘了张霓、满彩美两位女性抗疫代表人物，通过聚焦波澜壮阔的抗疫史诗中“平凡的小人物”，塑造了新时代中国女性独立自强、勇敢正义、自立自信的英雄形象。对于女性模范人物的挖掘和传播在今天具有极强的社会需求度，澎湃新闻在疫情期间专门策划了抗疫专题“女性之声——为巾帼澎湃”，关注在疫情期间主动肩负抗疫重担的女性，展示新时代中国女性的大爱与担当。这让更多群众看到，在危难关头，女性的力量不可小觑，女性从未离开过这个战场，她们用自己的一腔热血与勇气撑起半边天。①

发掘典型人物并将人物故事化的目的是令受众对报道产生情感上的同频共振，达到“情感诉诸”的效果。“情感诉诸”源于亚里士多德的“说服类”修辞学研究，即通过激发与调控受众心理反应的某种修辞力量，具备感召力，从而通过该情感引发不同判断。基于“动人故事”为叙事架构的“泪点人物”，在抗疫中显现出更大的“情感诉诸”价值。② 因此，报道者抓典型人物时要选取可以引发受众情感共鸣的故事、细节、场景等

① 张明，吴佳玲.从战疫报道看主流媒体“四力”实践：基于马克思主义新闻观的视角[J].中国报业，2020(20)：94-95.

② 李天语，张焱.抗“疫”报道中主流媒体“情感诉诸”短视频形态探究[J].电视研究，2020(7)：62-64.

新闻要素，“必须既居高望远、宏观俯瞰，又深入实际、微观体察、突破一点”①，切忌一味追求英雄赞扬式报道而忽视了其内在蕴含的平凡基因。

（二）善抓特定细节：细微情感捕捉到位，人文关怀引发共鸣

在人物发掘过程中，新闻工作者对角色关键细节的拿捏和把控是至关重要的，相比于平面描摹和单向刻画，善于抓取关键细节是丰富角色形象、讲好人物故事的点睛之笔，在新闻叙事中起到四两拨千斤的效果。

李墨提到，报道中只要有一个深刻的细节被大家记住，并让大家因此震撼和感动，产生情感的共鸣，就是成功。这个细节可能是一句话、一个表情、一个动作，或者是一件不寻常的事情。以张定宇的英雄故事发掘过程为例，李墨抓取了两个关键细节进行着力突出，“最令我刻骨铭心的两个细节，一个是我们得知他身患渐冻症的时候，另一个就是他说起他妻子的时候”。令人意外的是，面对自己身患绝症始终不曾流过一滴眼泪的硬汉，却因为结发28年的妻子感染新冠肺炎、情况危急而泪流满面。对待病症与家人的“一硬一软”使得张定宇的英雄形象更加丰满可感，增添了人物故事的感染力和共情力。

对细节的抓取和突出不仅限于新闻主题人物，有时适当的“反打”更能从侧面烘托中心人物故事的震撼力和辐射度，新闻临场感相伴而生。“反打镜头”是电视节目中最常使用的一种拍摄和剪辑手法，指旁观者或听众对前一个镜头的反应，又称反应镜头。② 在人物题材的文字报道中，对记者在关键情节的实时反应进行的适当的细节描摹可以增加报道承载的情感力度。

例如，在张定宇主动公开自己患有渐冻症的秘密时，李墨写道：“我震惊地停下手中的笔，泪水止不住地淌了下来。这是我从事新闻工作16年来，第一次几乎全程流着泪完成的采访。我们的摄影记者柯皓，一个拿了16年相机的老记者，同样因为颤抖，第一次没有端稳手中的相机。”③虽然在新闻报道中，为了坚持新闻客观性，记者需要隐藏自己对事件本身的立场与态度，但在对像我国防疫攻坚战等的重大战役性报道中，记者需要兼顾新闻客观性与宣传报道要求的辩证统一，必要时在特定时间和关键

① 周勇军.做好重大战役性报道的“三种思维”[J].新闻战线，2020(11)：58-60.

② 阎立峰.试析反打镜头在电视节目中的运用[J].现代传播(中国传媒大学学报)，2006(3)：141-143.

③ 黄璐，袁超一.湖北日报记者李墨：采访“渐冻斗士”张定宇，几乎全程流着泪[EB/OL].(2020-11-08)[2021-03-18].http://news.cnhubei.com/content/2020-11/08/content_13435942.html.

节点展示流露记者情感导向的“反打”，以旁观视角彰显英雄人物的模范性、先进性、带动性，向社会大众引导并传达正确的价值观念和人文关怀。

（三）现场观察到位：动态更新补充线索，挖掘一手独家故事

在紧急性采访报道中，记者在接触到采访对象前往往无法获取最为翔实的人物资料，因而需要借助对现场的细致观察来更新新闻线索，挖掘新立意、抢抓新落点。

接到报社采访张定宇的紧急任务时，李墨并不知道他患有渐冻症，也没有足够的时间获取张院长充实的人物信息。“放下电话后，我和同事迅速上网搜索张定宇的信息，但除了在‘无国界医生’网站上，找到一些他以往的足迹，知道他是湖北第一位‘无国界医生’外，几乎没有任何公开信息。这是一个平凡得不能再平凡的人。”人物信息的匮乏对采访报道的开展造成了一定的困扰，如果没有崭新的且具备吸引力的人物亮点，人物报道往往会流于平庸。李墨提及：“所以我当时对这个报道的第一判断，是又一个‘舍小家、保大家’的故事。这样的典型太多，虽然满满正能量，但要想在常规中出彩，很难。”

对于同质、同源的新闻而言，内容为王固然重要，但如果抢不上第一落点，同样没有生命力。[①] 当预先给定的信息无法支撑起一篇出色的人物报道时，记者便需要依托自身专业素质和临场应变能力开展现场信息的挖掘，对人物细节细致、耐心的观察将对第一落点的搜寻起到举足轻重的作用。而渐冻症这一落点的发现，正得益于记者敏锐的观察能力和本能的信息意识。“我的目光，本能地落在了他有些异样的腿上。我注意到，他走进来的时候，腿是有一些高低不平的。”李墨表示，正是对这一细节的敏锐捕捉，张定宇身患渐冻症的秘密才得以浮出水面。

对典型人物的发掘不能成为简单的歌功颂德和重复的套路式陈述，面对重大战役性报道，新闻记者只有在一线不断挖掘新信息，找到对英雄形象的建立起到关键作用的第一落点，发掘一手新故事，才能在众多雷同化、套路化的人物通讯中拔得头筹。

（四）增添报道张力：正面议题反向化表达，共情传播促成感同身受

记者在挖掘重大战役性报道典型人物，树立正面社会形象时，可以将宏大的正面议题进行反向化表达，即凸显人物故事中的矛盾冲突性，突出平凡角色面对重大抉择

---

① 薛琳. 落点、矩阵、能动性缺一不可[N].山西经济日报，2020-10-30(4).

时的心理斗争与挣扎过程。相比一味追求高度的“正面”与“正确”，在叙事的关键节点展示主题人物及周边环境的“违抗性”更能彰显英雄的平民化色彩，从而增添重大战役性报道的情节张力。

例如满彩美主动为一名60多岁的重症患者倒尿盆，违反了病区保洁不能与病人接触的“纪律”。虽然主题人物对病区规则的违抗，是不应该作为正面宣传报道内容进行提倡和赞扬的，但实际上此类情节对于人物形象的塑造起到了正向的积极作用，体现了在大爱面前生硬“规则”的弱化，突出主题人物善良质朴的情感本质。

反向化表达还体现在对故事中冲突情节的把握上，例如满彩美在进行病区保洁工作时会偶尔被个别情绪不好的病人为难，李墨记录了不少病患与主题人物的冲突案例：“把你的脏扫帚拿开，别碰到我的东西！”“你没看到我在吃饭吗！要扫地不知道等我吃完了再扫？”这些看似对正面主题有消极意义的矛盾情节，其实起到了对主旨以“抑”代“扬”的反向化表达作用，加深了受众对主题人物坚韧心态的理解与同情，相比于稳定有序、和睦友好的正面情节，有时必要的人物间碰撞和刮擦更能突出新闻故事的真实感，也更能在矛盾与冲突的侧面中彰显人性的光辉。

正面议题反向化表达在增添报道张力的同时，也会提高新闻报道对受众的感染力，达到共情传播的效果。共情传播是指传者在新闻采编播过程中与受众情感相通、传受共鸣而实现的传播效果。[①] 李墨认为：“只有当你也感同身受，感到痛彻心扉，你的文字，才有温度、力量与生命。”善用共情传播手法，可以充分调动新闻受众对主题人物的情感投入，增添新闻报道的场景感与代入感，缩短受众抵达新闻人物内心情感的距离。

（五）侧面多视角叙事：还原人物社交环境，立体呈现英雄形象

人物与环境相辅相成，塑造典型人物不能脱离其社交环境和人际场景，否则人物性格会略显单薄，难以与现实社会场景产生良性互动，与受众的贴近性将大打折扣。因此在重大战役性报道中对典型人物进行发掘时，记者需要充分考虑其所在的人际圈、生活圈、社交圈等，利用周边人际关系的特定语言、行为、动作等细节侧面烘托与反衬主题人物形象。

例如在讲到张定宇与渐冻症斗争的故事时，李墨特意选取了与张定宇相熟的金银

---

① 唐颖.共情传播：武汉抗“疫”报道的电视语境创新[J].电视研究，2020(8)：45-48.

潭医院护士程芳进行侧面描写。"程芳说,我们就没有想过他是生病的一个人,我们都习惯了一瘸一拐就是他的常态,现在回头想,连他发脾气都觉得是一种奢侈。"旁观视角的引入让张定宇的英雄形象更为饱满立体,第三人称视角的侧面刻画增添了典型人物故事的多面性和感染力。又如在讲到满彩美遭受病患为难时,李墨又引入了其他病友的反应。许多病友追出来对她说:"别往心里去,你们太辛苦,感谢你们!"还有的病友,甚至主动要求和她一起打扫分担……这侧面反映了满彩美勤劳与善良的本性,衬托出她在抗疫志愿工作中辛劳付出、任劳任怨、坚强坚韧的劳动者高尚品质。

只有将典型人物还原到他们所处的社交环境中,通过第三视角进行的褒扬和赞赏才更有说服力。在重大战役性报道中,记者对人物的勾勒不能仅关注主题角色本身,更要从环境层面引入与典型人物有关的多方视角、多层人际、多维表达,通过多视角的侧面描写来丰富人物故事的场景感和真实感,全面提高受众对典型人物性格的阅读和理解能力。

三、重大战役性报道中典型人物发掘经验探讨

上述段落从记者应对状况及优质报道归因层面展现了主流媒体记者在进行抗疫人物报道时的必备素质和出彩技巧,本部分内容将视角拓展到人物报道的经验策略层面,通过《湖北日报》记者李墨的具体案例由表及里地剖析重大战役性报道中典型人物发掘的普适性方法,探讨在人物报道中,记者如何将人物故事化、矛盾细节化、主题下沉化的策略熟练掌握并落实落地。

(一)以"反"带正:杜绝过度美化褒扬,适时展现矛盾冲突

在一般的重大战役性报道中,记者出于对正面宣传要求的考量,往往会将人物刻画得十全十美、根正苗红,以响应社会大众对先进模范代表的强烈需求,但这样完全正面的典型人物无法与受众内心产生近距离的交互,空中楼阁般的英雄形象无法真正触动读者的心灵、带来感同身受的精神力量。因此,新闻记者在进行人物发掘时,需要在宏观上把握人物正面形象、突出正向主旨的同时,在细节刻画上引入矛盾冲突的情节错落感,杜绝完全意义上的美化与褒扬,适时展现人物的心理斗争与环境冲突,以达到以"反"带正的表达效果。

例如李墨报道环卫工人满彩美投入抗疫保洁服务时，便通过其丈夫的“反对意见”增添了人物故事的波折性和感染力。李墨写道：“‘为什么那么多人都不去，你非要去！’丈夫一下急跳了脚，一把拽住她收拾衣服的手，‘你晓不晓得，得了这个病，没法治？’”[①]看似消极的、违抗主流的对话实则是帮助受众情感抵达的突破口，展现了故事人物面临的两难抉择。一篇正面人物宣传报道，不仅要表现主题人物对社会大众的博爱，更要对其无法顾及家庭小爱作出理解和同情的引导，否则单方面渲染人物的大爱与坚守不仅会让新闻报道缺乏人情味与感染力，还从根本上违背了人性的常情与本质。

李墨提到，冲突会令文字更有张力，过度的美化、美颜、戴高帽以及平铺直叙式的赞美，会令人物失去真实感，会让读者产生距离感，反而显得苍白。人物报道不是将主题角色单向英雄化，而是将其还原到社会环境中进行情感洞察。作为一名社会个体，主题角色与周边环境的矛盾与冲突是普遍存在且无法避免的，对冲突性事件的把握实质上是对典型人物形象的完善和丰富，因此以“反”带正式的人物发掘手法是宏大主题落地化表达、展现宣传报道人文关怀的不二选择。

（二）案例佐证：渲染人物故事性与尊重客观事实有机统一

在新闻报道中，典型人物的发掘需要依托新闻故事化的表述方式，突出角色与周边环境的矛盾冲突与曲折细节，从而让新闻报道更具可读性和感染力。但是在渲染人物故事性的同时，切记把握新闻真实性原则，基于客观实际，用鲜活、灵动的具体案例去呈现和印证客观真实的新闻人物。有学者指出，新冠疫情在客观意义上给传统严肃媒体提供了一个抵抗权威被碎片化信息解构的机遇。[②] 因此，主流媒体应该在纷繁复杂的新媒体传播环境中坚守新闻报道的客观真实性，在挖掘典型人物、讲述角色故事时，注重引用佐证人物故事真实性的新闻案例，形成人物性格与情节安排的逻辑自洽。

例如在报道环卫工满彩美的故事时，李墨除了描写主人公在抗疫现场吃苦耐劳、善良坚韧的平凡英雄品格，还通过妇联工作人员专门为其定做35岁生日蛋糕的案例

---

① 李墨.“我一个环卫工人，唯一拿得出的，就只有这双手” “红区”里的“马路天使”[EB/OL].(2020-04-03)[2021-03-18].http://news.cnhubei.com/content/2020-04/03/content_12924249.html.

② 张毓强，张开扬.主流媒体内容生产：逻辑、空间及其内在张力——以新华通讯社防疫抗疫报道为例[J].现代传播(中国传媒大学学报)，2020(6)：43-50.

侧面印证了满彩美辛劳付出的真实形象。此外，在报道张定宇身患渐冻症但一直坚守岗位时，李墨引述了金银潭医院护士程芳的回忆："有次下乡参加专科联盟的一个会议，所有与会的医院院长都站起来发了言，张院长当时跟大家道歉说，因为我的腿现在特别疼，不方便站起来，我就坐着说。"①程芳的案例是对张定宇长期饱受病痛折磨的最直接佐证，也是其患病时间之长、坚守岗位之久的真实写照。

除了对主题人物故事经历的真实印证外，具有代表性的典型案例还可以侧面突出和映衬人物成就，起到升华主题人物形象的作用。例如在报道武汉同济医院护士张霓的事迹时，李墨记录了张霓失去亲人后重返抗疫一线迅速投入救助工作的故事："在她和同事的接力照料下，78 岁的卢金活老人治愈出院，成为湖北首个高龄重症患者的治愈病例。"卢金活老人出院的典型案例印证了张霓工作的辛劳，这一具有典型意义的案例也成了人物故事得以丰满和升华的关键一环，彰显了一线医护工作者恪尽职守、任劳任怨的职业操守和为人品格。

（三）数据为王：重要数字"先入为主"，感性文字与理性数据有机结合

新闻人物采写不仅需要记者具备感性的文句表达能力，更需要理性、客观、科学的数据资料作为人物叙事的支撑点。大数据时代更加重视媒体报道中的数据量化作用，全媒体记者需要掌握基础数据的搜集和利用能力，对人物的报道不能仅仅停留在文字叙述层面，更要为人物故事的展现、细节场景的描摹、主题情感的表达提供数据思维和理性视角。

重要数据的引入，可以更加直观地表述内容、突出情感。例如李墨在报道张定宇时写道："张定宇往往夜里 2 点刚躺下，4 点就得爬起来，接无数电话，处理各种突发事件。21 个病区，他每天累得连喝水的时间都没有。"3 组数据清晰展现了张定宇奔波劳碌的工作节奏，与其身患渐冻症的健康状况形成了鲜明的反差，情感表达更加具有冲击力。又如在刻画满彩美艰难的经济条件时，李墨又连续用了多组数据突出其收入微薄、勉强度日的窘境："一个工，7 小时，夜以继日，风霜雨雪，每月扣完社保大约是 1900 元。为了生活，必须要做两个工，每天在街头扫 14 个小时的地，才能勉强挣到 4000 块月薪，度日糊口。"连续性数据的引入具有强烈的视觉冲击和情感导向，一方面增添了

---

① 李墨.张定宇："我的思想没有残疾"[EB/OL].(2020-02-05)[2021-03-18].http://www.hbwmw.gov.cn/zbhb/202002/t20200205_156061.shtml.

人物故事的可信性和真实感，另一方面还让报道铺垫的情感表达更为酣畅淋漓。关键数据的“先入为主”可以避免简单语言陈述带来的主观感性化色彩，为典型人物故事的叙述增加客观理性的专业态度。

有学者提到，对事件的理解程度和信息效能的强弱乃是突发公共卫生事件传播中的重要因素。[①] 对主流媒体而言，把握重要数据是提升新闻事件信息效能、增强受众理解力的关键手段。大数据、融媒体时代对各类数据的重视程度达到了新高点，对数据的挖掘与利用是新闻记者获取受众阅读信任与情感投入的重要武器。

（四）模范接地气：英雄形象市井化、平民化、底层化

在重大战役性报道中，新闻典型人物的发掘要注重角色贴近性和场景生活性，不能一味追求英雄形象的“高大全”而忽视了模范人物的人情味。“英雄也是人，是人就有人间烟火，就吃五谷杂粮，会生病，会脆弱，会挣扎，会有人性的冲突、内心的冲突”，李墨表示，人物报道要将主题角色还原至市井生活中，具备平民化视角和底层生活经验，采用平视的报道视角展现英雄的普通生活与喜怒哀乐。

例如在报道张定宇模范事迹时，李墨着重突出了他对患病妻子的无力与愧疚之情，“他不仅是一个拯救生命的大夫、一个燃烧自己的病人，也是一个会担心、会害怕的普通丈夫。我忽然感觉到，原来铠甲背后的英雄，也有常人的软肋与柔情”，展现了英雄人物背后隐藏的朴素情感和人性光辉。而满彩美的事迹更是底层英雄的典型代表，为典型人物塑造英雄化形象，并不是因为他们的所作所为如何惊天动地，而是他们在底层虽一无所有，却还冒着生命危险去服务大众，比起传统意义上媒介单向塑造的“古典英雄”，市井化、平民化、底层化的英雄形象更具备庞大的民众基础和社会感召力，体现了英雄人物背后的人性的善良与坚韧，从而让模范形象更加深入人心。

“这个世界上，从来都没有从天而降的英雄。所有的‘奇迹’，都是平凡人的壮举。”[②]李墨的人物发掘逻辑依托的是广大底层劳动人民的社会经验，塑造英雄形象不是脱离实际意义的空中楼阁，而是对社会生活和人民愿望进行凝结与重构，模范形象

---

① 邓志文.突发公共卫生事件报道策略的数据分析：以《新闻联播》对新冠肺炎疫情的报道为例[J].电视研究，2020(5)：15-18.

② 黄璐，袁超一.湖北日报记者李墨：采访“浙冻斗士”张定宇，几乎全程流着泪[EB/OL].(2020-11-08)[2021-03-18].http://news.hubeidaily.net/web/1495/1624/4499/781481.html.

只有真正落地、走进生活，才具有代表中国社会普罗大众的典型意义。

对人物形象的下沉式报道不仅有助于提升受众的代入感和投入度，更在真实展现中国抗疫成果、还原社会风貌层面具有积极的外宣意义。“记者采访下沉，亲身感受医者伟大，镜头冲击力更强，给受众留下难以磨灭的记忆，使全球亿万受众看到了中国真实的医疗水平和中国新闻记者高尚的职业操守。”①可见，借助重大战役性报道的窗口进行英雄模范代表的塑造，是体现中国社会市井阶层意志、反映底层真实生活、展现市民朴素愿望的良好契机，因此在典型人物报道上一定要让英雄形象接地气，努力发掘平凡岗位上的平民英雄。

四、典型个体故事彰显群体精神和民族力量

习近平总书记指出：“武汉是英雄的城市，武汉人民是英雄的人民。”②在抗疫报道中，典型人物的发掘需要兼顾人民性与英雄性的有机统一，利用平凡普通的个体故事彰显英雄模范形象，从微观视角展现与人民大众相贴近的情感故事。有学者指出，抗疫报道要“善于聚焦个体抗疫情感案例，形成更加贴近于大众的视角”③，源于平凡生活的人物素材更容易与大众产生情感交互，具备突出的文字感染力和内容向心力。

李墨在报道中选取了下沉式的视角，展现了张定宇作为普通丈夫、张霓作为平凡护士、满彩美作为底层环卫工所蕴含的细微情感和真实生活，“让受众近距离看到了真实现场，看到了医护人员的坚守，看到了普通百姓的感人故事和疫情现场媒体人的努力”④。在重大战役性报道中表达宏大主题，需要借助细小切口来以小见大、见微知著，通过讲述典型人物的平凡故事和普通生活，还原社会个体的真实情感和质朴愿望。李墨提到，作为一名党报记者，“除了追求新闻本身的速度、深度、高度和广度，我们更

---

① 唐颖.共情传播：武汉抗“疫”报道的电视语境创新[J].电视研究，2020(8)：47.

② 任仲平.风雨无阻向前进[N].人民日报，2020-03-26(1).

③ 张毓强，张开扬.主流媒体内容生产：逻辑、空间及其内在张力——以新华通讯社防疫抗疫报道为例[J].现代传播(中国传媒大学学报)，2020，42(6)：47.

④ 刘艳伟.从抗疫报道看主流媒体的优势凸显与使命担当：融媒体环境下国内主流媒体疫情报道回望与综述[J].记者观察，2020(26)：157.

珍视的，是笔下那一份传递冷暖的温度，是不负历史的记忆、时代的体温”[①]。主流媒体应该在突发公共卫生事件报道中把握舆论场域，通过挖掘、抓取、塑造典型正面人物向社会传达正确的情感导向。

推动媒体融合向纵深发展，对新闻记者提出了全新的时代要求，新闻报道不仅要全媒体、全平台、全时段分发推送，更要注重报道内容的受众贴近性和情感落地性，对典型人物的发掘报道要赋予其生活化的场景和市井化的温度，让接地气的英雄形象更加具有典型意义和社会价值。

---

① 李墨.战“疫”实录：新闻战士的“守城 70 天”[EB/OL].(2020-04-01)[2021-03-08].http://www.zgjx.cn/2020-04/01/c_138938438.htm.

“到最危险的地方去”

——突发公共事件中记者“硬核”质素养成

◇杨 萌

摘要:新冠肺炎疫情爆发后,《南方都市报》记者刘军“三次请战”后深入抗疫一线,带队奋战 82 天,展现最真实的抗疫现场。到达武汉后,他提前做好充分、全面的采访报道准备,通过多信源采访掌握大量一手资料,并细致观察思考,不断发现新问题,秉持着尊重事实的原则;他再三核实关键细节,做到真实、客观、准确报道,同时坚持受众优先和移动化、视频化、矩阵化传播,开展全媒体战疫报道。在做好战疫报道的基础上,刘军还全方位参与筹集物资、服务社区、直播带货等抗疫实际工作,真正做到为人民服务。记者的职责使命、前后方的统筹协调和《南方都市报》的智媒转型改革是刘军 82 天抗疫报道工作的有力支持。因此,未来的新闻人才培养需要高校、媒体、记者等多主体凝聚合力,重点打造全媒体新闻队伍。

记者简介:刘军,“全国抗击新冠肺炎疫情先进个人”,“全国优秀共产党员”,《南方都市报》记者,中央赴湖北指导组宣传组广东报道小组组长。在赴武汉报道期间,他带领团队制作的《最美逆行者》系列,率先成为宣传组进驻武汉之后的代表性作品之一,被中央赴湖北指导组宣传组作为优秀案例向全国推广。他的新闻作品《武汉医生敢死队》被评价为“离死亡最近的一组报道”;反映重症救治工作的《武汉大决战》引起国务院和国家卫健委高度重视。

作为一座千万级人口的城市,武汉“封城”后,城内的疫情和“封城”后人们的日常生活情况成为全国人民甚至国际社会关注的焦点,与此同时,疫情发展态势的不确定性和抗击疫情局势的严峻性更对新闻舆论工作提出了更高、更紧迫的要求。在这史无前例的突发公共卫生事件面前，深入一线，以实际行动践行“脚力、眼力、脑力、笔力”，第一时间向外界传达抗疫最前线的真实故事和精神力量，是新闻记者理应勇敢承担的责任使命，《南方都市报》首席记者刘军就是这群逆行者当中的一员。疫情期间，刘军带领团队深入武汉最前线采访，发回了一篇篇影响广泛的抗疫报道。

一、82天奋战：不仅是做好战疫报道

（一）深入一线：舍身忘我奋战，展现真实现场

“深入一线”，是此次所有参与抗疫斗争的媒体人最真实的写照。刘军虽为广州体育学院体育新闻专业的毕业生，但2005年毕业一入行就成了一名时政记者，之后不久就参与了十七大、全国“两会”等重要会议的采访。同时，他一毕业就专注于做调查报道，干过跟踪，做过卧底，2011年加入《南方都市报》以后，始终聚焦民生，后来成为监督公权的品牌专栏《周一见》的统筹记者和供稿主力。十五余载的新闻从业经历和调查记者的出身，使刘军逐渐成长为一名政治觉悟够强、专业能力过硬、职业使命感强的资深记者。新冠肺炎疫情爆发后，刘军曾“三次请战”前往一线。根据《南方都市报》的报道，距离2020年春节还有两天时，武汉的疫情越发严重并蔓延至了广州，刘军感到了形势的危急，意识到“此时需要记者到前方去，要去见证和记录”，遂向报社相关领导表示愿意前往武汉报道疫情，并即刻退掉了次日回家的机票。1月24日除夕下午，当刘军得知自己的采访对象——医护人员“请战书”发起人郭亚兵将带队增援武汉时，他备受鼓舞，再次向领导申请前往武汉。2月4日，在刘军第三次请战的两天后，《南方都市报》派出报道组奔赴疫情中心武汉，并任命他为中央赴湖北指导组宣传组广东报道小组副组长(2月9日起任组长)。在说服妻子和获得她的理解支持后，第二天，刘军就带队进入武汉，开始了在武汉为期82天的抗疫斗争工作。“三次请战”表明刘军前往一线报道的坚定决心和巨大勇气，同时也是无数逆行者的一个缩影。

为真实记录抗疫现场，最近时刘军离新冠肺炎危重症患者不足半米，被称为“离死亡最近的记者”之一。到达武汉后的第二天，报道小组前方10人中有9人都出现了医学暴露，包括刘军；第二天刘军自己又严重暴露一次。穿戴防护服时的呼吸困难、视线

模糊及口罩脱落等意外，特别还有第一次看到医生摘下口罩时脸上被压出的血印子，让记者们真正感到病毒的恐怖并意识到在武汉采访的危险和困难。虽然作为整个广东报道小组的组长，刘军每天有各种服务、协调和管理等工作，但他仍有十分强烈的采访欲望，“我的身份就是一名记者，看到武汉是那样的状况，到一线去观察、记录的冲动特别强烈”。刚开始因担心记者安全，担心采访影响抢救工作以及防控物资不足等问题，地方政府和医院都不允许记者进入病区。“因为没有真正去到一线，所以报道的质量就受影响。”刘军说。转战武汉同济医院光谷院区以后，当刘军了解到这里有一支20位麻醉科医护组成的插管小分队，这也是离死亡最近、抢救危重患者最重要的队伍之一时，他主动提出要进ICU近身采访医生插管的全过程。而在此之前，同济医院从没有让记者进入过ICU病区。采访当天，刘军和另外两位同事在ICU待了近3个小时，近距离观察并真实记录了多例插管的“高危90秒”过程。2月23日，这篇首篇来自武汉疫区最前线的报道《武汉医生敢死队：高危90秒与病毒源最近，最怕晚上ICU插管》在《南方都市报》新闻客户端推出，后被新华社、央视、《中国青年报》等媒体平台广泛转载，引起了广泛的社会反响。

如果你的报道不够好，那是因为你离现场不够近。《南方都市报》在前方的15名同志进入空气中含有高浓度病毒的“红区”多达152次。在疫情面前，刘军带领团队不畏艰险、冲锋在前，在不断出现意外的情况下，不断往最危险的地方前行，甚至到后来比很多医护人员都要危险得多，但他们从来没有想过后退。“我们是去打仗的，是有特殊使命的。不到一线去，不到最危险的地方去，大家就不知道我们的战斗是怎么打的，伟大的抗疫精神在最危险的地方才体现得最淋漓尽致。”他们用实际行动践行“四力”，在抗击疫情中书写责任担当；他们通过笔和镜头为公众展示了危重症患者最真实的抢救过程，生动、真实地讲述一线工作人员所面临的巨大风险和战疫精神，为打赢疫情防控阻击战提升士气、凝聚人心。

（二）准备充分：扫清知识盲区，保护自身安全

俗话说得好，不打无准备之仗、无把握之仗。抗疫报道的专业性、危险性和特殊性要求一线记者在采访前必须做好充分的知识扫盲和防护措施，以确保新闻报道的科学性、准确性，并最大程度保护自身生命安全，这是对记者专业能力、心理素质和身体素质的全面考验。采访报道前充分做好各项准备工作，是明确报道主题、提高采访效率、

确保采访顺利进行的首要环节。

为了不影响医院的救治工作，提高采访效率，刘军在做《武汉医生敢死队》报道前对采访任务进行了“分解”。他先是联系了广州的医生朋友了解插管情况，得知插管过程中可能会产生呛咳和黏液喷射的情况。“我当时就想，这支麻醉科医生组成的插管队还真像敢死队一样，一想到这个名字的时候，我的眼泪当时就哗哗地往下掉。我心想，医生敢死队不就是这种不顾一切与死神争夺生命的代表吗?”刘军回忆道。获取关键事实信息，让刘军更坚定了报道插管医生的计划。但由于采访插管过程面临极大危险，后经多方协调，院方才同意了他们的采访申请。机会来之不易，为了抓住宝贵的采访机会并最大程度减少记者对插管工作的影响，他联系了援鄂的广东医疗队，提前到普通病房和其他医院的ICU熟悉医院环境，“这样我就能知道我该准备什么，站在哪里不影响医生工作，怎么做才能最大程度保证自己安全”。之后，刘军还接连三次进入同济医院光谷院区的ICU病房进行预采，为正式采访做好全面准备。

在整个采访准备期间，对于接收到的任何不明白的医学类专业名词或术语，比如炎症风暴、炎症瀑布等，刘军都会立即在百度上搜索，若碰上用百度也弄不懂的问题就向换班的医护人员请教，全力扫清一切知识盲区。业务准备以外，更重要的是确保自身生命安全，全程做好防护措施。彼时疫情的严重性让刘军意识到：“一定要接受培训，要知道哪里有危险，才能做到识别危险、躲避危险。”虽然刚一到达武汉，刘军就立刻联系专家给团队成员做了安全培训，但是记者进入ICU病房还是面临着极大危险，“你知道不等于你做到，你做到不等于你做到位”！因此刘军出发前反复叮嘱同事注意安全，“在里面避免弯腰，动作要缓慢，不然防护服会吸进去空气”。到达同济光谷医院以后，刘军和其余的两名同事都做了标准的三级防护，经医护人员反复检查确认没有任何问题，他们才最终进入ICU进行正式采访。

不过刘军表示，即便如此，他们的团队还是多次出现意外暴露的情况。“有的处理得比较及时，有的也是有运气的成分。到后期因为我们在实践中反复操练，防护技能非常纯熟了，就没有再出现意外。”正是依靠前期大量充分、严谨的准备工作，刘军和他的团队才能安全深入救治危重症患者的最前线，给受众呈现出最真实、紧迫的抗疫场景。

(三)大量采访:注重观察思考，不断发现问题

采访的深度决定了新闻报道的深度。新闻记者应尽力采访多方信源，掌握大量一

手资料，并在采访过程中积极调动所有感官，仔细观察，认真思考，通过不断发现、解决问题，拓宽采访的深度和广度，直至挖掘出最核心、最有价值的事实内容。

刘军应中央赴湖北指导组宣传组要求，带队到达武汉同济医院光谷院区报道危重症患者抢救情况的时候，正值疫情救治工作最艰难之际。床位紧张、医疗资源匮乏以及人们前期对病毒认识的不足，使得医院早期的重症和危重症患者的病亡率非常高，用医生的话说，ICU病房里是“来一个死一个”。刘军意识到降低病亡率成为当时同济医院光谷院区救治工作的首要任务。但刘军在采访中发现，医生大都忙于钻研如何抢救病人，而对如何降低病亡率这个重要问题缺乏系统的梳理，当时也没有人来做相关的系统研究，因此他决定通过采访报道搞清楚这个关键问题。

由于当时医护人员士气都比较低落，不太愿意接受采访，于是刘军就开始到医院里旁听队长联席工作会议、战时医务处工作会议、疑难与死亡病例讨论等会议。通过听各种各样的会议，并观察医院的一些具体措施，他体会到救人不仅仅是一个科学问题，还是一个管理问题。他意识到，医院组织成立医生敢死队就属于管理上的创新，是为了最大限度发挥数量有限的麻醉科医生的作用。发现这一核心问题以后，他开始转而重点关注医院危重病救治管理制度，通过采访院长、副院长、医务处长等各个领导，了解医院实行的各种常规制度、临时制度，以及为什么要采用这些制度，又取得了怎样的效果等问题。刘军后来回忆说：“我脑子里对医院抢救危重患者的整个思路，和一整套‘战法’都有了比较深刻的理解。”此时，尽管刘军已经掌握了大量信息，足以完成新闻报道，但他仍主动向医院提出对一些重要的救治环节都进行一遍实地采访，希望通过不断采访、观察和思考获得更多有关制度管理的更具体、生动的抢救细节。后来，直到刘军写满了一大摞的活页笔记，掌握了足够多的事实和细节信息，他才正式开始写作。于是就有了《武汉大决战》开篇战时医务处随机抽查医生交接班时，接班医生对患者情况的熟悉程度的描述：随便说一个床位号，医生对患者的姓名、性别、年龄以及患病情况和治疗情况等都能对答如流。“不打招呼的随机抽查”这一细节，有力证明了医务人员对患者高度负责的态度和极其严谨的救治精神。而“XX队死亡率5.26%，XX队3.64%，XX队3.57%……”一系列数字则直接营造出了救治危重患者的严峻情形，从侧面展示出医护人员拼尽全力打一场“大决战”的决心。

最终，通过大量采访和细致观察，刘军在新闻报道《武汉大决战》中不仅体现了初期医护人员救人的紧迫感、焦灼感以及面对疫情的无奈和绝望，还体现了所有人对生命至高无上的尊重，以及无私奉献和努力拼搏的精神。更重要的是，刘军在整篇报道中逻辑清晰地梳理总结出了同济医院光谷院区在实践中成功降低病亡率的经验方法。他在报道中指出，“关口前移、多学科合作和精细化管理”是重危患者转好的“三大法宝”，而找出并解决患者短板和医疗队的短板问题，是抢救大决战取胜的关键。医院优先治疗导致危重患者死亡的疾病，为新冠治疗争取时间，调集专业精英成立“特战尖刀连”帮助解决疑难杂症，弥补各医疗队的专业短板。此外，刘军还提到了危急值预警员的设立、疑难与死亡病例的讨论、高精尖设备的使用统计等诸多同济医院光谷院区“大决战”时期的医疗制度。报道刊发当晚，就获得了同济医院光谷院区院长的感谢和肯定，后来国务院要求同济医院光谷院区将经验向湖北省推广，要求湖北省内其他医院向同济医院光谷院区学习。国家卫健委主任马晓伟随后到该医院调研。

如果刘军没有大量采访并注重观察思考，可能就不会意识到管理制度在医院降低病亡率上所起到的重要作用，难以总结出“医院是怎么从一例例病亡案例中积累经验把人给救活的”，也就不会创作出一篇高质量的系统总结危重患者治疗过程的深度报道，并取得如此广泛的社会影响，可见采访、观察、思考和善于发现问题的能力对于一名记者的重要性。

（四）尊重事实：反复核实细节，客观冷静报道

真实是新闻的生命，新闻真实强调新闻报道中的每一个具体事实都必须符合客观实际。尊重事实是记者的职业道德底线。但在后真相时代，观点和情感被认为比事实本身更加重要，客观事实正被各种因素不断消解，新闻真实性遭遇严重冲击。因此，在复杂的舆论环境下，作为党和人民的喉舌，新闻记者必须坚持实事求是的原则，坚持一切从实际出发，通过深入群众、实地调研来了解实际，掌握实情。除了要确保新闻事实准确无误，记者对事实的细节描述和背景信息也要符合实际。

在写《武汉医生敢死队》这篇报道的时候，刘军曾再三核实细节，确认“敢死队”这个概念的适用性：插管真有那么危险吗？“敢死队”概念是否符合实际？因此在进入“红区”之前，刘军曾反复向医生核实最关键的黏液喷射细节。那时他发现同济医院已经不存在对患者插管时出现黏液喷射的情况，因为此时该院已经对插管出台了详细的规范。根据规范要求，医生在对新冠肺炎患者插管前，必须对患者使用药物麻醉，药物起效后患者的全身肌肉都是松弛的，自主呼吸随即暂停，更不可能出现呛咳。这个细

节与刘军的预期相差很远，他觉得“好像也没有那么危险”。基于新闻报道要尊重事实的基本原则，刘军便打算调整报道基调和方向，实事求是记录插管过程，但不再使用“医生敢死队”这个过分夸大插管危险性的概念。但是在进入ICU深入采访以后，一切又不同了。他发现插管医生面临的高度危险还是真实存在的，但不是来自高压高污染气体和黏液喷射的瞬间，而是在于随时有可能发生意外。刘军采访的那个上午，就出现医生遇到困难气道，还有医生的头套差点掉落的情况，所以最终刘军又重新起用了“医生敢死队”的这个概念。

刘军和援鄂医疗队从武汉撤离4个多月之后，一位国家卫健委专家组成员对刘军的这篇报道表示了感谢，并透露了另外一个细节：在刘军采访插管医生之前，医生在为重症患者插管期间，患者喉咙里喷射含有高浓度病毒的黏液的情况确实是存在的，而且有好几位当地医生因此而被感染。但刘军在采访这个选题时，救治工作依然非常艰难，因此在接受采访时，有的医务人员可能不知道有这个背景，有的知道的，也都不愿意提及前期这一惨烈的细节。

尽管在病房里采访时，刘军记下了很多触动自己的细节，但在正式撰稿时，却也始终秉持着尊重事实的原则，追求报道的真实性、客观性和准确性。他尽量克制自己的情绪，没有在稿子里直接表达个人情感，比如对生命的感慨、对医疗人员的赞颂等，而是始终保持着一个客观冷静的态度，尽量用白描展示现场救治的场景，用医生客观的讲述来表达他们内心的想法和过往的经历。“我尽量直接描述那些让我情绪变化的事实和细节。我相信，能打动我的事实和细节，肯定也能打动读者，我感受到了信心和希望，大家也一定能感受到。”写稿时，刘军也精益求精，几经修改初步成稿以后，又花了一个通宵进一步压缩稿件规模，并将稿件的节奏加快，进一步凸显内容的紧张感和现场感，以优化读者的阅读体验。尽管担心在移动端上稿件太长可能没多少人看，但刘军最终还是坚持删到7700多字就不再删了，因为他觉得“留下来的每一个字，每一个信息都是有价值的”。

就这样，刘军用客观真实的笔触把他看到的、听到的、感受到的都通过文字传递给了读者，让大家看到武汉人民如何和疫情作斗争，如何不惜一切代价抢救每一条生命，“因为这些东西外界是不知道的”。《武汉医生敢死队》的报道一经发出就好评如潮，有网友评论称仿佛被带到了抗疫一线，“看得我惊心动魄，真的是比打仗还惊险”；有的网友表示对救治难度之大和医护人员的辛苦付出有了更深刻的理解；还有的网友看到医护人员的努力拼搏后表达了对抗疫必胜的极大信心,“武汉有希望！湖北有希望！中国有希望”！“一方面,公众对抗疫前方的情况有迫切的知情需求;另外一方面,我们也只有把真实的信息传递出去,让公众知道这场战疫我们是怎么打的,付出了怎样的努力,做出了怎样的牺牲,人民群众才能理解、支持,才能积极参与进来,甚至愿意为此付出代价,我们才能真正实现打一场全民战和整体战的目的。”刘军认为这就是疫情期间记者报道事实的重要性和真正意义所在。

(五)坚持受众优先,开展全媒体战疫报道

媒体融合时代,媒体要想更好地履行舆论工作责任使命,提高传播的引导力、影响力和公信力,就必须坚持受众优先,构建全媒体传播格局。在本次抗疫一线报道中,刘军带领团队积极践行“一次采集、多元生产、有效分发”的传播理念,紧紧围绕受众最感兴趣的内容和话题,开展全媒体战疫报道。短消息分别以文字和抖音短视频的形式在不同渠道发出,深度报道除了传统图文报道,还包括专题片、纪录片、微电影等多种方式,全方位呈现武汉“封城”以后的真实情况。

在策划《武汉医生敢死队》报道时,刘军明确提出要以文字、图片和短视频的形式同步报道,以适应全媒体时代受众的观看习惯,并形成较强的传播声势。因此后来他和摄影记者钟锐钧、视频记者刘威三个人共同进入 ICU 病房采访,刘军说:“其实我会拍摄,钟锐钧可以写文字稿,刘威的新闻点抓得也不错,我们在一起会相互启发;自己想做什么,简单一讲,其他人也就懂了。”他们相互配合又独立出稿,最终发布了一组全媒体报道作品。广东报道小组典型的全媒体战疫报道《最美逆行者》,更是成为体现主流价值观的爆款作品。在武汉期间,钟锐钧每天都在医院的缓冲区门口,一手举着闪光灯,一手拿着单反相机,拍摄医护人员走出污染区摘下口罩的瞬间,记录下了很多感人的画面。这组高质量的照片引起了指导组宣传组的高度重视,刘军向报社领导反馈后,报社立即调动所有力量在 2 月 13 日当晚 11 点多在《南方都市报》的官方微博发布了《最美逆行者》系列海报,并配文“＃最美逆行者＃你们摘掉口罩的样子,真美”,这些内容发布后立刻引起极大反响。2 月 14 日,《南方都市报》微信公众号发布推文《你们摘掉口罩后,真好看》,通过图文详细介绍了十多位医护人员的个人经历,呈现照片背后的故事,阅读量迅速达“10 万＋”。2 月 18 日,《南方都市报》发布 H5 作品《疫・痕》,不仅以线上展馆的形式集中呈现广东支援湖北医疗队人员的肖像,还设置了“逆行者的战疫笔记”留言区、“我要致敬”等互动版块，引发网友共同向医护人员致敬。除了采用海报、图片、文字、视频、H5等多种媒体形式进行线上的全媒体传播，报道团队还策划了“线下多场景”宣传方案进行组合式传播，在全国引起非常大的反响。2月17日晚，最美逆行者带“疫痕”的脸的照片在广州城市地标建筑的LED屏上点亮，《人民日报》、央视网、新华网等媒体纷纷报道转发，相关内容迅速刷爆朋友圈。随后，亮灯活动在广东省全省推广开来，以此鼓舞和支援援鄂医疗人员。

“受众在哪里，我们就研究如何让新闻产品有效传递到哪里。”刘军表示后方还会将前方记者发回的素材制作成音频、视频、动画、魔画、条漫，甚至抗疫主题的表情包，还有可视化新闻产品和疫情时间等技术产品。无论是后方的统筹、策划、支援，还是刘军带队在前线采访报道，南都记者都坚持受众优先和移动化、视频化、矩阵化传播，用全媒体报道思维生产出强可视性、优互动性、强多元性的战疫报道作品，发挥了凝聚战疫信心、传达必胜信念的重要作用。

(六)以人为本，全方位参与抗疫实际工作

根据《南方都市报》的报道，由刘军所带领的报道小组的15名记者深入“红区”达152人次，前线记者与后方联动，刊发疫情防控报道4万多篇，总阅读量超过74亿。秉持着以人为本的基本原则，在做好抗疫报道的基础上，刘军还带领团队全方位参与抗疫实际工作，积极帮助推进问题解决，保障广大人民利益。

采访过程中，刘军始终小心翼翼又富于耐心，担心触碰到患者的心理创伤；报道团队遇到有患者求助的，就想尽一切办法将信息收集汇总后上报，尽力帮助他们解决问题。武汉物资紧缺时，指导组宣传组希望有媒体能带头搭建物资捐赠平台，但因为缺少相关经验，刘军说：“现场所有的媒体都没人吭声。后来领导问我广东的能不能带个头？我马上说没问题。”于是在报社领导的全力支持下，《南方都市报》迅速搭建了物资捐赠平台，之后刘军带队积极募集物资、统计各医疗队需求、联系物流公司运送、找人分发等，承担了大量相关工作。2020年2月下旬，刘军主动申请担任社区志愿者，不但和社区干部、志愿者一起搬了4万斤油，还在这一过程中对社区防疫工作有了全面了解。刘军还联合广东支援武汉的护士组建微信群帮助新冠肺炎重症患者疏解心理压力，约治愈患者去户外跑步打球，帮助他们找到重回社会的信心。虽然刘军心里还是有一些担心，但他还是会摘掉口罩和他们交谈并和他们拥抱，与大家建立了非常好

的信任关系,“我就是想给他们信心”。武汉解封以后,为帮助解决湖北农产品的滞销问题,刘军又带队前往湖北潜江,联系地方政府共同举行了“粤过千里,吃援鄂货”直播龙虾带货活动。一个半小时的直播共吸引超过 180 万网友在线观看,多家企业认购超 6 千吨小龙虾,成交额超过 2.2 亿元。

帮助患者、筹集物资、做志愿者、直播带货……在抗疫报道中,媒体记者的职责不再只限于准确、及时地发回一线报道,而是扩展到了与群众生活更贴近的基层社会服务层面。在刘军看来,不论是做新闻报道,还是做实事,最终的目的都是为了解决问题,“只要是有利于解决问题、有利于推动社会进步的,符合最广大人民群众根本利益的,就是我们应该做的”。而至于做什么不做什么,有限的人力如何在前线发挥最大作用,专门做报道还是也可以做些实事,刘军他们也有轻重缓急的考虑。总而言之,“在不同的阶段,武汉需要什么,我们就做什么”。媒体人通过全方位参与抗疫实际工作,不断提升为人民服务、为社会服务的能力。

二、坚实底气:责任使命、前后统筹、媒体改革

(一)记者职责使命驱使:坚守新闻一线,切实提升“四力”

“武汉这一仗让我体会到什么叫竭尽全力。我们为什么这么拼?因为我是记者。媒体一直讲社会责任、社会担当,平时这些东西在我们身体里面,我们自己感受不深,但在特定环境里就发挥得淋漓尽致。”虽然此次刘军是作为广东报道小组的组长前去参加一线工作的,但是十五余载的记者生涯让他始终不忘自己是一名记者,而医护人员所表现出的“若有战,战必胜”的精神,还有社区干部、志愿者及各行各业的人的无私奉献也强烈影响着他。刘军说:“病毒会传染,但正能量也一样会的。”人性的光辉和职业的使命使他感到自己有强烈的使命感,有义不容辞的责任去记录医护人员不顾一切抢救生命的情景。虽然在这个过程中刘军也会感到害怕,但他仍冲在报道的最前线,用实际行动诠释了作为记者的职业初心。“当时开会就鼓励大家要到最危险的地方去,要求大家平实地记录最真实的情况”,“我们肯定不能够退,而且我们要靠得更近,再近一些”!刘军表示媒体人在关键的时刻冲得上去,豁得出来,尤其是广东报道小组的同志们。“说实话《南方都市报》记者前期有十几次进入‘红区’时有对病毒认识不

足,对危险预计不够的情况,但后面有大概 140 来次是我们主动往里走的,在清醒的情况下,那就必须有一种力量让我们克服恐惧和死亡。”随着采访的深入,刘军也越来越清晰地感受到这场战役不是一支医疗队、一个医院、一个学科在战斗,而是全国人民都团结在一起战斗。“生命至上、举国同心、舍生忘死、尊重科学、命运与共,在我们看来真的是字字千钧,都是实实在在的血和泪。”这使他更坚定了要尽快把武汉当时最真实的情况传递出去的念头,让大家尽快恢复信心,早日取得抗疫胜利,尽可能挽救更多人的生命。

出色的抗疫报道不仅需要专业精神、坚定的信念和舍生忘死的勇气,还离不开“硬核”的专业实力。用实际行动提升“四力”,是新时代背景下做好党的新闻舆论工作的必然要求。作为从业多年的新闻老兵,刘军不断努力提升自己的脚力、眼力、脑力、笔力,逐渐成长为一名政治坚定、业务精湛的优秀新闻工作者,这是他圆满完成此次抗疫报道的重要保障。大学时期,刘军刻苦钻研新闻业务有关的书籍,并接连在媒体上发表新闻评论,逐渐养成了独立思考的习惯,也夯实了新闻基本功,直到现在,他还在不停地学习新闻理论和新闻业务知识。毕业后,做调查报道的经历则让他有机会更广泛地深入基层,开展实地调查研究。调查性报道本身的复杂性、求真性、风险性和导向性,使刘军的政治素养、法律意识及逻辑分析和新闻采写的能力均得到有力提升。因此,刘军在武汉报道期间得以从大量的采访资料中抓出报道的核心问题和主要结构,系统总结出抢救危重患者工作的经验和方法,发出鼓舞人心、增强信心的新闻报道。而对问题的深入调查剖析和敏锐的洞察力、判断力,则使刘军可以快速捕捉新闻现场细节和关键点,通过突破层层阻力,不断发现问题来获得真实、准确的信息。在武汉期间,刘军也积极和同行以及学术界交流,所做的各类总结达十几万字。在刘军看来,只有越敬业才能越来越专业,他始终铭记母校广州体育学院的校训“德厚学博、文精武杰”,他认为这八个字需要用一生去追求。

(二)前后方统筹协调:准确把握舆论导向,推动报道有序开展

《南方都市报》此次赴武汉团队疫情报道任务的出色完成,还得益于前后方充分的统筹协调。前方中央指导组宣传组清晰的情况传达和周密部署,后方宣传部门和领导的认真指导,确保报道小组能准确把握舆论导向,最大限度推动抗疫报道有序开展。

在武汉报道期间,刘军作为组长每天都要参加中央指导组宣传组的例会,其中 2

月份有20天左右开会到深夜。会后，刘军会第一时间把会议上传达的疫情最新动态、相关工作要求、重点工作内容、具体任务部署等点对点发给广东省委宣传部和集团领导、报社领导以及前方的记者同事。后方领导每天晚上都会等着刘军的会议纪要，看完之后就立即指导他怎么带领大家落实报道计划和任务。信息的及时高效流通为疫情报道得以顺利开展提供了保障，而后方领导对舆论形势的精准判断、对选题内容的高度重视和对报社全体采编力量的组织调度，则使虽由小团队主创但却持续地、大规模地、影响力广泛地报道成为可能。于是，在疫情爆发初期，由记者钟锐钧拍摄的医护人员摘掉口罩的一组照片得以成为“线上全媒体，线下多场景”创新表达和传播的系列报道，在全国范围内引起极大反响，为稳定社会心态，支持援鄂医疗队，争取抗击新冠疫情的最终胜利起到了积极正向的舆论引导作用。

领导与记者团队的实时沟通也为记者确定选题和报道思路，解决报道中遇到的各种困难，顺利完成报道任务提供有力支持。刘军向报社领导汇报报道插管医生的初步想法时，就获得了报社总编辑戎明昌的认可和帮助，“他从标题到内容都给了很多具体的建议，用‘武汉医生敢死队’做标题，也是戎总提出来的”。另一篇讲述危重患者抢救过程的代表性报道《武汉大决战》，刘军也同样得到戎明昌在方向把握和具体操作上的指导。再到后来，无论是搭建物资捐赠平台，还是直播带货助力湖北滞销农产品销出等工作的落实，都得益于前后方的统筹协调而顺利开展。

（三）媒体转型改革：锤炼综合技能，打造高能记者团

近年来，为积极响应原国家新闻出版广电总局印发的《关于加快新闻出版行业智库建设的指导意见》，《南方都市报》一直致力于打造智库型媒体，积极探索智库型媒体转型新路径，在新闻内容生产之外提供智媒服务，以不断强化媒体的舆论引导能力、社会服务能力，提升媒体业务层级和专业程度。媒体智库化发展呼吁对媒体顶层设计的调整甚至重构，尤其是人才薪酬机制和考核激励机制等，对记者的“四力”提出了更高的要求。《南方都市报》的智库建设有力帮助提升记者的内容生产、数据分析、舆情观察、科学研究、政企服务等综合能力，打造出高能记者团，切实提升媒体的传播力、引导力、影响力和公信力。

经过大量的工作实践，刘军等《南方都市报》广东报道小组记者的策划能力、执行力及综合素质等都得到了比较强的锤炼，团队的内部沟通协调机制也在反复磨合后形

成，为此次一线疫情报道工作提供了重要的人才队伍保障。亮灯致敬援鄂医护人员城市公益活动的策划执行过程中，第一轮致敬行动决定在广州市的中央商务区珠江新城进行之后，后方记者需要找到该区域内地标建筑上30多块LED屏所分属的企业单位，与他们洽谈活动方案，并根据每块LED屏的尺寸和像素大小专门设计海报，同时进行一系列的短消息、图文、视频等全媒体报道。这一做法得到了广东省委宣传部和广州市委宣传部的大力支持，此后陆续在全省、全市范围内推广。为武汉筹集物资时，如何按照供需情况，高效地将物资经捐赠方、物流公司、市内交通顺利送达方舱医院，对记者的沟通协调、物资管理、分工合作等能力都是一次重大考验。直播带货时，前线记者实地探访潜江小龙虾生产基地，供销商代表从全国各地连线《南方都市报》云演播室进行“云采购”，微信、微博客户端同步直播宣传，又是对记者全媒体能力素养的一次实战训练。

2020年新冠肺炎疫情报道中，《南方都市报》向智库化媒体转型的成果得到了充分体现，同时，这次的报道也是《南方都市报》智库媒体转型的又一次深度实践，一方面表达了对武汉人民和援鄂医护人员的关爱，为他们加油打气，传递抗疫信心和力量，显著扩大媒体的曝光度和社会影响力；另一方面，记者们在一次次活动中不断积累经验，迅速提升新闻策划、报道，以及大型活动策划、执行、宣传和团队协作的能力，极大拓展业务范围，锤炼综合能力，在连续作战中采写出大量鼓舞人心、提振士气的战疫报道。

三、经验启示：多主体凝聚合力，打造全媒体新闻队伍

（一）高校：培养政治站位高、顾大局甘奉献的媒体人

习近平总书记强调：“党的新闻舆论工作是党的一项重要工作，是治国理政、定国安邦的大事。”[①]在这场疫情防控阻击战中，我国面临艰巨的疫情抗击任务和敏感复杂的国内外舆论环境，刘军认为“讲政治，有本事，不怕死”是《南方都市报》新闻工作者在此次抗疫斗争中体现出来的特点，这也是新闻媒体工作者的必备素养。因此高校应重点培养政治站位高、顾大局甘奉献的新闻人才。

---

① 习近平.党的新闻舆论工作是治国理政定国安邦的大事[EB/OL].(2016-02-20)[2021-11-05].http://m.cnr.cn/news/20160220/t20160220_521420275.html.

首先，要加强马克思主义新闻观建设，学习宣传贯彻习近平新时代中国特色社会主义思想，深入学习习近平关于新闻舆论工作的系列重要论述，加强“党史、新中国史、改革开放史、社会主义发展史”的学习教育，引导青年树立正确的国家观、人民观和传播观，培养政治立场正确、坚持党性原则和人民立场、坚持中国特色社会主义的党的新闻舆论工作者。在武汉“封城”的76天里，全国数百名像刘军这样的新闻工作者勇敢逆行，冒着生命危险深入一线采访报道，及时向国内外传递客观、全面的抗疫信息，并第一时间发布疫情最新动态，科普防疫知识，及时回应人民关切，勇敢同谣言和消极意识形态做斗争，努力发挥了上传下达、释疑解惑、舆论引导作用，为党和国家的疫情防控工作提供了稳定的社会保障和强大的舆论支持。

其次，刘军还特别强调了高校重视传播史教学的重要性，“必须让学生对媒体在历史上承担的职责、使命及其起到的功能、作用有清晰的认识”。教好、学好传播史不但能让同学们对马克思主义新闻观有更深刻的理解，而且能对同学们今后从事具体新闻工作提供重要的理论指导和支持。在武汉期间，能否准确认识并充分发挥媒体的功能和作用，决定了记者能否正确开展抗疫报道工作。刘军认为，要全面理解这个问题就必须先搞清楚两个问题，即“我是谁”和“我为什么来武汉”。只有摆正了自己的位置，明确了媒体的责任使命，记者才会对“做什么和如何做符合最广大人民群众的根本利益？对抗疫大局是否有益？放在历史的长河中，哪种做法更有价值？是不是非得我去做？我最迫切的工作是什么？当前最有价值的工作是什么？”等问题有正确而清晰的认识，新闻报道工作才会真的做到一切从实际出发、从服务党和国家的工作大局出发。而这些内容“传播史里古今中外的都有，马克思主义新闻观也有”，因此讲授马克思主义新闻观的同时讲好传播史，将更有利于加深同学们对党的新闻舆论工作的理解和学习。

最后，强化融媒思维，创新课程内容和结构体系，进行融媒体时代下的新闻传播规律、专业技能素养和新闻职业道德教育。媒体融合进程的加快对新闻记者提出了更高的要求，高校要通过打造一流线上线下新闻传播专业课程，进行跨学科、跨专业、跨院校的交叉教育，并与业界保持紧密联系，培养理论与实践并重的复合型人才，为受众提供更精细化、专业化、个性化的内容报道；加强国情教育、扩展国际视野，构建国际新闻传播课程体系，借助全媒体开展国际新闻传播研究和业务培训，培养有能力讲好中国故事、传播好中国声音的新型国际新闻传播人才。此外，高校要注重培育同学们的新闻职业素养和新闻理想，在明确训练目标后，做到科学训练、科学培养。2018年，刘军在回母校时曾总结出一名优秀的新闻记者所必须具备的五点基本素养，即表达的能力、学习的能力、质疑的精神、敬业的精神、社会责任感，并强调"勤练、勤思、勤学、勤跑、勤问"是职业记者的基本态度。高校要引导同学们树立正确的新闻理想，明确新闻工作的责任担当，"不忘初心，牢记使命"，为党的新闻舆论工作和社会主义事业贡献力量。

（二）媒体：加快媒体全面转型，带动记者全方位成长

媒体的竞争关键是人才竞争，媒体的核心优势是人才优势。媒体融合发展带来传媒业态、用户习惯和新闻生产的巨大变革，除了技术的升级与融合，培养全媒化、复合型、专家型人才成为当前推进媒体深度融合发展最重要、最紧迫的任务。

就目前来看，媒体要积极从转型需求出发，调整人才结构，大力引进设计师、程序员、数据分析师、研发工程师、产品经理等互联网技术相关的专业人才，补齐原有采编队伍的实力短板，实现从前端产品设计到新闻产品生产、推广的全面升级，支撑媒体产业和内容转型。但从更长远来看，通过媒体转型带动原有新闻人才的全方位成长更为重要。不管技术如何演变，媒体属性永远不会变化。在内容依旧为王的时代，优质内容生产仍需要政治立场坚定、专业素养好、业务能力强的新闻记者。

《光明日报》调研发现，媒体融合发展专项培训是提升存量人才队伍全媒体能力的基本方式。如在对现有媒体人才摸底调查后，对记者进行有针对性、分层次的全媒体技术、摄影摄像、视频创作、网页制作等基础技能培训和专业知识授课，请各领域专家进行优秀案例讲解，设计新媒体产品竞赛激发记者学习热情等。更重要的是，媒体还要将融合发展与国家战略密切配合，积极拓展媒体业务和服务模式，在转型升级的过程中通过重大报道、活动策划等高强度、富有挑战性的工作来锤炼记者的综合技能，培养全媒体人才。自2018年2月成立南都大数据研究院以来，《南方都市报》发布了一系列观察报告、调研报告、发展指数等智库产品，涉及"区域政经与城市治理""个人信息保护""粤港澳大湾区"等多个领域，媒体职能逐渐从新闻报道转向研究、服务、参与，用智媒产品和服务为政府决策和社会治理贡献重要媒体力量。在向"中国一流智库媒体"转型的路上，《南方都市报》在优质原创、短视频、报微端升级、组织架构调整、生产机制变革等多个领域不断推进融合发展，"专家型记者""研究员"的队伍日益壮大。此

次由刘军带队的广东报道小组，不但进行了全媒体疫情报道，还出色完成了筹集物资、直播带货、社区志愿服务等多项社会治理和服务工作，就是南都全面转型带动记者综合能力快速提升的有力证明。此外，媒体还要创新人才招聘、考核、薪酬、激励等机制，建立适应媒体融合发展的人才管理体系，真正做到引进人才、培育人才、留住人才。比如在考核中加入点赞量、阅读数、转发数、用户体验、产品创新等新标准，形成“同岗同酬、多劳多得、优劳优得”的绩效考核原则，同时从采编团队择优遴选、培养研究型人才，让他们由“媒体人”转向“媒体-研究复合型人才”。

（三）记者：讲好有高度、有温度、有深度的人民故事

首先，新闻报道要坚持导向正确，充分发挥媒体的舆论引导作用。在疫情蔓延时期，谣言被认为是一种甚至比新冠病毒本身破坏力更大的“病毒”，新冠肺炎疫情的突发性和不确定性，使舆论风险明显加大，诸如“不明肺炎已被证实是 SARS”“吃抗生素可预防新冠病毒感染”“上海医疗队在武汉只能吃方便面”等不实言论人为制造了社会恐慌和负面情绪，极大干扰疫情防控工作的有序开展，产生了严重不良的社会后果。部分地方媒体缺乏政治高度、大局意识，在疫情防控初期，报道武汉百步亭社区举办“百家宴”活动，在收到国际援助物资时发布《相比“风月同天”，我更想听到“武汉加油”》这类文章等做法，不但产生了大量负面舆情，还在一定程度上损害了政府形象。因而记者要始终坚持正确舆论导向，坚持团结稳定鼓劲和正面宣传，弘扬主旋律、传播正能量，同时坚持新闻真实性原则，在海量信息中甄别不实信息，传播真实而权威的信息，提高公众的信息辨别能力，缓解人们因未知而产生的恐慌，为疫情防控提供稳定、积极的社会心态和舆论氛围。

其次，做“有思想、有温度、有品质”的新闻报道，这是践行“四力”、更好做到为人民服务的具体要求。刘军说：“在武汉一线，既要将有价值的信息传递给社会，让人们知道武汉发生了什么，同时也要传递给当时的武汉市民，要帮助人们摆脱恐惧，用积极的心态和正确的方式抗疫。”《一对武汉夫妻生死劫：原以为熬不过那晚，6 位朋友相继去世》是刘军到达武汉后发出的第一篇深度报道，通过讲述一对“70 后”夫妇先后确诊又死里逃生、重拾生活信心的故事，给无数确诊患者带来了生的信心和力量。后来在不断深入危险一线采访的过程中，刘军对武汉如何打赢这场抗击新冠肺炎疫情的人民战、总体战、阻击战有了清晰而具体的认识，“在同济医院光谷院区，我是最早感受到信

心的，我再把信心传递给他们”。通过报道传递信心、温暖和力量，是刘军和全国新闻工作者进行抗疫报道的重要工作。疫情期间，全国各地美食“为热干面加油”、医患在方舱医院里跳广场舞、女护士与男友隔着玻璃亲吻、“网红窗帘”、致敬最美逆行者、市民自发送援鄂医疗队回家等报道均引起了极大反响。这些报道通过讲述疫情下人们同舟共济、共同抗疫，“隔离病毒，但不隔离爱”的感人故事，传达出抗疫的积极心态和普通人的守望相助，真正做到了“强信心、聚民心、暖人心”，为疫情防控和复工复产提供了有力的舆论支持。因此记者要深入基层，真正走到人民群众中去，关注他们的喜怒哀乐，通过挖掘和讲述“凡人小事”反映社会脉动和时代精神，发挥出新闻媒体凝心聚力、传递社会正能量的积极作用。

最后，积极转换融媒报道的思维和方式，做有深度、高质量的内容报道；重点选择贴近实际、贴近群众、贴近生活的选题，满足受众强烈的信息需求。刘军深入ICU病房所做的系列报道，因首次向受众展现了医护人员在一线奋战的真实情境，而获得了极高评价。媒体人应当认真践行“脚力、眼力、脑力、笔力”的要求，正确认识和把握新闻报道的本质，通过充分采访和细致分析抓住问题核心，从多角度思考问题、以多信源回应问题，挖掘出背后的深层原因和内在逻辑。《武汉大决战》因系统总结分析出了医院成功降低病亡率的经验，产生了较大的社会影响并获得了中央指导组宣传组的认可。此外，记者还要注重报道的专业性和故事性，善于从新闻现场挖掘出生动的细节，发现独特的新闻点，积极创新报道形式，根据新闻内容、传播渠道和受众需求采用图文、视频、长图、H5、数据可视化等多种媒体形式，在微博、微信、客户端等多平台精准传播，不断扩大报道的传播力和影响力。

用镜头探寻真实，用温暖传递力量

——突发公共卫生事件报道中的七个关键词

◇ 刘晓颖

摘要：2020年疫情爆发后，孙兰兰被任命为《现代快报》武汉战疫队队长，带领着队员们千里逆行来到武汉，用笔和镜头记录抗疫过程中的坚守和感动，共发出2200余篇新闻报道，以及过百部新媒体新闻产品，取得了可观的传播效果。本文通过对孙兰兰记者的抗疫报道作品进行分析，从新闻素材、表现形式和传播效果入手，深入探究如何做好抗疫类的突发公共卫生事件报道，并总结出了七个关键词，为新闻媒体进行重大战役性报道提供实践经验和方法指导。此外，本文围绕孙兰兰及其《现代快报》团队在抗疫报道中的工作经历，重点讨论了新闻工作者在做突发事件报道时所应该有的内在素养和外在能力，探索今后新闻机构的人才培养之道。

记者简介：孙兰兰，女，现任《现代快报》编委。孙兰兰于2000年进入《淮海晚报》工作，开启了自己的新闻职业生涯，后于2002年正式进入《现代快报》工作，先后担任编辑、记者、第一新闻部主任、融媒体中心主任、编委等职务。

孙兰兰在工作期间曾多次获省市级新闻奖项：她的新闻作品《震撼！这群中国人，在荒原沙地造出世界最大人工氧吧》获得了2017年度江苏省网络好新闻一等奖；参与的新媒体创意互动项目“5G大运河融媒体创意互动项目”荣获2019年度江苏省媒体融合优秀作品一等奖。

在2020年年初的新冠肺炎疫情报道期间，她担任《现代快报》武汉战疫队队长，带领分队在武汉一线连续作战近3个月。在这场没有硝烟的战争中，她和她的同事们用笔和镜头记录着这座城市的勇敢、悲伤和感动。凭借在此次战疫报道期间的优异表现，她在2020年4月27日江苏省总工会召开的“五一”新闻发布会上，荣获了“江苏省五一劳动奖章”；2020年9月8日，她作为“全国抗击新冠肺炎疫情先进个人”中的一员，参加了在北京人民大会堂举行的全国抗击新冠肺炎疫情表彰大会。

一、抗疫报道背景

2020年1月29日，大年初五，在新冠肺炎疫情防控最吃紧的时候，孙兰兰作为《现代快报》武汉战疫队的队长，带领着队伍其他的5名队员，匆匆告别家人，勇敢逆行，从南京绕道北京，辗转两千多公里，来到已经“封城”的武汉。随后，《现代快报》第二批、第三批队员陆续出征，分别奔赴武汉、黄石等地。一直到2020年4月25日，孙兰兰和《现代快报》武汉战疫队其他9名队员才返回南京。[①] 他们这支年轻的队伍在武汉坚守了共88天，没有一个人肯换下来，休息一下。一直坚持到武汉“解封”后两周，疫情形势逐步平稳下来、城市逐渐复苏后，他们才集体撤离。

在武汉报道期间，《现代快报》战疫分队积极主动进入医院，探访社区，深入雷神山、火神山、方舱医院等风险区域。在武汉市肺科医院，孙兰兰对话“与死神最近的病房”；在武汉儿童医院，她关注着一出生就被送入隔离病房的“毛毛”们。作为战疫队队长，孙兰兰更是带头深入“红区”：“我相对来说经验更丰富一些，必须走在危险的前面。”从下午1点到晚上7点，她和同事穿着厚重的防护服，在“感染区”里待了整整6个小时，他们不惧危险换来的采访作品注定更加有力量。医护人员竭尽全力地救治和照顾，病人努力与新冠病毒争夺呼吸的“自由”，援湖北医疗队的医护人员与武汉患者之间令人动容的情谊……孙兰兰和她的战友在第一时间将这些真实而宝贵的武汉场景记录下来，传递给了牵挂着一线的所有受众。[②]

在这88天里，孙兰兰和同事们用手中的笔和镜头，记录和还原现场，细心捕捉并传递着感动。《现代快报》战疫分队在此次报道期间总计发稿2200余篇，前后方联动推出约1700多个短视频、400多张新闻海报。此外，还有过百部的交互式H5、朋友圈15秒小视频、长图等各种类型的新媒体新闻产品刷屏了网络，取得了相当可观的传播效果，全网

① 蒋文嘉.致敬新闻战士！《现代快报》记者孙兰兰荣膺“全国抗击新冠肺炎疫情先进个人”[EB/OL].(2020-09-08)[2021-03-18].http://laoxia.xdkb.net/p1/116563.html.

② 王世停，王拓，王子杰.孙兰兰：深入前线的新闻“战士”[N].新华日报，2020-03-30(3).

总阅读量超过10亿。

(一)《武汉凡人英雄》系列报道

在长达几个月的疫情报道期间,孙兰兰主动关注着这场“抗疫战争”中的普通人,牵头策划了系列报道《武汉凡人英雄》。

《武汉凡人英雄》系列报道所讲述的是一组组武汉普通市民的故事:有驻守医院维持就诊秩序,蹲守社区协助转运和陪同送治病人的公安干警张晓红;有扎实工作,让自己所在社区成为街道里疫情控制得最好的“90后”社区书记叶德添;有志愿开车转接新冠肺炎患者后不敢回家,选择留在车中过夜的“生命摆渡人”王禾田;有致力于帮助有需要的孕产妇提供服务的“宝宝守护计划”发起人胡海珍;有每天穿梭在武汉的大街小巷,为医护人员和市民们送餐、跑腿代购各类紧缺物品的外卖骑手吴辉;还有从除夕夜开始每天义务接送金银潭医院医护人员上下班的快递小哥汪勇……

《武汉凡人英雄》系列报道,没有人为的拔高或者唱高调,而是用口述的形式书写,用质朴平实的语言讲述他们的抗疫故事,真实又动人。这一类的人物报道,在疫情期间,其实各家新闻媒体都会制作,但多半是散落的,很容易被淹没在海量的信息中。而孙兰兰及其团队则用了“凡人英雄”这四个字,将报道聚合化、系列化,再通过为每一位采访对象精心制作的一系列“凡人英雄”宣传海报,在网络端进行传播,就形成了一个鲜明的标识。“凡人英雄”系列所推出的20余篇报道一经发布便在网上刷屏,他们的故事和事迹打动了无数网友,其中有十多篇的点击量都在千万以上。

孙兰兰回忆该系列报道时,想到有一名采访对象让她印象十分深刻,是一名叫杨雪的志愿者,一位十分乐观开朗的姑娘。杨雪在网上号召成立守护志愿者车队,一晚上就有300多人报名参加。杨雪在采访中说:“武汉不需要我们的时候,我们就消失在江湖。”关于杨雪的报道出来以后,奥运冠军杨威也为杨雪转发点赞。孙兰兰在“中国新闻传播大讲堂”中谈到:“我把报道发给杨雪,没想到她对我说,孙老师,今天我的外婆去世了,我在方舱里忙了一整天,刚看到你们的报道,觉得自己的情绪绷不住了,忽然很想哭。”

在武汉,每天都有许多像杨雪一样平凡的人。他们没有任何惊天动地的地方,在这座城市干着普普通通的工作,在努力奔波,在尽责做事,在志愿行善。“没有从天而降的英雄,只有挺身而出的凡人”,虽然他们都是邻家面孔,但也正是他们在危险时的勇敢逆行,忍着伤痛,尽自己最大的努力守护着这座城市,给我们带来了平凡中的感动。这就是英雄的城市，英雄的人民。在疫情面前，无数个凡人英雄连接出一个坚不可破、谁都没有置身事外的命运共同体，凝聚着每个人的力量，并惠及每个人。① 这才是《武汉凡人英雄》系列报道的内核所在，也是它能够引发民众广泛关注和思索的深层情感原因。

(二)《武汉归来》系列报道

除了"凡人英雄"系列报道外，孙兰兰及其团队还参与制作了《武汉归来》系列报道，在互联网上同样取得了可观的传播效果。

2020 年 4 月 8 号，是武汉正式"解封"的日子。武汉的"解封"，不仅仅是这座城市在地理意义、治理意义上的"解封"，更多的是城市里民众生活意义上、精神意义上的"解封"。② 武汉的"解封"，将这座城市从沉重、压抑的疫情时期带回到平静祥和的日子。因此，《现代快报》抓住了这一重要时间节点，从城市中有所变化的生活细节入手，通过镜头记录武汉城市公共设施和市井生活的逐步复苏，与大家一同倒数计时，迎接即将到来的阳光灿烂的日子，迎接武汉的归来。

在"解封"倒计时的日子里，这座城市在一点一滴地开始重现生机：恢复运营的地铁和重新开放的楚河汉街给这座城市注入了新的活力和市井气息；江滩公园开门迎接着属于武汉的"人间四月天"；长江二桥又见往日熟悉的车水马龙的景象；汉口火车站等待着"迟到"的春运到来；热干面的香气开始在吉庆街弥漫开；江岸 20 多公里灯光巨幕重亮起，黄陂木兰云雾山杜鹃花齐开放，恭候武汉归来。

《现代快报》团队用镜头将这一幕幕充满烟火气的细节记录下来，没有添加过多文字赘述，形成一系列的新闻图片报道，同时选取了最能引发共鸣的复苏景象制作了武汉归来的专属倒计时海报，在互联网端进行传播。这些看似琐碎的日常景象，正是武汉和武汉人民经历苦难后，依然热爱生活的象征，表达了武汉"解封"时刻武汉人、中国人的心声——疫情没有击垮我们，反而我们因为历经磨难，更添面对生活的勇气，更加对明天充满希望。这份积极向上的正能量随着系列报道在互联网的广泛传播，也传递到了每个人心里。

---

① 伍里川. 快快评｜英雄城市武汉，荡气回肠的凡人歌[EB/OL].(2020-02-22)[2021-03-18]. http://app.myzaker.com/news/article.php? pk=5e50f7d31bc8e0e31b000172.

② 伍里川. 快快评｜世间美好，因武汉归来[EB/OL].(2020-04-07)[2021-03-18]. http://www.xdkb.net/p1/73475.html.

二、抗疫报道中的七个关键词

(一)“真”:探寻真相,展现生活

真实性永远是新闻最主要的特性,也是新闻报道的生命。报道要是偏离了事实真相,便不能被称为新闻。在社交网络十分发达的今天,在疫情这种特殊时期,网络上不可避免地会呈现出真假消息泥沙俱下的状况。有的是根本未经核实的道听途说,有的是被刻意放大的片面言论,这些混杂的消息过度扩散只会让受众感到不安,甚至恐慌。这就要求新闻媒体工作者要积极求证信源,确认事实,做到及时准确地探寻和发布真相。除了存真去伪,记者们还需要意识到,受众应该了解到疫情全面、多角度、真实的情况,而不仅仅是一些失望、无助和痛苦的信息。

一线的第一手资料是保持新闻真实性的基础,而主动深入一线,用脚力去探索则是第一手资料的获取途径。因此,孙兰兰记者在初入武汉时,就明确了要亲身探寻事实真相的目标。她和所带领的记者团队活跃在医院、社区等地,奔波在武汉的大街小巷,深入了解各区域的疫情,用自己的眼力发现和关注着这座城市里百姓生活最真实的样貌。为了更加全面地报道疫情之下的武汉,他们的报道对象除了医护人员还包括各类人群,如医院的孕产妇、新生隔离病房的“毛毛”们、滞留在武汉的外地人等。因而,这个团队做出了一系列优秀的报道,例如《武汉·新生》。

在武汉“封城”这个特殊时期,武汉人民都积极响应政府政策,做到足不出户,但有些事情是不能等的,比如生孩子。2020 年 2 月中上旬,在疫情防控形势最严峻的时候,除了各种与新冠肺炎疫情直接相关的采访,孙兰兰及其团队还将目光落到了武汉儿童医院,实地探访那里的工作状况,将镜头对准武汉儿童医院新生儿隔离病房刚刚出生的孩子们,即武汉人口中的“毛毛”们。每一个一出生就不得不与妈妈分离的宝宝,都有让人揪心的故事,但孙兰兰团队通过镜头,也让受众感受到了病痛以外的积极温暖的一面,感受到这些新生命坚强与蓬勃的生机。

(二)“快”:即时制作,以快取胜

随着新兴媒体技术的不断发展,智能手机和移动终端不断普及,这些设备的便携

性能够满足用户们快速、及时获取新闻资讯的需求。因此在这个互联网时代，新闻报道的传播更加追求一个“快”字，即新闻的及时性。虽然这几年，“慢新闻”开始兴起，但对于消息类的新闻报道来说，仍然还是以速度取胜，“快”字当头。新媒体端的新闻报道速度更是快以秒计，各家媒体都在尽全力去争当疫情最新资讯的“最先发布者”。在面对疫情之类突发重大事件时，及时、准确的报道不但能够维护受众的知情权，让疫情相关的最新信息公开化、透明化，安抚受众情绪，而且能及时阻止不实言论的扩散，掌握舆论的主动权，提升媒体自身的传播影响力。因此如何完成一条资讯的快速、准确制作，是一个优秀的新闻团队需要同心协力解决的问题，“快”的背后，往往隐藏的是多个工作小组大量、充足的前期准备工作。

在此次疫情期间，有一件意义重大的事件——武汉首个方舱医院洪山体育馆正式开始投入使用，收治新冠肺炎病人。首个方舱医院启用的时间是 2020 年 2 月 5 日深夜至 2 月 6 日凌晨，而孙兰兰及其记者团队从 2 月 3 日起就在一直在密切地关注方舱的信息，并对重要时间节点进行梳理，紧盯方舱医院的每一步进展。他们在 2 月 4 日上午首家方舱医院正式完工，并完成相关消息报道的同时，也开始研判该方舱医院将何时开始收治病人，尽可能地从各个渠道更多、更全面地掌握方舱医院工作的推进情况。因此在 2 月 6 日零点左右第一批患者入舱时，其团队报道方舱医院收治病人的文字稿其实已完成了大部分内容，进行简单的话语修改和添加后就可以成稿。相应的，配套发布的短视频制作思路也早已清晰，记者在进入现场完成采访和拍摄后，用手机进行简单剪辑，便能立刻配合文稿以最快速度在新媒体端推出新闻成品。

(三)“近”：深入现场，捕捉感动

在一些人看来，如今手机和网络通信如此发达，新闻记者借助于手机等移动终端便能打破空间的界限，获取相关的信息，似乎没有冒着风险深入现场的必要，然而事实并不是这样的。对疫区进行新闻报道时，有时受到防护条件、病房规范等特殊因素限制，电话连线、视频连线等手段在采访过程中是不可或缺的，但记者只有深入现场，才能更加真实地了解疫区情况。正所谓“脚下的泥土有多少，笔下的故事就有多少”，记者没有深入一线获取的大量、充分、真实的一手资料，是很难在报道写作中如实、生动地展现疫区内医生、护士及患者们的工作和生活状态的。

孙兰兰及其报道团队在此次疫情报道中就选择了深入一线的工作方式，而不是通

过电话或视频进行简单的采访,或者让护士带上手机帮忙进病房完成拍摄。他们尽可能地离现场更近一些,多次进入"红区"进行拍摄记录。为了解新冠肺炎的医疗废弃物的处理流程,孙兰兰及其团队多次跟拍探访医疗废弃物从医院病房到垃圾焚烧处置场的全过程,用镜头记录着感染风险并不低于医护人员的清运医疗垃圾的志愿者们的工作。报道《6 小时跟拍,实录武汉重症病房的"我和你"》中,在武汉市江夏区第一人民医院,他们用镜头记录了一名江苏援助武汉的护士对患者婆婆的悉心照护,记录下了护士搀扶着病情初见好转的患者在走廊中散步的画面;记录了一名卧床不能动的重症患者在医生给他进行治疗的时候,仍非常努力地抬起右手想要表示感谢的瞬间。正是因为新闻团队日常深入现场,才能捕捉到"红区"中这些鲜活、感人的细节,让疫情报道所呈现的不仅仅是一些空洞的数字、晦涩的技术,而有更多真实温暖的故事。

(四)"轻":适应网络,短小精悍

在互联网技术和移动终端的双重发展之下,受众接收新闻信息的平台逐渐由传统电视端向网络新媒体端转移,在网络端传播的新闻产品的受众也随之扩容。传统媒体在媒介融合发展的大背景之下,都开启了新媒体端的新闻产品制作。在疫情这个特殊时期,新媒体的及时性、碎片化、交互性使其在新闻传播中更加受到受众欢迎,因此媒体在新媒体端的报道要充分适应网络传播特点,才能实现更好地传播。新媒体端最主要的特点之一就是碎片化传播,适应了快节奏生活的受众更习惯于利用闲暇的时间快速获取新闻,提高时间利用效率。这就要求网络传播的新闻产品做到"轻",即短小精悍,通过对信息的凝练集中,用简短的视频、图片、文字,传达最精准的新闻内容。

短视频这一媒介样式,在运用于新闻领域时,相比单调的文字和静态的图片,能更加直观地呈现更丰富的信息,且受众观看所耗流量和时间少,阅读成本较低,因此更加适合网络传播中"轻"的要求。孙兰兰及其团队在此次疫情报道中也制作了大量的短视频新闻,例如记录凌晨热火朝天繁忙景象的《武汉表情・火车站》等,视频时长大多控制在 3 分钟以内,另外还包括大量 15 秒小视频,在微博、抖音等各大平台都取得了很好的传播效果。这些短小精悍的新闻产品也可以在朋友圈进行直接传播,进一步扩大其影响力。

除了短视频新闻外,在疫情报道中,图片类新闻产品也是不可被忽略的。只要挑选出最适合的新闻图片并进行精心的编排设计,海报和长图类的新闻也能呈现出极强的视觉感染力，变得十分出彩。例如孙兰兰及其团队在对中药抗疫的相关报道中，针对专家们推荐的中医药“三药三方”，制作了“一图读懂”的长图介绍，用简洁的文字配上简约的图画，图文并茂，呈现视觉美感的同时也包含了丰富的信息。民众通过简短的阅读，就能对究竟是哪三药、哪三方，以及其具体功效和应用有清楚认知。

（五）“暖”：温暖笔触，传递大爱

在严峻的疫情形势下，不断激增的确诊数字是沉重和残酷的，但有关疫情的新闻报道不能只呈现出清一色的冰冷、灰色，面对无情的疫情更需要有温度感的新闻报道。因此，“暖”是此次疫情新闻报道不可或缺的一个重要属性，新闻工作者在讲述事实的同时，还需要动真情。有温度感的新闻报道可以使自身的传播效果得到有效的提升，拉近与受众之间的距离，同时可以向受众传递大爱，传递社会正能量，提升全社会共同抗击新冠肺炎疫情的凝聚力。在疫情采访报道过程中，新闻工作者用敏锐、有情怀、有温度的眼光去探寻，会给予报道更加丰富和生动的着力点，让呈现出的新闻更加有血、有肉、有温度，让民众在冰冷的疫情之外还能感受到火热温暖的人心。

2020 年 2 月 16 日，在疫情最吃紧的时候，孙兰兰及其团队以一段仅 39 秒的短视频《风雪中的牵挂》，以及一组风雪中孙春兰副总理和医务工作者在一起谈论工作的照片，感动了千万网友。这篇《风雪中，副总理关心的依然是床位：应收尽收》的新媒体报道，被数百家媒体转载，全网总阅读量超过 2300 万。2020 年 2 月 15 日，冷空气的侵袭给武汉带来了一场大雪，此时中共中央政治局委员、国务院副总理孙春兰正率中央赴湖北指导组在武汉进行抗疫工作指导。孙春兰副总理到医院首先关心的就是病患床位状况，她和院方负责人在寒风中对一个一个病区进行计算，想方设法地“挖掘”出更多的床位资源，她还不停地抱拳，向医护人员表示感谢。孙兰兰及其记者团队在完成采访后，立刻抓住了“风雪中”这个点，以非常简短的文字，加上现场新闻图片及 39 秒短视频，推出了新媒体报道。温暖的笔触配以真实的现场视频，让民众感受到在寒冷的风雪中依旧温暖的关怀。此外，其团队专门制作的电子海报《风雪中的牵挂》，也在朋友圈里刷屏。

这样一篇领导视察医院的报道，能有如此可观的传播效果和深远的影响力，受到民众的广泛关注，其原因就在于有细节、有温度，这就是有温度感的新闻的魅力和分量。这些“暖”通过电视、互联网、新媒体传递给受众，所产生的能量是巨大的、让人意想不到的。

(六)"深":冷静思考,深度报道

面对疫情这样一个庞大的命题和沉重的现实时,在互联网新闻传播中被认为已经逐渐"消解"了的形式——深度报道重新回归大众视野。在当今的社交媒体时代,碎片化的阅读固然使得短视频类的新闻产品更加得到受众的青睐,但不可忽视的是,在快速、简短的信息传播中,仍然需要一些冷静、深入的思考。因此在这场战疫报道中,通过持续采访观察、前期素材积累,完成真实、准确、理性的深度报道,无疑成为传统媒体彰显自身新闻价值的重要工作。新闻媒体和平台在通过大量的现场直击类报道、消息类报道做好信息快速传递的同时,还需要进行冷静思考,发出更加权威和理性的声音,制作出能够推动疫情防控的优质深度报道。

孙兰兰带领其报道团队,在武汉期间多次采访、拍摄了武汉市肺科医院 ICU 的有关新闻,用镜头记录下了 ICU 内的重症患者的救治情况以及 ECMO 运转情况。在对现场进行长期跟进报道的同时,孙兰兰及其团队还对国家卫健委专家组成员、后来被大家称为"重症八仙"之一的郑瑞强进行了深度访谈,并围绕危重症患者的治疗等诸多重要问题进行了对话,例如是否存在特效药、如何开展临床治疗、紧缺资源 ECMO 的使用和实际临床效果等等,推出了深度报道《对话:离死神最近的病房》,逐一解答了当时公众最为关心的问题。

面对不断变化的疫情情势,记者需要保持头脑冷静,在这种重大突发事件中做一名记录者和观察者,通过长时间的跟进和采访,捕捉人所未见的种种细节,进行大量的前期素材积累,不断编织报道网络,才能推出扎实、准确、理性的优秀深度新闻报道。

(七)"准":阶段解析,抓取重点

最后一点是从疫情报道的前期策划阶段角度阐述的。在抗疫工作不断开展的过程中,疫情的整体发展形势存在阶段性差异,因此细致、准确地对每个阶段的特殊形势进行解析,抓取新闻报道的重点和民生关注的焦点是写好报道非常重要的一步。孙兰兰及其团队根据以下几个阶段的现实状况,有针对性地策划了侧重点不同的阶段报道方案。

2020 年 1 月底至 2 月初,是武汉战疫的至暗时刻,是疫情爆发之初的阶段,这时武

汉的病患大多是一床难求，医院无法及时收治病人，且核酸检测能力也不能满足民众的需求。此时孙兰兰及其团队的重点工作是进入社区摸底调查，并时刻关注和跟进报道火神山、雷神山两家医院的建设情况，以及随后方舱医院建设、定点医院扩容的情况。

2月初至2月中下旬，虽然疫情形势仍然十分严峻，但伴随着一系列医疗和救治政策的出台以及全国各地医护力量的支持，疫情形势出现好转的希望。此阶段孙兰兰及其团队将关注的重点转移到了“应收尽收、应治尽治”等一系列政策的出台、实施与效果，以及全国大规模医护人员驰援武汉的情况上，同时也在持续关注方舱医院的运转情况。

2月中下旬至3月10日，整个疫情形势呈现好转趋向，这时针对新冠肺炎患者的救治仍是重点。所以其团队报道侧重点仍围绕着方舱医院，除了医护人员以外，孙兰兰和同事还将报道的目光放到更多抗疫一线的普通工作者身上，更加全面、多角度地呈现这场武汉抗疫“战争”。

3月10日至4月8日，武汉各地的康复者越来越多，痊愈出院的人数在大幅增加，各个方舱也正式休舱，“武汉保卫战”救治工作开始由“应治尽治”逐渐转到重症救治上。因此，此时其团队的报道重点是围绕重症救治、城市解封等方面开展的。其中，在2020年4月4日清明节这一特殊时间节点，团队也提前制订了专门的采访拍摄计划，推出了“国之悼”等一系列新媒体产品。

4月8日至4月25日，伴随着武汉正式“解封”，其团队报道的侧重点则主要包括两个方面：一是“解封”后的城市复苏，包括企业的复工复产、城市市井烟火气的回归；二是“解封”之后是否存在安全隐患，以及对无症状感染者和长效防控机制等问题的关注。

由此可见，根据疫情各阶段的发展变化，明确该时段民众真正关心和想要了解的是什么，有针对性地抓取报道重点，进行采访、拍摄的前期策划，是新闻工作者做出优秀报道的前提。

三、对新闻机构人才培养的启示

在融媒体发展的新形势下，新闻媒体需要什么样的记者人才是我们需要思考的问题。而孙兰兰记者及其报道团队在此次疫情中的表现，正能给我们许多关于在面对突发公共事件时，新闻媒体人才应该拥有什么样的职业素养方面的启示。

(一)无畏的敬业精神，能吃苦甘奉献

在面对突发性的公共卫生事件时，新闻记者的首要任务就是对报道信源的真伪进行求证和判断，并进行信息的准确传达，才能避免不明真相的群众受到流言左右而对事件产生错误的看法或者恐慌的情绪，使舆论向错误的方向发展。减少突发公共卫生事件带来的损失，维护社会的安定和和谐发展是一名记者的职责和担当所在。

因此，一名新闻人才：一方面，一定要及时消除自己的畏惧心理，培养自己不畏艰险的敬业精神。畏惧心理的存在往往会使得记者在面对突发事件时不能冷静、沉着地处理，产生畏缩情绪，失掉立足事件去实地探索和研究的勇气，这会在一定程度上对报道信息的精准性产生负面影响。因此，明确自身的社会责任和担当，勇敢深入前线，探寻事件真相，维护社会公众的信息知情权，是一名优秀记者的必修课。新冠肺炎疫情持续期间，无数新闻记者进入武汉的重症隔离区、核酸检测区等高感染风险区域拍摄、报道，捕捉最真实感人的瞬间。作为事实真相的记录者和传播者，许多优秀的记者在敬业精神的驱使下，甚至顾不上个人的安危，主动深入“红区”，执着地对现场进行追寻，展现了对党和国家、对人民的强烈责任意识，是值得所有新闻从业者学习的。

另一方面，除了有不畏艰险的敬业精神，在进入事件现场之后，记者还需要有能够吃苦、甘于奉献的精神。在新冠肺炎疫情爆发之初，防护服资源其实十分紧缺，记者在进入“红区”之后，扛着沉重的器材，经常一待就是 6 个小时以上，这就要求记者吃苦耐劳，甘于自我奉献。为了向受众呈现更细致、更全面的武汉抗疫图景，记者需要在恶劣的条件下也能坚持完成记录和报道，用大量时间和精力组织丰富的报道资料，让自己报道的新闻更加有力量、有深度、有温度。以孙兰兰及其报道团队在武汉期间的优秀报道作品为例，《对话：离死神最近的病房》是团队在“红区”冒着感染风险长期跟进、探访的成果，《95 后武汉小伙“强哥”：守护白衣天使的夜车》是团队记者连续熬了几个通宵跟随被报道人物记录的成果，这些都是新闻记者下苦功夫才得来的。

（二）出色的个人能力，做全能复合型人才

在互联网技术逐步发展和网络新闻普及的大环境下，纸质媒体在传统分发渠道中的受众在一定程度上受到了影响，有所流失。因此许多传统媒体为了打破生存困局，谋求自身的创新和持续发展，开始依托现有的资源，积极在新媒体平台上推出专属的新闻 APP，建立社交平台上的官方账户，或与其他资讯客户端深度合作，开拓在互联网端的新闻传播渠道。例如《人民日报》的专属客户端 APP、新华社的官方微博和抖音账号、《现代快报》与 ZAKER 南京的深度合作等。

与传统媒体相比，新媒体在新闻传播方面更具有及时性，能够实现新闻信息的快速、准确传播，确保新闻的时效性，同时在新闻呈现方式和传播内容方面可实现更多的优化和设计，提高新闻的可读性和趣味性，提升新闻的传播力。这样的变化，则对新闻从业人员的个人能力有了进一步的要求。媒体人员在提升自身新闻传播素养的同时，还需要熟练掌握各方面的专业技能，例如摄影技能、剪辑技能，甚至开车这种生活技能等，做到“全能”，成为一名出色的复合型新闻传播人才。

在此次疫情报道期间，孙兰兰所在的武汉战疫小分队一共只有 10 人，受到团队人数的限制，会经常需要团队中的每名记者“单打独斗”，这时复合型人才的重要性则被更明显地体现出来。例如 2020 年 4 月 8 日，武汉“解封”当日，需要关注报道的点繁多，公路各大卡口、火车站、机场、接驳的公交车、地铁等方方面面都需要记者去现场采访和观察。因此从当日零点开始，《现代快报》战疫小分队的记者就被分散到了武汉各处，有的是两三人成小组，有的只能一个人去完成新闻任务。团队中的“90 后”女记者侯天卉，凌晨四点独自开着车赶去武汉天河国际机场，拍摄“解封”后首个航班。整个过程都由侯天卉自己完成，采、拍、剪一气呵成，航班 6 点多起飞，7 点不到，文字稿、视频、图片就统统完成。

在各大媒体都进行媒体融合转型的背景之下，所有记者都是融媒体记者，虽然有专业的摄影、摄像记者，但文字记者也必须掌握各种技能。尤其是在面对像疫情这样的突发公共事件时，出色而全面的个人技能可以让新闻人员在报道中更加游刃有余。因此新闻人才培养必须由过去单纯的写作和技能培养转变为全面的综合素质培养，进一步培养出更多全能复合型的新闻传播人才。

（三）优秀的团队意识，高效率配合完成任务

正如上文所说，各家媒体为适应新媒体融合的快速发展，都走上了融媒体的转型之路。各种融媒体技术的飞速进步，推动着传媒设备不断更新换代，因此需要各媒体端的新闻从业人员不断适应和掌握更多融媒体技能，才能更加高效率地完成采、编、播等一系列新闻业务。同时，融媒体发展所带来的新闻报道形式多样化、丰富化，也需要新闻从业者更加善于协调、交流以及团队合作，即拥有良好的团队意识，在新闻生产中各尽其才、密切配合，才能在面对重大公共事件或突发新闻状况时，顾及传统媒体端和新媒体端的所有受众，确保达到最优的传播效果。因此强化团队合作意识，合理分工安排，使个人能力最大化地发挥，提高团队集体的工作效率和质量，对融媒体时代打造优秀的新闻作品十分重要。

在这次疫情报道中，《现代快报》的很多新媒体产品都是靠紧密的团队合作完成的，并非只依靠某一个写作能力出色或拍摄能力拔尖的人，而是文字与摄像之间沟通协调，前方与后方密切配合的成果。例如，关于疫情中的发布会新闻，各家媒体在报道这种消息类的新闻时，抢的就是一个“快”字。因此在工作分配时，《现代快报》团队所安排参加现场发布会的记者，并非一定要独自完成所有稿件的写作，或者说只需要完成小部分的稿件，更多的工作由后方配合完成。疫情期间，所有重大的发布会都进行了现场直播，孙兰兰及其报道团队会提前安排多个小组进行分工合作，每个小组都有文字记者、录屏人员、剪辑人员等工种，他们听到有价值的新闻点则会立即展开行动，各司其职完成新闻的制作。一场精彩的发布会，会即时滚动稿件10余篇，推出10多个短视频产品，如此大的新闻产出量在发布会结束一二十分钟内，就能基本制作发出，这就是团队合作合理分工安排使能力最大化发挥的结果。

（四）深切的人文关怀，以人为本筑初心

在此次疫情事件过程中，在各大媒体争相对疫情资讯进行报道的时候，许多省市、地区出现了一种“你追我赶”的现象，让疫情报道成了一种攀比，使其失去了本应发挥的对公众发布准确消息、传播正能量的职能，甚至出现了报道重心偏移、人文关怀丧失的失格报道。一些媒体为了博取关注，开始大肆地展开道德绑架，在报道中将某个事件强行附加上一定的深刻意义，人为地拔高价值，抽离了被报道人物本身真实的自我

情感，进行纯粹的高尚化，就为了塑造出所谓的甘于自我牺牲的英雄形象，实则严重背离了人文关怀的基本要求。例如，2020 年 2 月 15 日，某媒体报道 15 名女护士在出征仪式上被集体剃去长发，报道中的女孩们都是眼噙泪水。人们从新闻图片上能明显感受到每个女孩的难过，而媒体却完全忽略了报道对象的感受，反而以此为噱头想赢得更多的关注，这显然是对女性的一种不尊重，是人文关怀的缺失，那这篇报道无疑只能受到广大受众的指责。

因此在疫情报道中，新闻从业者一定要坚持以人为本的初心，彰显真正的人文关怀，用真诚的心去客观公正地进行报道，关注身处疫情之中的亿万普通百姓，关注发生在他们身边的普通事，搜索疫情中公众最关注的问题并进行公开解答。唯有将目光聚集在每一个普通人身上，以人为本筑起报道初心，发挥新闻记者的社会责任，才能真正创作出富有人情味的感人报道。例如，《现代快报》的系列报道《76 天！10 个武汉人的封城记》就是将镜头对准这场疫情中的 10 位普通的武汉人，如生了二宝的妈妈，用画笔记录可爱医护人员的插画师，顶住压力坚持工作的社区干部，还有宅在家中但仍在积极生活的市民。报道用日记的形式，讲述着 76 天的“封城”生活，没有过多华丽煽情的辞藻，却映射出千万武汉人在疫情中的等待和坚守，让每一个故事都令人感慨万千。

其实许多新闻故事的主角都是一些平凡的人，而正是这些人的每一件平凡的事，组成了一幅幅厚重且真实动人的图景。因此，记者在进行报道时并不需要刻意地塑造伟大的英雄标签，而是要贴近普通人的生活，还原生活最本真的样貌，坚持深切的人文关怀，将以人为本作为报道初心和出发点。只有善于倾听普通人的心声，在平凡人物身上寻找不平凡的感动，展现其身上的优秀品质和时代精神，新闻报道才能讲述有血有肉、丰满感人的故事。

四、结语

如今，虽然各地疫情防控的工作仍未松懈，但人们的生活大多已归于平常。而在武汉报道疫情这段经历，无疑会成为每一位当时参与报道的记者职业生涯中浓墨重彩的一笔。孙兰兰记者回忆起这段短暂又漫长的时光时，眼前浮现的不仅是流着泪采访、记录的努力工作的场景，更多的还有每一位令人感动不已的采访对象，以及通过自己团队报道所传递出去的每一份信心和力量。她在参加全国抗击新冠肺炎疫情表彰大会后的手记《沉甸甸的责任与使命》中写道:“从事新闻工作20年,写过无数报道,但这88天短暂而漫长的特殊经历,让我更加清晰地意识到,自己手中这支笔,分量有多重。”88天的坚守,她和团队都是武汉抗疫这座不朽丰碑的镌刻者,记录下了2020年武汉那个特殊的春天,见证了中国人民的抗疫精神,传递着伟大的中国力量。

在事件一线记录历史，用影像凝聚精神力量

◇ 叶家瑞

摘要：2020 年年初，新型冠状病毒肺炎疫情爆发，全国多地启动一级应急响应。在中央赴湖北宣传组的具体指导下，中国摄影家协会快速筹建“抗疫摄影队”，第一时间奔赴疫情一线武汉开展摄影任务，用镜头记录下中国抗疫前线的历史性时刻。在中国摄影家协会主席李舸的协调和领导下，“为天使造像”抗疫摄影项目顺利完成。面对客观困难的阻碍，李舸带领队员们完成了疫情拍摄任务，同时也为所有媒体人展现出一个永远冲在事件一线的记者、摄影者形象。李舸在记录医护人员英雄形象的过程中总结出了具有指导意义的行业标准和管理办法，展现了影像凝聚而成的强大精神力量，有效利用媒介融合实现最佳传播效果，为中国战疫这一历史事件留下了宝贵的历史资料和历史经验。

记者简介：李舸，中国文联全委，中国摄影家协会主席，人民日报社总编室部务委员、高级记者。李舸连续 28 年参与中国共产党全国代表大会和“两会”报道，承担了百余位国外元首、政要访华的摄影工作。他曾深入北京“非典”重症病房，地震、洪水、泥石流等重灾区进行现场报道；还曾数十次登上天安门城楼、进入人民大会堂见证共和国的辉煌时刻。

新冠病毒肆虐期间，李舸带领中国摄影家协会小分队前往武汉，历时 66 天，为全国各地支援湖北的 346 支医疗队、4.2 万余名医疗队员拍摄现场肖像。

一、主动请缨，奔赴疫情一线“为天使造像”

在新冠肺炎疫情爆发后，全国各地医务工作者白衣为甲、逆行出征，牺牲春节休假，不顾个人安危，毅然决然地加入众志成城抗击疫情的时代洪流，涌现了许多可歌可泣的感人事迹，体现着救死扶伤的医者仁心。他们是最美的天使，是真正的英雄。

2020 年 2 月 20 日，在中央赴湖北指导组宣传组的创意策划和具体指导下，在中国文联、人民日报社等的大力支持下，中国摄影家协会迅速成立赴湖北抗击疫情摄影小分队，由主席李舸率领队员们前往武汉，并协调动员各方力量组成“中国摄协抗击疫情摄影队”。

“中国摄协抗击疫情摄影队”是由中国摄协摄影小分队、人民画报社摄影记者团队、湖北省和河南省摄影志愿者小分队，以及《人民日报》、新华社、《光明日报》、《经济日报》、《中国日报》、中国新闻社、湖北广播电视台等中央和地方新闻单位赴武汉采访的摄影记者，还有部分来自医疗队的医护工作者共同组成的摄影队伍。在国家卫健委宣传司、湖北省委宣传部、湖北省文联等单位的协助下，这支摄影队通过主题为“为天使造像”的肖像摄影项目，将战疫医务工作者的英雄形象记录下来，将“新时代最可爱的人”定格成永恒的记忆，将战疫的英雄事迹、无疆大爱在国内外弘扬传播。

(一)抗疫摄影队组建意义

抗击疫情一线是没有硝烟的战场，在武汉这座与中国革命和建设、与中国摄影事业发展紧密相关的英雄城市，为一线医务工作者留下战疫身影，凝结逆行形象，不仅是对世界抗击疫情士气的极大鼓舞，还能通过无国界的影像语言讴歌人类共通的情感，更能为大国战疫历史留下宝贵的视觉记忆。

在这样的生死战场上，面对这群鲜活的战疫英雄，中国摄影家协会赴湖北抗击疫情摄影小分队坚持以相机为媒介，与医疗队员交心，凸显逆行精神，刻画气质风貌，抒写质朴情感，记录伟大壮举，让瞬间的定格释放感人至深的精神力量。

可以说，这是一项国家摄影工程，是一次图像证史的行动，是中国摄影史上乃至世界摄影史上史无前例的创举，具有划时代的深远意义。无论是向国内外传播中国战疫的历程，还是总结中国战疫的经验，这一工程都有着以小见大的实证意义。4.2 万余名援鄂医疗队员的光辉形象，正能量充沛，主旋律高昂，是摄影工作者在抗击新冠疫情一线向党和国家、向疫情防控工作呈上的影像答卷。这项工程用有名有姓、有血有肉的医务工作者肖像照片以及照片背后的动人故事，折射伟大的中国战疫壮举，展现新时代的英雄形象。在国家层面组织开展此次主题摄影记录活动，既为疫情防控营造了强信心、暖人心、聚民心的舆论氛围，又是一次饱含人间真情的视觉书写和充满人性光辉的艺术创作。

（二）主动请战，展现媒体人职业担当

自从新冠疫情爆发以来，每一位毅然前往疫情一线支援的英雄将面对的工作的困难程度都不言而喻。而在疫情爆发初期，全国都面临着防疫物资不充足的情况，位于风暴中心的武汉，其危险程度更是可想而知。在这样艰难的情况下，李舸在 2020 年 1 月底就向社领导请战，准备好随时出发，赶往疫情一线战场。

回忆起初到武汉时的情景，李舸用“非常危险、非常艰苦”八个字来形容。[①] 自疫情爆发，《人民日报》在武汉就设有前方报道组，春节期间只派遣了一位年轻记者在抗疫一线孤军奋战了近一个月。李舸作为在《人民日报》工作的资深记者，认为无论是从报社的整体部署，还是出于个人的职业担当，他都必须在第一时间前往武汉。“无论从哪个角度说，我们必须冲”[②]，李舸用这样简单却又坚定的话语有力地表达出媒体人的责任担当。

李舸率领的赴湖北抗击疫情摄影小分队在到达武汉的当夜，就参加了中央赴湖北指导组宣传组召开的工作会议，明确了拍摄任务和拍摄要求，随即马不停蹄地投入到了紧张的拍摄任务当中。在全国支援武汉的各行业人员中，摄影师是除医护人员之外，接触病毒距离最近、进入病房时间最长、去过污染环境种类最多的人。摄影师们进过 ICU、进过普通病房、进过方舱医院、进过康复中心、进过隔离社区有发热病人的门栋，甚至连检测核酸的火眼实验室，队员们都进到了最危险的病毒采样车间里。可以说，武汉凡是可能有病毒的地方，摄协分队都不止一次地进入。不惧危险，深入一线，李舸带领摄协队员记录了在抗疫战场上做出极大牺牲的医务工作者口罩下的真实面

---

① 燕帅，赵光霞，宋心蕊.人民日报李舸：逆行武汉为“天使”造像 影像背后是精神是信仰[EB/OL].(2020-04-02)[2021-03-18].http://media.people.com.cn/n1/2020/0402/c14677-31659290.html.

② 刘宇. 李舸：用镜头和白衣战士交心[N]. 文艺报，2020-03-27(4).

庞与感人事迹。

（三）众志成城，身为“敢死队”挺进“红区”

中国摄协赴武汉小分队抵达武汉后，全国各地援鄂医务人员已增加至4万余人。4万多名医护人员遍布于包括武汉在内的湖北各地市州定点医院，即便在同一所医院，各个医疗队也分布于医院中的不同楼栋和病区，各个区域之间都独立封闭，数量庞大的医护人员相对分散分布使得最初只有四五位成员的摄协小分队面临着巨大的挑战。在各方群策群力、密切配合下，最后由120余位摄影师义务参与拍摄，保障了这个庞大的项目得以顺利完成。

相比于驰援武汉的医护人员，摄影师们没有受过医疗卫生方面的专业培训，在后备物资不足、仅有一两套换洗衣服的情况下，每个人心中都是恐惧的。“在记录历史的过程中总有人要付出甚至牺牲，遇到灾难疫情，完全不恐惧，那不可能。但面临突发事件、重大灾难，让我选择，去一线记录历史，还是待在家里保护自己，我会选择去一线，如果没有去的话，我觉得就是失职，后半生都会有愧疚。因为，我是摄影记者。”①在中华大地上践行“四力”的英雄们并未因恐惧而退缩，甚至不去思考是否能活着离开武汉，只是一次次挺进“红区”，履行记录历史的责任。本次“为天使造像”项目的拍摄过程也彰显了中国的制度优势，显示了集中力量办大事的体制优势。② 拍摄队伍集中了来武汉支援及湖北当地的所有摄影力量，来自各地的摄影师都无偿地投入此次拍摄，团结一心、众志成城，展现中国抗击疫情的能力和决心。

（四）双重角色，肩负“记录者”历史责任

作为《人民日报》的资深摄影记者，李舸面对严峻的疫情毫不犹豫，在第一时间请战前往一线，承担起记者记录重大事件的责任，同时还受领了一项“不可能完成的任务”，即贯彻落实中央领导对一线医务工作人员的指示精神，为支援湖北医疗队的4.2万余名医务人员拍摄肖像。于是李舸将媒体人与艺术创作者这两个角色的任务合并，记录武汉医务人员战疫过程中最真实的画面，向国内外展现医务工作者白衣为甲、逆行出征，不顾个人安危，毅然决然地加入抗疫战斗的感人事迹，留存白衣英雄救死扶伤

---

① 徐南.用生命体验记录历史：中国摄影家协会主席李舸访谈录[J].新闻战线，2020(13)：53.

② 本刊记者.摄影让我们在场　李舸谈“为天使造像”[J].中国摄影，2020(11)：122-125.

的医者仁心。

初到武汉的十几天，李舸每天都在焦虑，担心在强度高、距离病患近的工作条件下，自己和队友们会被病毒感染，更担心摄影队员一旦感染，会牵连所有被拍摄过的医疗队员。李舸不但要负责采访拍摄，还要做组织、管理、协调、传播工作，更要保证大家的生活和健康，内心承受了巨大的压力。在高强度的摄影工作压力和疫情当前的心理压力下，李舸和他的队员们深知身为摄影师、媒体人和文艺工作者所要承担的历史责任，他们需要用镜头去记录眼前的事件，用相机在历史长河中留下痕迹，用热爱去歌颂崇高的人民，克服一切困难，践行他们的历史责任与职业担当。

（五）遵守底线，体现摄影者职业操守

“为天使造像”肖像摄影工程是借援鄂医疗队在抗击疫情一线奋战期间的宝贵时机集中完成的，中国摄协小分队负责协调指挥、整合资源、拍摄样本、整理资料，各路摄影队员分兵出击，各司其职，通过定点医院和援鄂医疗队两条线纵横结合，前后用一个多月时间，在医疗队胜利凯旋前完成整体拍摄，并及时为医疗队提供了影像资料。为了能够更加真实直观地展现医护人员白衣为甲的逆行形象，不少摄影队员坚守定点医院隔离病房外的清洁区，利用医务工作者交接班、就餐或淋浴前的宝贵时机进行拍摄，突出现场感。

记录医护人员真实工作状态固然重要，但不增加医护人员感染的风险是拍摄过程中要时刻谨记的第一要义。为此，李舸与摄协小分队在现场无论是做新闻采访，还是近距离拍摄，都全程严格遵守两条基本底线，一是绝不能影响正常的救治和诊疗，二是绝不能影响医务人员的安全和休息。在医院拍摄时，李舸选择医护人员交接班后进入休息空间的空当，或是抓住他们吃饭时和淋浴前的短暂瞬间。经过计算，每位医护人员的拍摄时间只有一分钟左右，而真正摘下口罩的时间可能只有几秒钟。

为了不给医护人员增加任何负担，有的放矢地快速高效拍出最佳效果，摄协小分队的队员事先会做大量的案头工作，了解医疗队的新闻线索和先进个人，保证在短短几秒钟的摘口罩时间中拍出最优秀的作品。然而尽管拍摄的客观条件如此严苛，李舸和队员们还是顺利完成了拍摄任务，体现出高超摄影技术的同时也展现了摄影师的职业操守对于拍摄工作的指导意义。

(六)以心换心,获得医护人员认可

在拍摄期间,摄影队员全天候在岗,即时性服务,根据医疗队员工作节奏安排拍摄,并随时整理资料、尽快完成基础修图,每天工作时间大多超过12小时。大量的拍摄在援鄂医疗队驻地完成,摄影队员购置影室灯、背景布等搭建简易影棚,用专业追求和周到服务让医疗队员展现"最可爱"的形象,许多职业摄影记者都被医疗队员亲切地称为"师傅"。

持续高强度、高压力地工作使得许多一线的医护人员都处于高度疲惫与精神紧张的状态下,而影像拍摄这种形式为封闭生活和紧张工作的医护人员提供了一个释放内心情绪和压力的渠道。在拍摄过程中,摄影队员与医疗队员贴心交流,尽可能营造相对轻松的氛围,希望医护人员在救治患者之余能够稍微纾解紧张的情绪,让肖像拍摄成为一种释放和减压方式。摄协小分队凭借着高度的专业品质和职业素质,得到了医护人员的欢迎与赞誉。许多医疗队员说,来武汉一个多月,这种交流和释放是从没遇到的,也是最需要的。拍摄的肖像不仅会作为资料交给国家有关机构和各个省份的医疗队,也会在精心编辑后送到每一位医护人员的手中,成为这段难忘回忆的珍贵记录。在李舸看来,这次拍摄时心贴心的交流,摄影队员真正把医护人员作为有血有肉、活生生的抗疫前线战士,去进行对话和记录,就是想让一线医务人员的心理更加健康、更加积极、更加阳光。①

在拍摄过程中,摄协小分队设置了一个特殊的环节,就是为医护人员录制一段小视频,视频中只有一个问题:疫情结束之后,你最想做的事是什么,或是你最牵挂的人是谁?就是这样一个朴素的问题,却让许多面对疫情无坚不摧的医护人员潸然泪下,在录制视频短短的一分钟时间内,医护人员充分地释放个人情感,面对一个小小的手机真诚地说出发自肺腑的真心话。在录制的过程中,手机不是一个冷冰冰的机器,拍摄者也不是旁观者,摄影队员就是当下医护人员最值得信赖的、最能够抒发情感的对象②,医护人员充分信任、认可摄协小分队,在镜头前坦诚地分享着一些可能在家人面前都无法倾诉的感人故事与温情心愿。可以说,中国摄协抗击疫情摄影队在拍摄4.2

---

① 燕帅,赵光霞,宋心蕊.人民日报李舸:逆行武汉为"天使"造像 影像背后是精神是信仰[EB/OL].(2020-04-02)[2021-03-18].http://media.people.com.cn/n1/2020/0402/c14677-31659290.html.

② 刘宇.李舸:用镜头和白衣战士交心[N].文艺报,2020-03-27(4).

万余名医务工作者时，听到了 4.2 万余个动人的故事，收获了 4.2 万余次真诚的感动。正是与医护人员心贴心地真诚相待，使得更多感人的故事能够被记录下来，成为全体国人的共同回忆。

(七)不为功利，做到“见证者”问心无愧

做记者以来，李舸见证过中国诸多大事件，但他认为这一次疫情拍摄与以往任何的采访或者摄影拍摄都不一样，“这不是一场新闻采访，也不是一次艺术创作，而是一段刻骨铭心的生命体验，是一种直指心灵的精神洗礼”①。

在这场战“疫”之中，摄影凭借其独特的现实记录力量参与其中，成为珍贵历史资料的重要来源；而在此次抗击疫情拍摄过程中，李舸也开始重新审视起摄影，思考究竟要如何理解摄影，如何理解摄影人。对于李舸来说，相机、手机，或者所谓的摄影技术技巧、方式方法，都只是手段。摄影人的目的绝不是为了拍摄而拍摄，更不能为了出所谓的作品而功利地拍摄。一名记者，一个摄影人，要谦和、平静，完全以一种亲人般的视角跟人家交流。这不仅仅是此次抗击疫情的事情，在今后的任何场合，记者都应该知道自己的位置到底在哪儿。②

面对如此重大的事件，许多民众和摄影圈的同行都希望摄协队员能够拍出震撼人心的经典照片，拍出能够获奖的好照片，可又该如何定义“好照片”呢？于李舸而言，拍出的照片能不能获奖，能不能成为经典照片，都是后人的评价。在武汉，李舸带领摄协队员每天在医院中长时间工作，在为医护人员拍摄肖像之外，李舸还承担着《人民日报》的报道任务，将每天的所见所闻转化为新闻，制作成专题。相比于参赛、获奖，李舸更想通过一张张肖像、一段段视频将自己用双眼看到的、用心感受到的真实武汉一线情况传递给每一个人，让人们看到在这个特殊的历史时期，武汉这座伟大的城市与伟大的人民一道经历了怎样的艰苦时刻，又有哪些抗疫英雄在这艰难困苦中挺身而出。

谈及摄协团队在抗疫期间的拍摄情况，李舸用“问心无愧”四个字来形容。摄协团队每次深入污染区的采访拍摄都是非常危险的，没有经过任何防护培训、没有消毒液，甚至没有换洗的外衣，但每当遇到新闻线索，大家还是会毫不犹豫地进去。在“为天使

---

① 李舸. 中国战疫，文艺工作者在现场[EB/OL].(2020-09-14)[2021-03-18]. http://www.cflac.org.cn/xw/bwyc/202009/t20200914_504506.html.

② 刘宇. 李舸：用镜头和白衣战士交心[N]. 文艺报，2020-03-27(4).

造像”摄影工程之中，照片的意义不仅仅局限于光影、色彩、构图这些表层问题上，文化艺术作品的意义也并不是表面上的好看，而是它能否凝聚出一份精神力量。① 作为代表中国文联的唯一一批深入武汉、挺进“红区”的文艺工作者，李舸带领摄协团队不辱使命，敢于牺牲，摒弃功利色彩，重新审视摄影的真正内涵和力量，让医护人员的肖像照熠熠生辉。

二、记录历史，举起相机就要“为时代存照”

（一）第一时间，记者二十几年始终坚守

“当一件关乎民族和人民命运的重大事件发生时，记者要冲在一线如实记录和报道事件，哪怕冒着生命危险，这是记者的天职。”李舸这样评价记者的职责，也在其近三十年的从业经历之中不断地用实际行动来践行这一职责。

1998 年大洪水期间，作为记者，李舸逆向而行，采访拍摄了四十余天，在长江第六次洪峰猛袭的危急关头，连夜穿越即将泄洪的荆江分洪区，带着相机赶到大堤上，捕捉抗洪抢险最真实的一幕；2003 年，李舸主动申请进入“非典”重症病房，进驻危险一线，在二十余天内近距离见证医务工作者的辛勤付出；2008 年汶川地震时，李舸在地震发生后的第一时间跟随部队进入灾区，力求以最快速度抵达现场，报道汶川地区抗震救灾的真实情况。

李舸经历了中国近二十年发生的诸多大喜、大悲、大事件，在每一个特殊的历史时刻，用体验式的采访，告诉老百姓真实的情况到底是什么。这是记者的职责所在，也是使命使然。洪灾、地震、“非典”重症病房……李舸用镜头记录下了一幕幕令国人难以忘记的时刻。“我想我有资格去谈生死，是因为我确实经历过很多生死”，身为军人子弟、接受军校教育的李舸在上学时曾想成为一名战地记者。在和平年代，不顾个人安危，冒着生命危险第一时间赶赴重大事件前线成为李舸实现自己新闻追求的理想道路。穿越空无一人的分洪区，抵达经受余震的灾区，进驻“非典”重症病房，第一时间挺进新冠疫情“红区”……李舸目睹过很多灾难、变故甚至死亡，也经历过多次生死的考

---

① 本刊记者.摄影让我们在场 李舸谈“为天使造像”[J].中国摄影，2020(11)：122-125.

验,职业历程的每一次历练,都是对人生宽度和深度的拓展。① 李舸将新闻事业作为自己的毕生追求,用强烈的社会责任感履行记者的职责,完成记者的使命。

(二)见证辉煌,为人民画像绝非空谈

入职人民日报社以来,李舸曾数十次登上天安门城楼、进入人民大会堂见证共和国的辉煌。李舸用他的镜头记录着改革开放以来中国庄严重大的时刻,也记录着广袤中华大地上淳朴动人的风土人情。

“为时代存照,为人民画像”,这是李舸对自己的评价。李舸认为,作为一名记者、一名艺术工作者,首先要有一种朴素的情感——以平等的、真切的情感对待采访对象,用一种大爱的、温暖的精神记录社会发展。② 深入生活、扎根人民,对于李舸而言绝不是一句空话。在几十年的采访经历中,李舸最深切的感受就是记者要热爱我们这片土地,热爱我们的人民,传递人民所要传递的声音,才能做出真正沾泥土、带露珠、有温度、接地气、讲深度的采访。

李舸曾获得中国摄影金像奖、中国新闻奖、中国新闻摄影记者金眼奖、中国新闻摄影金镜头奖、全国抗击非典优秀新闻作品奖、共和国50年新闻摄影奖等奖项,并被授予“全国抗击非典优秀新闻工作者”、“中央直属机关抗击非典优秀共产党员”、“全国抗洪先进个人”、“中央国家机关优秀青年专业技术能手”和《人民日报》首届“青年岗位能手”第一名、首届“十大杰出青年”第一名、“十佳优秀记者”等称号。在这些荣誉背后,李舸认为记者与记者所记录的人民始终是心贴心的,正是因为深深地植根于这片文化土壤,植根于有情怀的人民,心贴心地去体察人民的情感与需求,记者才能拍摄出有温度的作品,记录下有真情的故事。

(三)以“衔”为镜,把建设行业作为己任

2017年9月2日上午,中国摄影家协会第九次全国代表大会选举产生由147人组成的中国摄协第九届理事会。当天下午举行的中国摄协第九届理事会第一次会议选举产生了中国摄协第九届主席团,李舸当选中国摄协第九届主席。至此,除记者外,

---

① 徐南.用生命体验记录历史:中国摄影家协会主席李舸访谈录[J].新闻战线,2020(13):49-53.

② 黄维,宋子节.致敬改革开放四十年,文化大家讲述亲历——见证人·第十三期|李舸:记录时代前进的光影[EB/OL].(2018-11-02)[2021-03-18].http://culture.people.com.cn/n1/2018/1102/c1013-30377561.html.

李舸开始扮演一个全新的角色。

当选为中国摄影家协会主席赋予了李舸更崇高的使命和责任。李舸在行业内着力为摄影爱好者提供发展和提高的空间，引导行业创作水平提升；在行业外联系广大群众，丰富人们的文化生活，提高大众的文化修养，培养大众将摄影作为文化表达形式的习惯，促使有情怀、有追求、有思想的人逐渐脱颖而出，成为艺术家。李舸不断地通过体验、创新、试错，对摄影行业的发展方向进行探讨和思考，通过修正与探索，寻找更新、更多的可能。

面对摄协主席这一全新的位置，李舸选择了以“头衔”为镜，以正“衣冠”。“中国摄影家协会主席”这样一个名衔在李舸的概念里并不是身份地位的象征，而是意味着责任和使命，在这个位置就要起到表率作用。对于李舸而言，党和国家授予的头衔，并不是自己用来高高在上的资本，他仍然会在重大事件的一线奔波，用镜头记录每一个重要的时刻。“摄影师的安身立命之本是艺术作品，我这辈子还是要靠影像说话，身份和头衔绝不是出好作品的先决条件。”回首过往，为人们铭记的是艺术家的经典作品，而不是他们的身份与官衔。作为摄协主席，李舸既要引领行业，又要约束自己，让自己踏踏实实坐下来，将更多的精力投入到行业建设与艺术创作之中。

在中国摄影家协会工作，李舸愈发意识到民间的瑰宝取之不尽，正是这片深厚的土地滋养出无穷的艺术灵感，推动着国家和民族不断前行和发展。[①] 李舸带领中国摄协在中国农村开展了许多文化惠民活动，常年深入乡村进行新闻采访和艺术创作，把中国乡村的发展变化和传统文化的继承与弘扬作为其一生的采访创作主题。李舸拍摄了很多传承了上千年的古代戏剧、古法工艺等非遗项目，尝试用不同的方式来表达，以严肃的艺术态度和严谨的艺术理念，从严规范艺术创作行为，保证作品的每一个环节都要有明确的文化属性。经过多年的探索，李舸首创将摄影、绘画、书法、篆刻等多种艺术形式巧妙融合，创作出了视角独家、创作独特、材质独创、数量独幅的新型跨界艺术作品。作品采用李舸独家研发的手工定制宣纸为材质，通过手工着色和特殊工艺打印，再配上左手书法和幽默风趣的打油诗，最后以具有很高收藏价值的独幅原作的形式呈现，实现对摄影进行外延拓展的同时，助力传统文化的保护与传承。[②]

---

① 黄维.记者手记|李舸：影像随心 从党报记者到摄协主席[EB/OL].(2018-11-02)[2021-03-18].http://culture.people.com.cn/n1/2018/1102/c1013-30377602.html.

② 大理国际影会.李舸，做历史与传统文化的记录者[EB/OL].(2017-08-17)[2021-03-18].https://www.sohu.com/a/165403467_133082.

李舸对待摄协的工作也始终坚持扎根人民，植根一线。他主持为期3年的“影像见证新时代，聚焦扶贫决胜期”驻村调研创作项目，带领摄影家奔赴祖国东西南北15个国家级深度贫困乡村进行调研创作，努力拿出一套真正具有文献价值的影像资料，让更多人关注中国精准扶贫的成绩。李舸说，摄影人始终关注基层，用镜头记录社会的发展变迁。“为什么我的裤脚和鞋上时常糊着泥巴和草根，是因为我很享受在田间村头、大山深处那股踏实的地气儿。”正是这种扎根一线、想人民所想的精神，让李舸与拍摄对象在情感上产生共鸣，作品才能在情感上打动观者。

三、大国战疫，重新审视得以“为行业立规”

（一）肖像摄影，仪式感下的强大精神力量

肖像摄影不仅具备影像特性，同时还包含了非常丰富的社会意义和历史价值，更富有深刻的精神力量和信仰内涵，让看似简单平常的形式负载多重信息，让观者与被摄者的对视承载多维情感。革命战争年代，我党的战地摄影师就曾为敢死队员拍摄肖像，即使战士们知道由于物资匮乏，相机里可能没有胶卷，也要郑重地让摄影师按下快门；抗美援朝期间，我志愿军某军曾为上万名指战员拍摄肖像，寄给他们国内的亲人。这充分说明，肖像摄影具有强大的仪式感与信仰力量。弘扬“照相作为一种有效的思想政治工作方法”的优良传统，让为每位医疗队员拍照成为一个庄重严肃的仪式，是摄影界和文艺界与时代同步伐，以人民为中心，深入抗击疫情一线，向逆行英雄致敬的实际行动。

肖像摄影在具有丰富的社会意义和历史价值之外，其背后也蕴藏着深刻的精神力量与情感价值。通过记录一线医护人员的面容，记录疫情下武汉人民的真实生活状态，摄影师们用肖像作品赞誉平凡生活中的伟大英雄，抒发抗疫时期艰难困苦中的无疆大爱，继承发扬革命战争年代的优良传统，力争以文艺培根铸魂，用精品讴歌党、讴歌祖国、讴歌人民、讴歌英雄、讴歌伟大抗疫精神。

以“你是我最牵挂的人”为题为医护人员拍摄的特别肖像，通过拍摄每位医护人员和他们手机中珍藏的为患者诊治、送患者出院或者伏案工作时的照片的合照，传递照片背后蕴藏的每一位一线医护人员与患者共同为生命奋战的感人故事。李舸认为，摄

影最高的境界是表达思想，表达观点，表达立场和态度。这些照片看似简单，但每一位援鄂医护人员生命中的这一瞬间都定格在了他们的肖像照中，照片承载着令全国人民难以忘怀的历史，是抗击疫情特殊历史时期的国家影像，也是特殊时期的民族精神与中国力量。

（二）以图证史，为摄影行业提供标准

本次李舸带队赴武汉拍摄的4.2万余名援鄂医护人员的肖像，已经成为国家重要的历史影像文献档案。一线医护人员用生命保障全国人民的健康与安全，他们的面庞却被遮盖在口罩与防护服下，“为天使造像”肖像摄影项目让战疫医务工作者的形象得以彰显，让他们脸上的口罩压痕和防护胶条等成为特别的视觉记忆。若干年后，人们依然可以通过这生动的肖像照回忆起抗击新冠肺炎疫情期间医务人员高尚无私的精神品格和抗疫过程中和谐的医患关系。

“为天使造像”是在大国战疫中，用真实形象的影像语言为共和国历史留存可视化文献的大型工程，它将新时代的英雄形象永远定格在史册上，烙印在人们心中，通过深情凝视来传递民族精神，彰显国家力量，也为我国今后重要事件的大规模史料的拍摄、整理、存档、传播工作积累了成功经验。

在这个过程中，李舸和同事们探索性地制定了一整套行业标准和管理办法，以“两条基本底线”为原则，摄影师在拍摄每一位医护人员前都会让医护人员在拍摄者提供的纸张上记录自己的姓名、单位、拍摄时间等信息，进而既保证信息收集科学准确、拍摄进程迅速高效，使肖像照尽快得到传播，又收集到了一线医务工作者亲手写下的笔迹信息，构成历史资料的重要组成部分。这一套标准化的实施流程对于我国今后的大型赛事、会议及其他社会事件的拍摄组织工作有很强的借鉴功能，具有时代意义。

（三）丰富形式，以达到最优传播效果

为医护人员拍摄的4.2万余张肖像照一经发布就在网络平台引起了极大反响。自疫情爆发以来，武汉前线的情况就紧紧地牵动着全国人民的心。中国摄协赴湖北抗击疫情摄影队用照相机为全国人民提供了与武汉连接的窗口。透过一张张极具现场感的肖像照，全国各地的人民有机会认识每一位深入抗击疫情一线的逆行英雄，从医护人员脸上的口罩压痕和他们手机中与病患的合影之中感知照片背后的感人故事。

李舸带领中国摄协小分队深入武汉，挺进“红区”，历时66天为全国各地支援湖北的346支医疗队、4.2万余名医疗队员拍摄现场肖像，成为举国瞩目的珍贵记忆。纪录片《见证》《9秒66天》和50多个摄影专版专题、200余组视频图文报道，在《人民日报》、新华社、央视、《经济日报》、《光明日报》、《中国日报》、《中国艺术报》、《中国摄影报》、湖北广电等主流媒体，在学习强国、中国文联官网、中国摄协官网等各类新媒体平台上刊播，并迅速在全网被广泛转载，反响非常强烈。4.2万余名“最美逆行者”肖像持续在全国多个城市数十万块户外大屏和楼体上以及民航、公交、地铁里展映，还出现在央视多台晚会上，并被国家邮政总局制成特别纪念邮折。面对媒体深度融合的大趋势和传播日益移动化、社交化、可视化的新动向，中央指导组宣传组调动媒介资源，中国摄协摄影队提供优质内容，及时传播肖像摄影成果，用真情实感来凸显逆行者形象。援鄂医疗队员们的光辉形象得以记录，伟大精神得以传承，李舸和中国摄影协会小分队成员以影像为媒介，在国内国际舆论的关注焦点下向世界展示中国抗疫答卷。

(四)体悟生命，凝聚摄影中的精神力量

在抗击新冠肺炎疫情的战役之中，摄影不仅以其直击现实的独特力量参与其中，更以其强烈深刻的生命体验产生了巨大的感召力和影响力。这一次，李舸等人在现场实时拍摄，没有那么好的灯光，没有多么精良的设备，无暇进行过多的准备，也不知道医务工作者在面对镜头时会表达什么。就是在这样充满不确定性的状况下，李舸通过摄影来展现普通人在极不容易的生活状态下表达出的无疆大爱，记录身边普通人在遇到困难、挫折和矛盾的时候，在国家需要的时候，放下小我，去为国家、为民族做出有力量的贡献，让摄影摆脱名利、轻浮，真正贴近被拍摄者的内心，倾听发自真心的情绪表达，表达对人性的尊重与敬畏，脱离对画面效果和艺术创作的过度关注，探求影像背后的真正价值。相比于标签式、概念化的英雄刻画，在摄影中体验生命，才能更好地凝结其精神的力量。摄影是手段，是观察、体味社会的一个窗口，而不是最终的目的，摄影的最终目的就是凝聚精神的力量。①

经过66天的现场拍摄，李舸和摄影同仁们拍摄了4.2万余名医务工作者，每一次拍摄的过程，是听动人故事的过程，也是收获真诚感动的过程。在最忙碌的时候，李舸他们一天可以为180多名医护人员拍摄肖像，其中有四分之三的人会在镜头面前流下

① 黄馨茹.用影像传递精神的力量：访中国摄影家协会主席、人民日报记者李舸[J].青年记者，2020(13)：27-29.

泪水。李舸也会陪着他们一同落泪，“我每天都会流泪”，李舸这样形容自己在武汉时的经历。但令他没有想到的是，这样充满泪水的拍摄，会成为前线医护人员重要的情绪释放途径。面对汹涌的疫情，医护人员每天都处于重压之中，其中不乏瞒着家人、偷偷奔赴一线的医务工作者，在这样的情况下，摄影队员拍摄照片和录制视频的过程成了他们的压力出口。许多随队的心理医生告诉李舸，这样的拍摄方式对医护人员而言是一次心理疏导，是很好的心理治疗。从业近三十年，李舸从未想过摄影能够在特殊时期发挥如此强大的作用，给人们带来整体性的精神力量，用信仰在无形中振奋人心、凝神聚气。

“四力”篇

视野、意识、思维与文风：基于践行“四力”的新闻记者素养提升路径探析

◇ 唐美璇

摘要：2020年年初，新型冠状病毒肺炎疫情的爆发成为我国近十年最为重大的突发公共卫生事件。疫情之下，无数新闻工作者加入逆行的队伍，不畏艰险，第一时间奔赴武汉一线，以笔为枪，用新闻报道鼓舞人们团结一心、共同战疫。本文以《中国青年报》谢宛霏记者的新闻作品为例，旨在还原记者深入一线的报道经历，探究其在新冠肺炎疫情报道中如何践行脚力、眼力、脑力、笔力的要求，并分析总结突发公共卫生事件的报道提升途径。

记者简介：谢宛霏，“90后”，党员，《中国青年报》全媒体记者。7年的记者生涯中，谢宛霏一直坚持用脚采访、用笔还原的新闻理念，多部门的流转让她有了广阔的知识面和扎实的选题背景调研能力。2020年2月14日，谢宛霏跟随《中国青年报》报道组奔赴武汉。44天的时间里，谢宛霏完成了以人物报道为主的10余篇优质稿件，她的报道聚焦武汉平凡百姓和志愿者们的不平凡事迹，让读者深切感受到了英勇战疫的普通民众的自信心和精气神，反映了我国来之不易的抗疫成就。

谢宛霏，“90后”，党员，《中国青年报》全媒体记者。7年的记者生涯中，谢宛霏一直坚持用脚采访、用笔还原的新闻理念，希望用最简单的文字记录最真实的故事。2020年年初的新冠肺炎疫情报道中，她的代表作有《中青报记者跟拍90后社区保障队女司机：传递希望，载武汉市民一程》《“超人”汪勇：你来保护武汉，我来保护你》《志愿者：挺身而出的凡人英雄》《“彭银华走后，我就变成了病区的希望”》等。

2012年7月，谢宛霏开始了在《中国青年报》为期一年的实习。从“冰点”到“创业版”再到“法治版”，多部门的流转让谢宛霏在类型多样的报道中不断开拓新视野，探索新领域，在积攒采编经验的同时，广泛积累各专业领域的知识，增强理论修养，建立背景知识储备库。在成为报社子报刊采编中心正式记者后，谢宛霏依然从事多口线的报道，涉足领域庞杂广泛。但也正是这种“在未知中的摸索成长”给予了她广阔的知识面和扎实的选题背景调研能力。前往武汉前，通过协助在中国疾控中心工作的男朋友检索疫情消杀相关的资料和文献，谢宛霏掌握了丰富的疫情背景知识，默默地做着时刻深入一线的准备。

家在辽宁鞍山的谢宛霏大年初一就独自驾车回到北京，以便报社人手不足时能够随时补位出发。在她看来，身为一名共产党员，在国家有难时就应该挺身而出；而作为一名新闻工作者，她更应当在这场“抗疫战”中以笔为枪，勇敢出征，去真实地记录正在发生的故事。当《中国青年报》开始征集可以奔赴武汉进行抗疫报道的记者时，谢宛霏第一时间就报了名。

2020年2月14日，《中国青年报》报道组在大雪纷飞中起程赴武汉。44个日日夜夜，谢宛霏与报道组的同伴们一起见证了武汉的冬去春来，浴火重生。从隔离定点医院的ICU病房到病毒检测实验室，从封闭隔离小区到高速公路道口，从远在100公里外的流调现场到复工复产企业车间，44天的时间里，谢宛霏完成了以人物报道为主的10余篇优质稿件，她的报道被多次刊发在《中国青年报》的头版上。她用手机拍下了百姓关心的画面，用笔记录各条战线英勇战疫的故事，她的报道聚焦武汉平凡百姓和志愿者们的不平凡事迹，滴滴司机王利、快递小哥汪勇、支援金银潭医院ICU的护士高继先等人奋战在抗疫一线的暖心故事让读者深切感受到了英勇战疫的普通民众的自信心和精气神，反映了我国来之不易的抗疫成就，呈现出一个在风雨磨砺中不畏险阻、团结一心的中国。

一、新冠肺炎疫情报道中的人物报道分析

（一）从“典型”到“非典型”：我国人物报道的发展脉络

人物报道是“以人物为重心和主体、注重展示人物的生存状态、刻画人物的语言行

为、揭示人物的精神世界的新闻报道"。与事件报道相对比，人物报道的侧重点在于写人而非写事。在具体分类上，常见的人物报道形式可划分为消息类人物报道、通讯类人物报道和深度报道类人物报道这三大类。[①]

回顾中国的新闻史，自新闻报道方式形成以来，人物报道在最初的六十余年里（20世纪40年代至20世纪90年代）形成了一种典型（人物）报道就是人物报道的模式。陈力丹将这一时期我国典型报道的发展划分为"起点""合理想象""为思想解放开路""'高大全'的蜕变"四个阶段。[②] 1942年，"模范春耕英雄"吴满有成了《解放日报》改版后报道的第一个典型人物，这篇报道真切而朴实的文风在新民主主义经济建设时期的引导作用是强劲有力的。此后，"以典型引路指导工作"成为当时及之后很长一段时间的基本报道模式。中华人民共和国成立后的典型报道尽管日益丰富，但逐渐出现了如细致刻画黄继光在用胸膛抵住机关枪前的层层心理活动、焦裕禄组织大家学习《为人民服务》等脱离了现实实际、增加了作者"合理想象"的虚构内容。"文革"时期，典型报道中的人物成为"高大全"且不可被质疑，这样的极端形式彻底摧毁了"典型人物"在人民心中的伟大形象。到了改革开放初期，典型（人物）报道向"高大全"发起挑战，在循序渐进中打破传统的"脸谱化"的典型人物写作模式，先期过渡到"中性报道"，后转而聚焦与典型事实相联系的现实生活中的"小人物"，并在20世纪80年代末期呈现出新闻叙述在"呈现意义"和"报道事实"之间改为偏向后者的维度转变。尽管这一时期典型（人物）报道已渐返正轨，但其社会影响力和宣传效果却大不如前。

1995年，"冰点特稿"的出现标志着我国人物报道迈入全新时代。相较于此前用人物做示范、传递党和政府倡导的价值观念的报道方式，"冰点"自其开山之作《北京最后的粪桶》开始，就在讲述普通人的故事，向人们传递着"用来为自己'定位'的""形而上"[③]的信息。罗爱文认为："拿'新闻人物'来传递信息，从而使人们能更好定位的'冰点'的人物报道更具有新闻特性，是新闻的回归。"[④]2000年前后，在南方新锐媒体的引领下，人物报道回归"以人为本"的核心报道理念，成为媒体报道中的新亮点。除原有的典型人物报道外，形成了如"网络精英型""成功人士型""焦点型""负面型""外国人

① 谢丛容，陈航行.人物报道的概念、类别及写作要求[J].新闻知识，2017(7):29-32.

② 陈力丹.新中国成立60年来典型报道演变的环境与理念[J].当代传播，2009(5):4-8.

③ 李大同.冰点'98:寻回心灵深处的感动[M].北京:中国林业出版社，1998:488.

④ 罗爱文.冰点:回归新闻的人物报道[J].新闻采编，2000(2):20-21.

物型”等十大人物报道类型。① 从平民化人物报道的焦点指向到各报纸媒体人物品牌专栏的建设，再到人物报道在对外宣传中开始发挥重要作用，此后的10年里，人物报道在摸索中不断前行。

伴随着网络媒体和自媒体渐入主流，网络新闻报道的杂糅“混搭”一方面冲击着传统的人物报道模式，另一方面也将网络的多元化气息融入到文本中，丰富了新闻人物长廊。② 与此同时，非虚构写作的涌现也为人物报道提供了新思路。尽管人物报道在呈现形式上努力顺应着时代发展，向全媒体传播靠拢，但其用真实笔触塑造“人”、关怀“人”的内核始终如一。

（二）在新冠肺炎疫情报道中践行“四力”

习近平总书记在全国宣传思想工作会议上强调：“宣传思想干部要不断掌握新知识、熟悉新领域、开拓新视野，增强本领能力，加强调查研究，不断增强脚力、眼力、脑力、笔力，努力打造一支政治过硬、本领高强、求实创新、能打胜仗的宣传思想工作队伍。”③

疫情之下，对于身临一线的记者而言，在追求最新资讯的发布速度和发布数量之余，更应关注报道内容的翔实性和准确性——是否客观地反映了当下疫情的真实面貌？是否及时地回应了公众关切，解答疑惑？因此，在疫情报道中践行“四力”，既是检验记者新闻素养的标尺，更是讲好我国抗疫故事的保障。

1.脚力——快速出击、深入基层

夯实脚力，要加快脚步，才能迅速抵达新闻现场。2020年2月15日，武汉东西湖方舱医院迎来首批17位患者出院，这是谢宛霏抵达武汉后跟进的第一个选题。由于时间紧迫，再加上当时的防疫物资仍处于供应紧张的状态，尽管谢宛霏和摄影记者赵迪二人无法穿着防护服，但他们仍然选择以最快的速度赶赴现场进行拍摄采访。护目镜、N95口罩和宾馆的浴帽成了二人当天的紧急防护装备。当即将出院的患者乘车出来时，谢宛霏努力挤到了第一排，离他们一米都不到的距离让谢宛霏能用自己的手

---

① 林双川.日趋活跃的人物报道[J].新闻天地，2002(4)：20-21.

② 喻季欣，叶晓.网络新闻的人物文本与写作[J].新闻与写作，2012(3)：85-87.

③ 中国共产党新闻网.宣传思想干部要在增强“四力”上下功夫[EB/OL].(2018-11-14)[2021-03-18].http://theory.people.com.cn/n1/2018/1114/c40531-30399371.html.

机设备记录下出院证明被递交到出院患者手中的重要瞬间。视频稿件《直击东西湖方舱医院首批患者雪中出舱》的诞生背后是前方记者的勇敢出击,是脚步迈出的快速果断。

夯实脚力,要深入一线,才能聆听百姓内心的声音。在这场战役中,每个人都是亲历者,是每一个鲜活的生命体共同勾勒出时间流转的轨迹。因此,在报道切口的选择上,谢宛霏决定从每一个具体的"小人物"入手,以民间视角聚焦时代事件。救死扶伤的医生、护士,与病魔抗争的病人、家属,走遍家家户户的社区干部、流调员,以一己之力维持着这座城市继续运转的各行各业的志愿者……他们正在经历的就是整个武汉的缩影,亦是时代的缩影。

> 1月23日武汉"封城"后,仍有900多万人生活在这里。疫情的发展,影响着这里每一个人的每一个生活细节。以前自然而然的衣食住行、求医问药,都成了全新的挑战。疫情打乱了这群人的计划,却赋予了他们共同的新名字——志愿者。
>
> ——节选自《志愿者:挺身而出的凡人英雄》[①]

《中国青年报》一直以"推动社会进步,服务青年成长"为己任,聚焦青年群体发展。而谢宛霏所关注的志愿者队伍的主体正是青年。在谢宛霏看来,这些此前备受父兄呵护的"90后""95后",甚至"00后"在危难时刻毅然站出来,继承了前辈奉献社会、勇于担当的光荣传统,他们没有垮,更没有怂,值得被时代铭记。

基于志愿者群体依托互联网平台自发组建、自我运营管理的特殊性,谢宛霏只须通过网络上公开发布的手机号码和各类信息共享互助的微信群就可以与采访对象建立联系。然而,如何挖掘每位志愿者独一无二的闪光点则需要记者深入一线,像朋友一般倾听他们从"普通人"到成为一名"志愿者"背后的心路历程。

> 1月24日,武汉市疫情防控指挥部发布通告,为解决市民居家出行不便等问题,紧急征集6000台出租车分配给中心城区。滴滴响应号召,在武汉组建了1336名司机的社区保障车队,由城市社区统一调度免费服务当地居民。

---

① 谢宛霏,胡宁,张敏.志愿者:挺身而出的凡人英雄[N].中国青年报,2020-02-24(1).

王利成了其中一员。她的车里前后排加装了防护隔离膜,"虽然有点简陋,但能有效防止飞沫"。每位乘客下车后,她都会进行消毒。

——节选自《中青报记者跟拍 90 后社区保障队女司机:传递希望,载武汉市民一程》①

沉浸式新闻《中青报记者跟拍 90 后社区保障队女司机:传递希望,载武汉市民一程》中的志愿者王利是汶川大地震的亲历者。在采访其他志愿者时,谢宛霏无意间听到有人谈到王利这位滴滴车司机曾经历汶川大地震,她意识到这是王利身上不同于其他志愿者的特殊性。但与此同时,多年来进行人物报道的新闻敏感也触发了她的好奇心——2008 年 5 月 12 日那天王利究竟经历了什么?

和剪了一头利落短发的干练外在形象正相反,王利性格内向、慢热。同时,也由于王利的故事可能讲述了太多次,在接受谢宛霏第一次采访时,模式化的表达让王利 20 多分钟就结束了她所要传达的全部内容。谢宛霏知道面对这样的采访对象一定要有耐心,她决定陪着王利跑一天活儿,亲身感受司机志愿者的工作,在陪伴中让采访对象放下对记者的戒心。

于是,往返社区、医院途中的前后座和等候患者时歇脚透气的马路边成了谢宛霏的主要采访场所。从最开始简单的三言两语到后来像朋友一般的闲聊对话,王利逐渐向谢宛霏敞开了心扉,不知不觉间陷入了对汶川大地震的回忆。在报道中,谢宛霏这样写道:"王利记得,那天母亲带着她要从学校返回 20 多公里外的家中,但怎么都拦不到车。步行回去要四五个小时,但没有办法,只能边走边拦车,一路上很多房子都塌了,'当时真的感觉太无助了',走到天都黑了的时候,才遇到一位好心人愿意免费载她们一程。汶川地震后,曾经暴雨倾盆,一段时间没吃没喝,大家处在恐慌中不知所措,是各地涌来的救援人员和志愿者给她带来了希望。如今面对新冠肺炎疫情,王利想着武汉市民可能会遇到和她当年一样的问题,她想将当年那份'希望'传递下去,'载他们一程'。"②

王利还告诉谢宛霏,两年前她在武汉自驾游玩了一个多月,被这里的大江大河征服,决定干脆不走了。她说她很爱武汉这个城市,清晨长江会笼起薄雾,午后折射着阳

①② 本报创作团队.中青报记者跟拍 90 后社区保障队女司机:传递希望,载武汉市民一程[EB/OL].(2020-02-22)[2021-03-18].http://h5.cyol.com/special/nvsiji/index.php.

光，小龙虾大排档半夜喧嚣，很有生活气息，不像北上广节奏那么快，而且武汉话和老家四川话听起来差不多，十分亲切，她感觉这里像自己的第二个家乡，"所以也希望能尽自己的一份力来守护它"。

像王利这样栩栩如生的故事正是源于前方记者的步履不停，是一步一个脚印扎实走出后的新闻现场复现。

2.眼力——于细微处见真实

加强眼力，要眼聚微处，才能捕捉细节。在人物报道中，细节描写是刻画人物性格、凸显故事性的重要表现形式。新闻现场从不缺少细节，重要的是记者如何在整体环境中善用双眼观察细微之处，深挖表象背后的故事。

> 最初，汪勇瞒着家人。为保护家人的安全，他住到了武汉二环外快递仓库。建在下水道口的仓库阴冷潮湿，夜里汪勇会不自觉裹紧返潮的棉被。这里没有办法洗澡，每天晚上出车回来，他只能靠不断往自己身上喷洒酒精来消毒。每天早上醒来，他都会先量体温，看到体温正常，心里才踏实一点。
>
> ——节选自《志愿者：挺身而出的凡人英雄》[1]

顺丰小哥汪勇是湖北顺丰速运有限公司分部经理。疫情期间，他带领着志愿者司机团队自大年三十起接送金银潭医院医护人员上下班。除此之外，帮医护人员对接共享单车、增补生活物资、解决他们的吃饭问题也是汪勇日常协调统筹的内容。尽管当时关于汪勇的报道已经很多了，但谢宛霏还是决定再深入挖掘一下他的故事，将这个人物做立体，做出差异化。

许多媒体在报道汪勇时都提到了他所生活的"四平米仓库很小"，但这个"四平米仓库"究竟是什么样的，究竟有多小，汪勇又在哪里睡觉？带着这些琐碎的疑问，谢宛霏来到了汪勇的仓库。在那里，货物把本就不大的房间塞得满满当当，只留出一个细小的缝隙，那是汪勇的高低床勉强塞入的角落，房间里甚至连卫生间也没有。看到这样的生活场景，又联想到自己每晚结束工作回到酒店后的洗澡消杀，谢宛霏瞬间想到一个问题——汪勇在这里怎么洗澡呢？听到这样的询问，汪勇告诉谢宛霏，这是第一

① 谢宛霏，胡宁，张敏.志愿者：挺身而出的凡人英雄[N].中国青年报，2020-02-24(1).

次有媒体问他这个问题,此前从未有人关注过这一点。正是亲临现场后的细致观察让谢宛霏捕捉到了“志愿者如何洗澡”的细节,了解了汪勇仅仅通过往身上喷洒酒精来进行每日消毒,而想要洗澡只能去别的公司借用浴室。这样的细节刻画无形中凸显出志愿者的伟大,接地气的文字引发读者的情感共鸣。

3.脑力——思考中创新,创新中实践

增强脑力,要勇于思考创新,才能紧跟时代步伐。全媒体时代,媒介技术的发展和不断下沉给新闻工作者带来了全新的机遇与挑战。如今,记者不仅需要巩固自身基本的采编技能,还必须根据媒介属性和不同平台的传播特点,变通采写方式和内容风格以适应媒体融合背景下的多样性传播机制。因此记者要勤思考,多总结,在理论学习与一线实践中不断总结新闻工作经验,提升独立思考的能力,对新技术、新手段始终保持“思而学,学中思”的执行力和敏锐意识,以深度思考带动报道的深刻转型。

“纸上得来终觉浅,绝知此事要躬行”,在谢宛霏看来,记者应顺应时代的发展,勇往直前,冲破舒适圈,在思考创新中优化报道思路,提升传播效果。本次疫情报道中,多年从事文字工作的谢宛霏选择拿起自己的手机,尝试以影像的形式还原真实的武汉。她拍摄了大雪纷飞中东西湖方舱医院的首批出舱患者,跟拍了每日为社区居民派送新鲜蔬菜的送菜小哥、武汉社区保障队“90后”女司机王利、离传染源最近的志愿者群体武汉医疗垃圾清运团队,记录下了金银潭医院的白衣战士和胜利的曙光……

在ICU内进行拍摄是对记者体力和技术的双重考验。紧贴在身上的防护服和口罩带来的呼吸不畅让当时进入ICU拍摄的谢宛霏险些脱水。因防护要求被保鲜膜紧紧缠绕着的手机也随着时间的推移屏幕上形成了一层薄雾,让谢宛霏无法看清取景范围如何,只能凭着感觉去拍。谢宛霏最终在ICU内拍摄了100多个视频片段,精剪过后的视频真实地记录下了ICU里的状态,镜头下的人物是金银潭医院的缩影,呈现出的是金银潭由黑夜到白天的变化,患者从崩溃到坚强的过程,还有医护为了抢救生命的种种努力。

4.笔力——精练文字,回归新闻本质

提升笔力,要练就好笔头,才能让报道中的深度与温度并存。《冰点周刊》主编杜涌涛曾对写好新闻人物作出十二点提示:一是写人物就是写个性;二是要突出人物的某个侧面;三是人物报道切忌写成人物小传;四是学会讲故事用故事;五是切忌仰视被采访对象;六是不做被采访对象的传声筒;七是三种交叉写作方式(陈述、描写、和被采访对象之间的引语);八是把人物置放到特殊场景中去表现;九是注意直接引语和间接引语的使用;十是人物称谓的变化;十一是采访报道中的人物与报道外的人物;十二是记者要培养自己独特的风格,找到适合自己的文体。[①] 自从事人物报道工作以来,谢宛霏就以这十二点提示来指导自己的稿件撰写。在这次疫情报道中,谢宛霏笔下涌现出了诸多鲜明生动的人物,他们是英勇战疫的代表,是时代长河中的耀眼星光。谢宛霏以真实而有力量的笔触、具体而饱满的细节内容赋予了报道"泥土气"和"人情味",在真情流露中彰显思想深度,引人共鸣。

记者写作时主题意识贯穿全文,才能串联起庞杂线索。在完成《"超人"汪勇:你来保护武汉,我来保护你》的报道时,谢宛霏为了能够刻画出更加立体的人物形象,采访了很多汪勇的身边人。在采访了3个汪勇曾经负责片区的商户后,谢宛霏最终选取了邹慧玲找汪勇收发快递时的故事,"汪勇在做快递员时知道前台需要换零钱,来收件时,总会备好零钱"。在谢宛霏看来,这句话恰好传递出汪勇细致认真、观察力和行动力强的人物性格,正是他的"这种细心,才让他能发现医护人员的真需求"。

> 在高中同学张强的记忆中,汪勇从小就能把同学们团结在一起。"汪勇有能力把这事搞起来。但对于我们这个年纪的人来说,上有老,下有小,做出这个决定很需要勇气。"
>
> ——节选自《"超人"汪勇:你来保护武汉,我来保护你》[②]

此外,谢宛霏还采访了汪勇的小学同学、初高中同学和老师。谢宛霏想知道,汪勇能将如此庞大的志愿者队伍组织起来,是不是性格使然,他是否从儿时起就有这种潜质。她和每个人都聊了许久,但采访对象大都只是把汪勇小时候的故事粗略叙述了一遍,这些内容对整篇文章的主题表达并无增色,因此谢宛霏最终都舍弃掉了,只在文中留下了高中同学张强的一句话,"汪勇从小就能把同学们团结在一起",这简单的一句话便生动地表现出汪勇的组织能力。正因如此,在疫情快速蔓延的2020年年初,他依

---

① 杜涌涛.写好新闻人物的十二点提示[J].采写编,2012(1):7-8.

② 谢宛霏,张敏."超人"汪勇:你来保护武汉,我来保护你[EB/OL].(2020-03-16)[2021-03-18].http://shareapp.cyol.com/cmsfile/News/202003/16/web350386.html.

然可以高效率地把大量志愿者统筹在一起,号召力十足。

相比之下,群像报道《志愿者:挺身而出的凡人英雄》的采写过程则更为复杂。由于采访对象众多,需要处理的信息尤其庞杂,所以初期的书写并不顺利。渐渐地,谢宛霏在心中为自己画好了每一部分的提纲框架,之后便将全部的人物故事打散,再根据他们的共性合并同类项,并紧紧围绕对应部分的主题撰写,如"作别家人,有人睡在仓库,有人只留下背影"一节中重点描写了各位志愿者内心深处的恐惧、权衡与挣扎;而"成长中的志愿者"一节则关注志愿者们在困境中的种种磨炼和蜕变。

谢宛霏在《志愿者:挺身而出的凡人英雄》一文中通过对诸多志愿者人物形象的细致刻画,展示出了普通人为抗疫所做出的不普通的贡献。在朋友圈写下"如果我不幸倒下,请把我的骨灰无菌处理后撒在长江"的"90后"少年郑能量,用原始方式送药的"95后"武汉实习教师吴悠,在方舱里用声音传递温暖的"90后"音乐教师华雨辰,在接送医护人员途中被感染住进方舱还在线上进行志愿服务的"90后"李小熊,五四奖章获得者、建起了金银潭医院护送团队的顺丰快递小哥汪勇……在报道中,每个志愿者都谈到了为什么要如此义无反顾地参与志愿救助,有的人是因为自己家老人感染,爱吾老以及人之老伸了援手;有的人是放不下医院护士的短信求助;有的人是受不了受困者渴望的眼神。与他们"逆行"的勇敢相比,其思想动机竟如此简单纯粹,这种平凡与伟大、朴素与崇高的巨大反差让人动容。正是由于紧紧把握住了文章的主题方向,谢宛霏才能在丰富杂乱的采访素材中摘取为主题服务的内容,最终完成一篇篇具有真情实感的人物报道。

人物报道写作强调故事思维,展现情节背后的多维冲突。《"彭银华走后,我就变成了病区的希望"》讲述了不幸感染新冠肺炎的杨昊医生,在同事高继先护士的悉心照料下勇敢战胜病魔最终康复的暖心故事。谢宛霏与高继先护士的第一次接触是在采写汪勇的人物报道时。高继先非常感谢志愿者汪勇为她找来了一次性饭盒。这句话顿时引起了谢宛霏的注意。因为在当时的情境下,所有医院和医护人员住宿的酒店都是有餐食提供的,为什么高继先会需要一次性饭盒呢?多年的从业经验一下子就让谢宛霏捕捉到了这个线头,她敏锐地发现这背后可能有特殊情况,便不断追问,深入挖掘。高继先继续说道,她是要给同院倒下的战友送饭。医生杨昊因疫情早期未做防护,在抢救他人生命时被感染,变成了支援金银潭医院护士高继先所管病区的新冠病人，谢宛霏意识到“送饭”背后折射出的不仅是同事之间，亦是医患之间的温情故事。同时，从抢救他人生命的医生到躺在病床上无法自理的患者，杨昊的身份转变使其在报道中的人物形象具有强烈的冲突性，这便成功建立起人物报道中的故事矛盾冲突点。

> 高护士来了之后，杨昊油到打结的头发得到了清理。她跟志愿者借来推子，帮他理发，然后用纱布蘸水一点点擦拭。“那是我入院一个多月来，第一次洗头。”杨昊说，医生其实都有点洁癖，原来他每天都要洗两次澡，可入院后再也没洗过。
>
> 因为久卧，杨昊腰窝处已经生了疮，高护士得知后，给杨昊擦身、涂药，把他穿了一个多月的秋衣秋裤清洗了，还将单位发给医护人员的秋衣秋裤申请换成男款给了杨昊。“因为瘦了近 20 公斤，他的衣服尺码从 195 变成了 180。”
>
> “她还帮我打水洗脚，连脚指甲缝都没有放过，边洗边给我打气。”或许就是那一刻，他对治疗的态度发生了明显转变，心态上更积极了，对高继先的称呼也由“高护士”变成了“高姐姐”。
>
> ——节选自《“彭银华走后，我就变成了病区的希望”》[①]

在杨昊心里，一切的改变都从高继先到来的那一刻发生了。在金银潭医院的ICU里，机器是冰冷的，病床是冰冷的，墙壁是冰冷的，但高护士带来了家里的热汤、有着阳光味道的换洗衣服、久违了的欢声笑语。谢宛霏用一句“对高继先的称呼也由‘高护士’变成了‘高姐姐’”的细节描写呈现出二人从医护到医患再到家人关系的转变，这种人物情感的递进升华彰显故事性报道中的起承转合。

此外，人物报道应注重细节修辞，描摹真实精华。在《“彭银华走后，我就变成了病区的希望”》一文中，谢宛霏运用了许多细节描写。例如在高继先护士回忆杨昊平日里的形象时，谢宛霏这样写道：“杨医生身高 1.8 米，体重将近 95 公斤，非常阳光且爱笑，说话中气十足，可以穿着 15 公斤重的铅衣在手术台前连做 7 台手

---

① 谢宛霏，吴鸿瑶．“彭银华走后，我就变成了病区的希望”[N].中国青年报，2020-03-27(5).

术……"[①]"穿着15公斤重的铅衣在手术台前连做7台手术"这样体现具体数字的细节描写，让读者对"医生杨昊"的形象有了最直观的感受。同时，这段外形描摹又与现如今被病痛折磨"身体似乎比记忆中缩小了两号"的"病人杨昊"形成了鲜明对比，加强阅读的冲击力。

细节描写有时候不只是人物形象的细节，也许是一段刻骨铭心的记忆、一个故事情节、一些心理斗争等。

> "刚转到南六楼重症ICU的72小时，是我一生中最绝望的时刻。"他躺在床上，望着天花板，身体一动不敢动，任何一个动作都会引发急促呼吸。他不敢吃饭，只喝一点水——不仅是因为他离不开呼吸机，更多的还是不想在床上排泄。
>
> 虽然他当了15年医生，但至今不知道患者该如何在床上使用便盆。"我从未想过自己竟然会用上它，从心理上我就无法接受那样的自己。"
>
> ——节选自《"彭银华走后，我就变成了病区的希望"》[②]

谢宛霏在采访照顾杨昊的护士长时了解到，在护士们眼中，杨昊一直是个不配合治疗的病人。一个医生不好好进食配合治疗的背后其实是他作为医生的尊严。正是因为杨昊对于ICU的救治实在太过了解，调整呼吸机比护士都专业，总能在第一时间掌握自己当下的身体状态，平日里，他总是紧紧盯着呼吸机参数和心电监测指标。有一天晚上，杨昊做了个噩梦，"他梦到一堆人争抢一个出院指标，而他没有抢到。从噩梦中醒来，他所有生理指标忽然急转直下。医生把插管的设备都拿到他的病床前，随时准备抢救。他后来回想起来，觉得那天晚上床边围了很多外星人，戴着隔离面罩，面罩上挂着探照灯，忽明忽暗的，他不知道这些人围着他做什么。第二天，他才知道自己被抢救了"[③]。谢宛霏在文章中所刻画的这段梦境细节其实是杨昊现实心境的一个映照，那是弥留之际最真实的记忆，是卸下防备后的情感流露。

在文章的结尾处，杨昊告诉谢宛霏，康复后的第一件事就是带着全家人去高姐姐家里道谢，要亲手为他们做一顿饭。他还想买一瓶矿泉水，一口气喝光，那是他"躺在

---

①②③ 谢宛霏，吴鸿瑶."彭银华走后，我就变成了病区的希望"[N].中国青年报，2020-03-27(5).

重症ICU里，最怀念的味道，甜甜的”[①]。对于常人而言，喝一瓶矿泉水没有什么特殊的意味，只是平日里最普通的一件事，但它却变成了与病魔抗争后杨昊的愿望和最怀念的味道。记者通过独特的笔触以一瓶矿泉水为意象从侧面反映出病人战胜病魔的坚毅决心。

二、践行“四力”：在突发公共卫生事件中做好新闻报道

突发公共卫生事件是指“突然发生，造成或者可能造成社会公众健康严重损害的重大传染病疫情、群体性不明原因疾病、重大食物和职业中毒以及其他严重影响公众健康的事件”[②]。

突发公共卫生事件不仅是对政府危机处理能力的考验，对于新闻媒体而言，更是其应变能力的一场“大考”，事件发生后的每时每刻都在检验着新闻工作者的媒介素养、伦理规范和职责使命。

当某一突发公共卫生事件发生后，人们会呈现出对事件背后的具体细节信息和政策相关信息的迫切性需求。如果官方声音在长时间内处于缺位或滞后的状态，民众将陷入对信息匮乏的恐慌情绪之中。何勇等学者认为，这样的心理状态便接近了勒庞所说的“心理群体”症候：情绪化和极端化，游走于集体无意识边界，易受暗示轻信于人，将想象与真实混为一谈。于是，网络谣言便由此获得了理想的物理和心理空间。[③] 互联网时代，网络谣言发酵速度极快，这更要求官方媒体及时发出权威声音，做好信息公开，从源头遏制谣言的弥漫。同时，官方媒体在突发公共卫生事件中做好新闻报道，对于安抚公众情绪、传递有效正确的信息、进行相关政策的解读和告知生活温馨提示等环节的高效执行也发挥着同样至关重要的作用。

在突发公共卫生事件中做好新闻报道，需要新闻工作者遵循职业规范与媒介伦理。新闻工作者应以《中国新闻工作者职业道德准则》为根本，坚持以马克思列宁主义、毛泽东思想、邓小平理论、“三个代表”重要思想、科学发展观、习近平新时代中国特

---

① 谢宛霏，吴鸿瑶．“彭银华走后，我就变成了病区的希望”[N]．中国青年报，2020-03-27(5)．

② 中华人民共和国国务院令．突发公共卫生事件应急条例[EB/OL]．(2008-03-28)[2021-03-18]．http://www.gov.cn/zhengce/content/2008-03/28/content_6399.htm．

③ 何勇，杨映瑜．突发公共卫生事件网络谣言的特征及治理[J]．现代传播(中国传媒大学学报)，2020，42(6)：130-135．

色社会主义思想为指导，增强“四个意识”，坚定“四个自信”，做到“两个维护”，牢记党的新闻舆论工作职责使命，继承和发扬党的新闻舆论工作优良传统，坚持正确政治方向、舆论导向、新闻志向、工作取向，不断增强脚力、眼力、脑力、笔力，积极传播社会主义核心价值观，自觉遵守国家法律法规，恪守新闻职业道德，自觉承担社会责任，做政治坚定、引领时代、业务精湛、作风优良、党和人民信赖的新闻工作者。①

突发公共卫生事件报道中，记者在把握时度效，保证新闻发布的客观、真实之余，应谨记在新闻采编的全过程规避对采访对象的二次伤害，这是新闻工作者的伦理底线。

二次伤害是指新闻媒体及其工作人员在对重大突发事件相关人员的新闻采访行为或报道中，对受灾受害人群及其亲属造成的身体与精神伤害。② 以此次疫情报道为例，媒体报道的主要对象群体之一便是病患及其家属。面对深陷疾病痛苦之中的新冠肺炎亲历者，记者应坚决避免因追求新闻的时效性和内容爆点而出现急于对采访对象刨根问底、忽视对患者及亲属的人文关怀和心灵体恤的失范情况。

在《“彭银华走后，我就变成了病区的希望”》的采写过程中，谢宛霏无意间从高继先护士口中得知了杨昊的岳父在 2020 年 2 月 13 日离世的消息。为了瞒住刚刚痊愈的岳母，家人只能撒谎说岳父在 ICU 里进行插管治疗。当岳母想和岳父通话时，高继先害怕这件事会给杨昊增加心理压力，瞒着杨昊将此事揽了过来。高继先接通杨昊岳母的电话，把声音调成免提，走到心电监护仪前，让她能听见仪器的声音，然后说：“我把电话放到叔叔耳朵旁边了，他插着管没法回答您，但他能听到。”电话那头，杨昊岳母的声音特别温柔：“老头子，我的核酸查了，是阴性！你什么时候好起来？好了快回来，我的生日快到了，我们在家做好多好吃的等你……”在整篇报道的采写过程中，谢宛霏为了照顾杨昊和家人的情绪一直没有刻意提起这件事，而是默默等待着杨昊主动与她倾诉内心的苦楚与无奈。同时，虽然这个故事很能赚人眼泪，但谢宛霏为了保护杨昊的家庭，避免岳母看到新闻报道得知真相，最终在报道中删除了这些内容，守住了记者最基本的职业底线。

因此，在面对突发公共卫生事件的报道中，新闻工作者应以照顾采访对象的感受

---

① 中华全国新闻工作者协会第九届全国理事会第五次常务理事会.中国新闻工作者职业道德准则[EB/OL].(2019-12-16)[2021-03-18].http://www.xinhuanet.com/mrdx/2019-12/16/c_138635146.htm.

② 姜金明.如何化解灾难事件采访中的二次伤害[J].新闻爱好者，2010(8)：97-98.

为第一原则，在采访过程中注意措辞，避免使用刺激性话语，以免引起采访对象的身体及心理不适。此外，在报道的全流程中，新闻工作者应注意保护被采访对象的隐私，不可在未征得对方同意的情况下直接公开其详细身份信息、家庭背景、病例档案等。

结语

习近平总书记在统筹推进新冠肺炎疫情防控和经济社会发展工作部署会议上的讲话中强调，要“提高新闻舆论工作有效性。要继续做好党中央重大决策部署的宣传解读，深入报道各地统筹推进疫情防控的好经验好做法。要完善疫情信息发布，依法做到公开、透明、及时、准确。要广泛宣传一线医务工作者、人民解放军指战员、公安干警、基层干部、志愿者等的感人事迹，在全社会激发正能量、弘扬真善美，推动社会主义精神文明建设。要适应公众获取信息渠道的变化，加快提升主流媒体网上传播能力。要主动回应社会关切，对善意的批评、意见、建议认真听取，对借机恶意攻击的坚决依法制止”①。

主流媒体在突发公共卫生事件中肩负着发布权威信息的重要使命与职责。因此，在“四全媒体”时代，新闻工作者应在实践中不断加强对脚力、眼力、脑力、笔力的巩固提升，掌握新闻传播规律，遵循职业规范与媒介伦理，牢记初心与使命，诠释新闻工作者的责任担当，书写新时代的家国情怀。

① 习近平.在统筹推进新冠肺炎疫情防控和经济社会发展工作部署会议上的讲话[EB/OL].(2020-02-23)[2021-03-18].http://www.xinhuanet.com/politics/2020-02/23/c_1125616016.htm.

社会责任引领新闻工作

——突发公共事件报道中的专业素养与人本关怀

◇ 蒋文茜

摘要:2020年年初,新冠肺炎疫情突如其来,随之造成了复杂多变的新闻传播舆论场和媒介生态,舆情环境迫切要求主流媒体充分发挥沟通、整合、监督、动员等社会建构功能①。截至2020年2月20日,中央广播电视总台派出170名记者前往武汉一线②,参与到抗疫一线的信息采集与传播中,深度探寻本质,聚焦新闻"解困",体现人文关怀,以报道作品履行新闻工作者的使命,发挥媒介传播与舆论监督作用,担当社会责任。

本文以中央广播电视总台新闻中心记者郑连凯的相关经历进行个案研究,他的新闻报道强调问题解决导向,彰显正能量叙事,倡导建设性、发展性的报道框架③。在疫情危机下,这种从社会责任出发的新闻工作不仅对广大受众起到了尤为重要的信息供给和情绪疏导作用,还使新闻工作者在观察者身份之外,切实作用于社会的积极发展。本文分析在突发公共卫生事件背景下,记者做好优质报道的成功要素,以及如何具体贯彻"以人为本"的思想,履行社会责任,以新闻的建设性更好地服务于主流媒体的党性、人民性、新闻性。

记者简介:郑连凯,中央广播电视总台新闻中心经济新闻部记者,中共党员,主任记者。他曾获中直机关优秀共产党员称号,并两次获得中国新闻奖;连

---

① 田园.疫情报道中的电视传播新景观[J].当代电视,2020(4):11-15.

② 惠东坡,杨欣.央视《战疫情特别报道》舆论引导路径初探[J].当代电视,2020(4):27-30.

③ 史安斌,王沛楠.建设性新闻:历史溯源、理念演进与全球实践[J].新闻记者,2019(9):32-39,82.

续10多年参与中国共产党代表大会、全国“两会”等重大报道；担任新中国成立70周年相关报道、“一带一路”国际合作高峰论坛等的出镜记者；参加汶川地震、“东方之星”沉船等灾难报道；担任《大国工匠》电视系列节目主创。

新冠肺炎疫情发生后，郑连凯主动报名奔赴一线，于2020年2月2日赴湖北省开展工作。其间，郑连凯在黄冈、武汉等地参与疫情信息收集，承担大量电视新闻策、采、编、播工作并做出镜报道。83天的战疫报道中，他坚守重症病房，45次进出“红区”，塑造了中部战区总医院感染内科军医江晓静、北京协和医院感染内科副主任刘正印等典型形象，先后为《新闻联播》采制数十篇《一线抗疫群英谱》《武汉有我》等系列重点报道。在医院主阵地之外，郑连凯同样关注广大社区居民的生活保障问题，报道了大量在后方服务于人民生活，维持社会正常运转的工作者。郑连凯团队创作纪录片《守护生命》，于武汉同济医院中法新城院区蹲点北京协和医院援鄂医疗队40多天，昼夜轮班坚守“红区”，用镜头记录了40多位命悬一线的患者起死回生的生命奇迹，展现了医务工作者极强的专业素养和对病人的真切关怀，获得中央广播电视总台嘉奖。

一、优质报道成因：新闻专业素养与人本关怀

对党忠诚，为人民服务，对得起记者这份职业，可以说是郑连凯在职业生涯中一以贯之的准则。从事新闻工作将近20年的时间里，他一直在各级广播电视台新闻中心工作，工作内容主要为本级《新闻联播》重要的时政新闻，多次参与世博会、“两会”、进博会等重大事件报道。在长期实践和理论学习中，他深刻认识到，党性原则是第一位的，党性、新闻性和人民性是相统一的。2020年1月24日，郑连凯正在北京西站做央视新闻频道电视直播，当时疫情形势正在逐步变得严峻，武汉的离汉通道已经关闭，直通武汉的列车停运，北京西站进出的旅客大部分都戴上了口罩。就在直播工作要完成的时候，他接到了台里的通知：“情况紧急，随时准备支援武汉！”郑连凯深知身为电视新闻记者，在灾难发生的时候，只有一个选择，那就是去一线，做逆行者！尽管此前郑连凯不止一次去过地震、洪灾、沉船和大型交通事故的现场，但面对充满了未知风险的疫情，想想家里上有老下有小的情况，他的心里的确有牵挂和担忧。身为一名中直机关优秀共产党员，郑连凯将党性原则深刻贯彻到新闻实践当中，主动报名前往一线，从

接到命令的时刻起，随时准备出征。

在一线工作随时可能与病魔擦肩而过，郑连凯曾经面对面采访一位疑似患者，在采访过后这位患者被确诊。面临感染风险，郑连凯并没有离开岗位，而是在保障团队安全的前提下，坚持工作，甚至忙到没有时间去医院做核酸检测。得知自己最终没有被感染，郑连凯的第一反应像中奖一样兴奋，因为自己还可以继续工作。来到一线就要全力以赴做好报道，就要承担起总台电视记者的责任。在危险过后，这次经历也使郑连凯增加了勇气，在后续的报道中不断勇于突破自己。

郑连凯多次进入“红区”完成拍摄任务，这一行为本身就是对勇气的考验。“红区”是医院里被标记为污染区的地方，在这里工作的人如果防护不当，随时都可能被感染。疫情期间，武汉有1000多名医护人员被感染。所以最初记者进入“红区”有严格的规定，谁的内心都难免有些恐惧。郑连凯进入“红区”之后，遇到了中部战区总医院感染内科的主任江晓静。这位有34年军医生涯的女军医曾经被问及每天在重症病房怕不怕被感染。她回答：“晚上睡不着了会怕，早上起床时会怕，但真的进了病房就不怕了。”在后续的采访中，这位军医坚守感染科抗疫重地，深知疫情艰险却只进不退，眼里透出平静，让郑连凯深深感受到希望和力量。郑连凯团队进入遗体解剖的方舱，拍摄首例尸检案例，中国科学院院士卞修武挑着大拇指说：“你们是武汉一线拍摄尸检的第一家媒体。”团队在方舱里拍摄了整整50分钟，在那一刻，郑连凯觉得自己对得起总台电视记者这一身份。而在他的身后，还有那么多敬业的医生和护士，他们是这场战斗的参与者、见证者、征服者。记者是与他们同行，打赢这场史无前例的战斗的战友。

在做抗击疫情系列报道之前，郑连凯曾在重大自然灾害、交通事故的现场采编新闻并出镜播报。2011年温州动车事故的报道经历使郑连凯尤为感受到“以人为本”的新闻精神。日常负责交通类报道的郑连凯，主要报道内容偏重于条块新闻信息、新闻资讯或成就类型报道。然而突如其来的重大事件报道，是他的报道工作的重大挑战。在这样复杂重大的事件中，记者如何保证客观性，着眼点落在何处？2011年也是新媒体的起步年份，更多网友通过微博等新媒体参与到对热点事件的讨论中。而网民最关心的就是如“小祎伊”这样的灾难受害者的救治情况。尽快清理事故现场、恢复通车是铁路事故发生后的惯例，然而这与人们关心的受害者救治构成矛盾。为了获得一手信息，郑连凯来到一线，将采访切入点锁定在事故现场的消防员身上，抽丝剥茧，获取更深层信息。在报道这个关乎生命和人性的事件时，郑连凯将惯常的铁路报道上升到对人的关注，实现了一次突破和转变。

人是新闻事件的中心，关注人的生存和需求，尊重和悲悯生命，理应成为新闻报道的主要诉求。[①] 从2011年温州动车组事故，到2020年的武汉抗疫一线，十年之隔，郑连凯更加明确，到一线要关注人，人是最活跃的新闻元素，以人为本的新闻永远具有感染力和生命力。在报道时秉持对受访者的尊重，切实关注群众需求是郑连凯亲身接触到新冠肺炎患者时基本的原则，而他的工作也得到受访者的真心回馈。一位受访者的亲属曾经发微信告诉郑连凯受访者一家人最近的入院情况，并写道："非常感谢你对他们一家人的帮助，人们永远记得你。"

一名值得党和人民信赖的记者，要践行"四向四做"，不仅要坚持正确政治方向，坚持正确舆论导向，还要坚持正确新闻志向，坚持正确工作取向，要业务精湛、作风优良。在郑连凯的一线新闻实践中，他实地锤炼"四力"，以专业新闻素养和强烈的社会责任感，完成了有新闻价值和社会意义的报道任务。

（一）脚力：一线采访，编织信息网络

按照中央指导组的统一部署，中央广播电视总台前方指挥部以工作台账的形式，把病人收治信息统计的任务分解到前方各系统一线记者手上。在报道新闻的同时，郑连凯也参与到收集"四类人员"（确诊患者、疑似患者、密切接触者和无法排除感染可能的发热患者）信息的行动中。在紧邻武汉有名的汉正街的社区——江汉区花楼水塔街道华中里社区，他找到社区负责人，以电话和微信联系的方式展开调查，同时沿街道和社区进行随机寻访。社区居民通过社区微信群反映患病信息，信息通过总台前方指挥部汇总传递给中央指导组，前方指挥部每天收集到大量的求助信息和问题线索，有力推动了"应收尽收，刻不容缓"的命令落实落地，数千名患者得到了及时救治。中央指导组认为，这项工作为疫情防控提供了一手资料和决策依据，发挥了"不可替代的重要作用"。前线记者的工作得到了中央指导组的认可和曾经接受采访的患者的好评。郑连凯在统计求助信息的过程中不忘挖掘新闻，每到一地，接触一人，就可以通过这个人来建立一个信息网和信息链条，从中搜集信息，发现新闻线索，获取独家信息。[②]

---

① 罗彬.新闻报道中的人道主义诉求[J].国际新闻界，2008(8)：61-64.

② 李亭竹.郑连凯：抗疫一线是记者践行"四力"的生动课堂[EB/OL].(2020-05-21)[2021-03-28].https://www.jc.sdu.edu.cn/info/1102/4063.htm.

在武汉当地采制大量新闻报道之后，郑连凯又接到任务，那就是蹲点正在武汉同济医院中法新城院区奋战的北京协和医院援鄂医疗队，拍摄一部纪录片。在疫情最为凶险的“红区”进行他不太熟悉的纪录片制作无疑是个挑战。全国顶尖的协和医院援鄂医疗队承担危重患者的救治工作，医务工作者压力大，救治工作难度大，郑连凯团队必须和他们打成一片，拍摄到珍贵的一线资料。纪录片拍摄需要蹲守，24 小时在重症病区留人。郑连凯的团队的 2 位编导和 3 位摄像，轮流跟医务人员进入“红区”。相较于采编日常新闻三五天进一次“红区”，郑连凯团队每天都要进入“红区”。团队成员和医务工作者们住在一处，每天一起坐大巴，一起换防护服，一起拍摄，郑连凯利用上下班时间和医务工作者交流患者病情、医疗的节点，讨论拍摄的方案。40 多个日夜的并肩作战，他和医务工作者建立了充分的理解和信任。他亲眼看到全国顶级的专家每天都在一线给患者吸痰、擦拭身体，深深感受到医务工作者的可敬。郑连凯总结说，记者和采访对象要有共情，换位思考，互相理解，如果能达到这种程度，一定会做出精彩的节目。没有做不成的报道，只有不合格的记者。

（二）眼力：培养新闻敏感性，用细节刻画形象

“眼力”要求记者有发现力，有能力从纷繁复杂的表象中洞察本质、捕捉亮点。[①] 好的眼力要求记者平时养成高度新闻敏感性，事先做好功课，对采访的关键点建构系统认知，在现场才能迅速把握亮点，灵活应变。记者需要抓住新闻采访现场的细节，即那些富含新闻价值、人物情感和特定意义的象征，能够在传播过程中引起广大观众特别注意的语言符号与非语言符号。[②] 采制《一线抗疫群英谱》时，郑连凯善于利用新闻典型现场细节刻画人物性格，塑造典型形象。

他在中部战区总医院感染内科采访了江晓静主任。这位医生细致缜密，非常关注患者身体状况的微小变化。坚守重症病房一个多月，江晓静医生几乎记得每一位患者的检测信息和治疗方案，每天精准记录动态变化，给患者每两个小时量一次体温，四个小时做一次综合检测。在感染内科，她给病人专门准备了一台秤，不是测体重，而是对每个病人吃的饭、喝的水要精确测量，吃饭之前称一次，吃完剩下的要再称一次，饭精确到克，水精确到毫升。郑连凯从这台秤引入，采访江晓静医生为什么要这么精细。

---

① 肖永根.记者“四力”与新闻舆论“四力”的内在逻辑与提升策略[J].传媒，2019(17)：86-89.

② 王晨辉.电视报道细节运用技巧探析[J].新闻爱好者，2018(4)：87-89.

江医生解释说，新冠肺炎对老人伤害最重，直接表现是肺炎，但往往还伴有并发症，饮食、饮水、排尿、排便这些指标的变化直接关系到患者是否会出现肺水肿和心衰等，哪一个环节出了问题，都可能危及生命。

郑连凯利用电视细节塑造了军医江晓静严谨负责的形象，电视报道中也特意特写拍摄了江医生戴口罩后脸上的勒痕，收录了江医生和同事沟通情况时沉着冷静的语调，多个细节呼应多层次塑造人物形象。一台秤，一个人，一个每天坚持的行为，让“科学救治”从口号落到了新闻报道里切实可见的物品和生动立体的故事上，传递出前线医务工作者冷静的态度、科学的治疗，让人们看到中国的医护工作者正在给越来越多的患者带来生的希望。

（三）脑力：强化问题意识，打造深度报道

锤炼“脑力”，就是在抗疫一线锤炼思考和分析问题的能力与水平。记者在一线不只是要冒着生命危险往前冲，新闻报道归根结底是“脑力”工作，提升这种“脑力”，极其重要的就是增强思考和分析问题的能力与水平。2020 年 2 月 18 日起，武汉严格实行社区封闭管理，商场、超市普遍推行团购，不接受个人消费者入场。但同时由于管理措施及服务保障没有完全走上正轨，商超物流配送为主的经营模式没有落实，市民的基本生活保障切实存在问题。当时“武汉嫂子汉骂”的视频在网上引发热议，一时间给政府部门继续执行社区封闭政策带来不小的压力。

新冠肺炎的在院患者无疑最为牵动社会的心弦，然而武汉市主要人口还是住在小区的居民，他们的生活问题亟须充分关注和解决。生活物资供应不足背后是疫情之下社会常态运行突变牵扯的复杂脉络，社区管理、商超经营、物资调配等多个领域运营逻辑需要梳理打通。这些情况需要记者进行深度报道，力求全方位呈现新闻事件的背景、因果、趋势，挖掘事件的本质。①

因而郑连凯对此进行深入调查，并与其他记者研究如何反映并解决相关问题。他们先通过微信联系到社区居民，从非官方渠道了解真实情况，发现了存在弊病的多个方面，例如价格上涨，捆绑销售，延迟配送或漏单，商品过期等。明确问题后，郑连凯来到商超和社区进行调查，发现商超以前也有团购配送，但业务量占比一般在 10%左右，现在全部货品都需要配送，武汉市仅重点大型超市用工缺口就达到 4000 人以上，

---

① 左治.如何做好电视新闻深度报道[J].中国广播电视学刊，2014(7)：100-101.

直接导致订单难以保质保量完成;不同社区的工作人员数量和工作能力参差不齐,缺少经验和主动性,为社区居民采购商品的过程中也难免出现错漏。

针对上述问题,郑连凯团队制作了《战疫情·社区封闭管理》系列报道,内容包括“如何保供稳价,亿元补贴稳价格,九省联动保供应”“打通微循环,超市配送待支援”和“社区封闭管理,生活用品订单采购”。系列报道的主题涵盖了微观个体到宏观的跨省资源调配机制,如同圈圈涟漪,从居民生活上的困难外扩到社区建立台账和物品分发机制,再外扩到商超行业调整经营获得人手增援,最终落实到中央政府大力拨款,组织九省联动。系列报道中的三块内容连为一体,客观反映了疫情早期社会系统调整的困难,争取受众理解,同时打消了受众对武汉居民生活困难的担忧,更以此为切入点,透视出我国各级政府和多个行业共克时艰、保障人民利益的抗疫图景,予以受众对抗疫终将成功的信心。记者正是带着强烈的问题意识,将一个看似简单的民生新闻多层次剖析,有效挖掘了更大的新闻价值,并将其落实到积极的舆论引导中。

(四)笔力:视听修辞表现力强,解说词删繁就简

电视记者的笔力在于驾驭好精练、生动的影像语言,使报道作品具有感召力,凸显新闻价值。在拍摄纪录片期间,郑连凯每天都会问自己三个问题:有没有拍到独家的镜头?有没有采访到打动人心的语言?有没有删掉冗余的解说词?郑连凯团队彼时得知一位危重症患者去世后,家属同意捐赠遗体,医生将在火神山医院对遗体进行解剖。经过多方协调,郑连凯团队争取到独家采访机会。于是,在火神山医院内部一个只有十几平方米的独立方舱内,摄像师穿上专业的负压隔离服,进入尸检操作间,用一个小时的时间,记录了中国工程院院士卞修武亲自主刀的那一场尸体解剖。

纪录片讲述这个令人敬重的选择时,没有使用解说词,而选择使用逝者女儿接受采访时说的话:“医生就说我们能不能考虑一下让我妈做一个尸检。因为(妈妈)作为老师教学生的,希望做一个有用的人,对人家有帮助的人。我觉得我妈已经走了。我们作为晚辈,其实什么也做不了,要是能够尸检,让医生从病理上这些方面(做研究),对治疗这个病能提供哪怕就那么一点点(帮助),也是一件很有意义的事情。”片子以此串联起逝者生前的情怀,到逝者的女儿也希望捐出遗体为新冠肺炎的病理研究做出贡献。这段整体庄严感人的情节中,仅有背景音乐和现场收声,为受众留出情感延展的留白。他们拍摄解剖现场时并没有把镜头对准遗体,而主要拍摄医生在静默中紧张工

作的场景，予以逝者最大的尊重。解说词的删繁就简原则贯彻了全片，郑连凯团队在修改时删掉了三分之二的解说词，大量使用现场同期声，极大提升了片子的记录感、真实感、节奏感。

电视新闻报道和纪录片中也体现出采访同期声和画面的有机融合。《一线抗疫群英谱》中拍摄了一位即将痊愈的患者说："有信心就可以战胜病毒，要相信医生，相信我们国家投入这么大力量做这件事，一定会好起来的。"患者在说的时候竖起了大拇指，由于镜头在患者斜前方俯拍，患者竖起大拇指的动作在画面中被放大。鼓舞人心的话语以患者有力的声音表达出来，尤为真实生动，和竖起大拇指的画面配合，很好地体现了积极向上的情感。在纪录片《守护生命》的结尾，援鄂医疗队队员乘坐大巴回家，记者在车上采访，透过玻璃可以看到外面的天空十分晴朗。当同期声说到"来的时候天气真的是雾蒙蒙的，路上也没有车也没有人，我们坐着大巴，心里特别沉重，而且感觉身上的担子特别重"这一句时，画面同步播放冬天阴冷天气下航拍武汉空旷街道的画面。而当下一位队员接受采访时，画面切回晴朗天气下队员坐在大巴上，同期声说道："希望明年春暖花开的时候，带着家里人能一起来武汉看看美好的天空，摘下口罩看看美丽的樱花。"画面切到春天武汉的晴空、山水、樱花，最终多个航拍镜头逐渐拉远，和受访者畅想武汉重启美好未来的描述高度统一，兼具了画面美感和走向未来的符号表征意义。

"笔力"是记者践行"四力"的终端环节，视听语言表达的水准直接决定了新闻作品的传播效力。践行"四力"实现"立体多元、联动放大"的融合传播①，体现出主流媒体新闻工作者的专业素养。

二、重大事件报道经验启示

在疫情一线的战斗中，完成报道任务固然重要，但郑连凯将记者的社会责任放在首位，注重时、度、效三者统一。在武汉商超存在配送错漏、涨价、捆绑营销等问题时，郑连凯第一时间联系了超市，但商家遮遮掩掩。此时，他并没有选择专注于严重的供需矛盾，做引人关注的负面报道，而是先通过新媒体发稿，将居民反映的实际情况在客户端等网络平台发布，敦促政府主管部门出手。随后，中百超市等商家收到了政府责

① 肖永根.记者"四力"与新闻舆论"四力"的内在逻辑与提升策略[J].传媒，2019(17)：86-89.

令整改的通知，在超市货架上推出10元蔬菜包，并同相关社区建立了订单协调机制。与可公开的内容生产同步的，还有一种机制性生产安排——内参报道，其内容生产遵从的是决策性需求，对政策制定形成良好推动作用。[①] 郑连凯团队也以内参的形式把问题反映到前区指挥部，指挥部随后分门别类地把问题派给相应部门解决。此后，湖北周边省市也通过行政手段大量联运物资，保障人力，商务部也调整支持重点，调集一亿元资金稳定物价。在问题基本得到解决后，郑连凯团队迅速准备新媒体直播，报道记者探访中百超市，全程跟踪中百超市的货品分拣、送货到家的内容，让观众知道社区保障问题被解决的消息。

在重大社会事件中，记者作为信息的收集者、整合者、传播者，不应仅仅关注利用信息资源为自己创造出好的作品，尤其是在疫情期间大量部门指挥体系向一线前移的形势下，其更紧密的联动协作机制使信息资源可以更高效地发挥作用。也正是大量记者积极通过内参、新媒体、大屏幕多种渠道反映现象、分析本质，才促进了社会各界共同努力推动问题的解决。记者也得以报道出更有层次、更有价值的新闻作品。在全媒体时代，记者更需要培养全方位的能力，从对社情民意的认识出发，养成全方位的思考习惯，时刻牢记服务社会、服务人民的工作要求，而非过于突出记者本身的存在感。

新闻工作者不能逞一时之勇、求一时之快，不计后果地为"曝光"而"曝光"，而是要"多做一些有利于化解矛盾、解决问题、维护稳定的工作"，"多做一些有利于因势利导、释疑解惑、理顺情绪的工作"。[②] 这所说明的正是上述案例体现出专业新闻生产中时、度、效三者统一的原则，记者并没有为了单纯追求时新性而抢新闻，而是充分考虑了新闻的社会效益，在保供稳价措施逐步确定时进行报道，一方面在时效上保证了新闻价值的传递；另一方面在向公众传递信息时，使受众获知可能关系到切身利益的信息，使政府和社会的积极履职得到宣传，服务了公众的信息需求和公共效益。新闻真实是新闻时效统一的基础或前提，只有坚持求实为本的新闻精神，才能实现新闻传播的时效统一。[③] 度，即新闻报道的分寸、尺度，过度宣传会严重损害新闻的客观性和社会价值。记者采访为居民分发物资的社区工作人员时，工作人员表示居民的基本需求可以满足，但如果居民提出个性化需求，不能保证一定满足。尽管这段新闻的主旨是要肯

---

① 张毓强，张开扬.主流媒体内容生产：逻辑、空间及其内在张力——以新华通讯社防疫抗疫报道为例[J].现代传播(中国传媒大学学报)，2020，42(6)：43-50.

② 聂星.主流媒体如何做好舆论监督报道[J].新闻与写作，2017(7)：101-103.

③ 赵晶.论新媒介环境下新闻传播的"时效统一"原则[J].传播力研究，2018，2(35)：40.

定社会各界协力保障居民物资供应，但记者并没有过度美化支援的效力，而是保留了这一段信息，可以说是适度报道的体现。客观说明现有服务确实还存在不足，向观众传递出真实感，这种不足也映射出疫情之下满足如此大量人员的物资供应实属不易。恰时、适度、有效的三者统一才能实现新闻宣传公共性和舆论引导的效果。①

新闻记者要想方设法冲到一线，联系到该联系到的人，把真实情况反映出来。习近平总书记指出，要有“功成不必在我”的精神境界和“功成必定有我”的历史担当。②郑连凯面对疫情的严峻形势，更是把这种精神贯彻到新闻工作中。2020 年 2 月 2 日出发之前，郑连凯已经知道自己要前往黄冈。然而在此之前，黄冈市卫健委主任连当地有多少病床都搞不清楚，面对记者采访一问三不知。郑连凯到达黄冈后，当地政府对媒体并不太主动，将总台一家媒体的记者安排在封闭的酒店，这样虽然保证了安全，但也导致了采访的困难。

发现采访对象不太愿意透露信息后，郑连凯选择主动出击，他主动找当地官员谈，表明来意，打通隔阂。在发现黄冈当地农村人口比例大，城市的正规医院比较少，卫生官员的确存在应对疫情的困难时，郑连凯和采访对象沟通，解释“揭丑”并非新闻的第一目的，一切报道都是为了推进疫情救治，逐步取得了采访对象的信任感，进而向当地的新闻科长、副部长、市委书记等进行采访。随后当地政府开始主动把组织新闻发布会的情况与郑连凯沟通，并告诉了他第一批黄冈出院患者的情况。郑连凯很快在大屏幕做了第一批患者出院的直播，此后和同事们陆续报道了黄冈当地如何分离“四类人员”，在农村缺少医疗器械的条件下怎样开展工作，如何治疗重症患者的情况。这些报道一方面让社会各界认识到革命老区黄冈抗疫的艰难，提供更多社会援助；另一方面也对当地的疫情救治工作形成敦促，帮助更多黄冈人得到救治。可以说，报道工作推动了黄冈疫情的迅速扭转，郑连凯的报道团队也赢得了当地医疗部门、宣传部门的感谢。

作为记者，不能时时想的都是自己要怎么报道，自己要出一条什么样的新闻，而是根据实际情况，切实从疫情救治，从为人民服务的角度深入一线，以实事求是的精神，具体问题具体分析，聚焦问题的解决。记者在采访开始前不可避免地会对被采访者，

---

① 陈寅.时度效的内涵、应用及着力点[J].新闻战线，2014(7)：23-26.

② 习近平：在庆祝海南建省办经济特区 30 周年大会上的讲话[EB/OL].(2018-04-13)[2021-03-24].https://www.ccps.gov.cn/xxsxk/zyls/201812/t20181216_125692.shtml? ivk_sa=1024320u.

例如案例中的黄冈市卫生官员，做出主观判断。但记者应该在现有认知之外，放平心态和受访者沟通，发掘媒体报道之外实际还存在哪些额外的情况或者偏差。而受访者也很可能对媒体存在畏惧或偏见，这就更要求记者多角度出发，寻找共识。郑连凯相信，只要采访对象能够明白记者和他们一样关注于问题如何解决，就没有人会拒绝接受采访。

无现场不新闻。郑连凯认为如果把新闻比作地震，现场就是震中，记者一定要到达震中，发现事件最有标志性的特点。而现场感的传达离不开视听符号。《一线抗疫群英谱》中，为了刻画军医江晓静事无巨细地记录患者情况的细节，记者用镜头扫过一排排贴上详细信息的输液药瓶，成组拍摄江晓静和其他医生核对情况、调阅表单的画面。纪录片《守护生命》的镜头调度也充分利用了新闻现场的可视化细节，大量特写镜头拍摄医务工作者长期佩戴口罩和护目镜后脸上的压痕，完全被汗水浸湿的衣裤，拧出水的擦汗毛巾……通过这些细节，观众直接感受到医务工作者的艰辛。但刻画上述细节时，采访团队同样拍到了医务工作者面对劳累却露出笑容，对比之下更衬托出医务工作者面对困境时积极乐观、勇敢应对的心态。

在拍摄一名即将转入普通病房的患者时，片子借由主治医师的角度，说明了这位患者在刚入院时生命垂危，而现在新冠肺炎逐步治愈的经历。对于即将离开危重病房的患者，记者还拍到一个情节，主治医师给患者梳头，庆祝这位病人战胜病魔。这个看似和治疗无关的情节，把患者阶段性治愈的故事拍出新意。在严肃紧张的治疗环节之外，这位医生的"仪式感"使纪录片加入了轻松活泼的节奏，在医生发自内心为患者高兴的心理背后也体现出医患关系和睦。宏观叙事之下，故事化的情节做出微观表达，通过典型形象传递内涵。在《守护生命》中，还有很多像医生为患者过生日这样的情节，嵌入到严肃的医疗纪实片中使叙事节奏有张有弛。过生日、梳头、和家人视频通话这样日常的行为拉近了受众和叙事的距离，体现出更有人情味的表达。而上述行为发生在危重病房的空间里，防护服、呼吸机和生日蛋糕被同步纳入画面，又构成一种视觉的冲击。治病救人延伸到家人鼓励患者、患者快要出院的暖心互动，更丰富的情节完善了故事性叙事的起承转合，因而更容易把观众代入场景和情节中，建立起更典型生动的人物形象。

新闻工作者不可能孤军奋战地创作出如此数量多、时效强的高质量报道，他们离不开组织、团队和家人的支持。

组织予以新闻工作者业务统筹和后勤保障的大力支持。中央广播电视总台新闻中心向前方派驻指挥人员，有部门主任每天统计记者情况，并将这些信息向总台慎海雄台长汇报。每天晚上，相关团队的负责人开会沟通信息和注意事项。此外，前方指挥部、武汉疫情防疫小组和中宣部等的负责人会每天传递有关信息，向新闻工作者予以工作业务的指导和生活上的关心。在生活上，总台为记者准备了盒饭，配备消毒设施的大巴，提供防护服、生活用品的物资超市，保障新闻工作者冲锋在前时给养充足。正是由于上下步调一致地团结协作，组织到位，前方的记者才能够完成任务。这也体现出社会主义制度集中力量办大事的优势。

紧急的纪录片拍摄任务体现出团队合作的重要性。郑连凯团队的5位成员都拼尽全力，力争在40多天里尽可能多拍摄到高质量的素材。片子里主要记录了三四位危重症患者的故事，拍摄前团队把整个病房里的十几位患者和家属的情况了解得非常清楚。他们通过医院护士站提供的电话找到患者家属，逐一对接，了解患者患病和住院情况，中间是否经历了什么周折，发生了哪些感人的故事，住院以后又有哪些情况，和医生护士有哪些沟通或者矛盾，并把这些逐一记录为新闻素材，随后从中挑选有典型性的、可以打动人的故事，进行记录。5位记者非常团结，以任务为先轮流进“红区”，早上到下午有人跟着医生护士进病房，从夜班到晚上交班会就再有人轮流去跟，从来没人互相比较、埋怨。就这样40多天轮流拍摄，团队才积累了大量的新闻素材。几个人一起摸爬滚打形成默契，到后来即便是穿着防护服看不清脸，团队成员都能认出彼此。

从武汉返京后的隔离期里，团队还在继续沟通打磨纪录片。这部作品对于郑连凯来说不仅代表了他们团队勠力同心认真打磨的心血，也使他联想到抗疫的大背景下，团队的小合作，延伸到医院、政府、各个团队之间的大合作。这样的背景引起了他作为一名记者深深的职业荣誉感，他觉得如果做不好这个节目，都对不起他经历的这个事件，对不起他遇到的为疫情做出贡献的人们。疫情期间，做纪录片这个挑战被郑连凯当作职业新的起点，这段经历成了他在未来的职业生涯当中，一段永恒的情感记忆，激励他继续走下去。

身为家中的顶梁柱，郑连凯毅然决然来到抗疫一线，全身心投入报道工作，与家人的关怀理解是分不开的。当时郑连凯8岁的女儿在上小学，孩子的姥姥刚刚摔伤了手臂，正是一家人需要他的时候。在郑连凯出发前夕，他的妻子尽管对这次行动感到担心,但她画了一幅钟南山的画像,鼓励郑连凯说,钟南山都有80多岁了吧,还这么勇敢!郑连凯来到前线一周后,女儿在家里写了一篇短文——《我的爸爸》,文中有几句话这样写道:"我的爸爸很伟大,他是一名记者,他现在就在防疫一线,我很想他,希望他能够早点平安回家。"之后女儿还录制了她过年期间学会背诵的《木兰辞》。每当想家的时候,郑连凯就拿出手机翻看视频和文稿,总是泪如雨下。之后,女儿所在学校的微信公众号推出了"最美逆行者"系列,报道了记者们在前方工作的照片和视频。来自于北京的亲人的鼓励,更加坚定了郑连凯在前线奋战的信念。

此次抗击疫情系列报道中,无数优秀的新闻工作者在艰苦又危险的一线驻扎数月,发回重要的现场报道,让中国和世界看到人们抗击疫情的努力。其中许多中青年新闻工作者不仅肩负着新闻使命,还有着照顾父母、子女的家庭责任,而来自亲人的支持是让他们放下后顾之忧,全身心投入工作的关键要素。因此,组织上应该对新闻工作者的家庭充分予以关怀,尤其对于记者照顾年幼子女和年迈老人存在困难等情况,更应该及时关注并帮他们解决困难,使新闻工作者在前线奋战时能够得到家庭充分的理解和鼓励。

三、总结

截至2020年4月24日,总台武汉前方报道团队共推出疫情防控相关专栏42个,发稿篇数13864篇,其中电视报道5899篇,广播报道2190篇,新媒体报道5590篇,内参185篇,拍摄各类胶片内容240分钟。[①] 2020年4月25日,中央广播电视总台的武汉前方报道团队回到北京,总台台长慎海雄到集中隔离点——中宣部干部培训中心看望了报道团成员,未曾开口先落泪,他说:"你们回来,我就放心了,过去三个多月,每天都在惦记着你们,因为你们都是父母的孩子,有些已经是孩子的父母……"经过这场抗疫报道的考验,郑连凯因为和无数舍生忘死的抗疫英雄并肩战斗而感到无比荣耀,也更加坚定了作为一名总台记者的使命和方向。

郑连凯记者的战疫报道历程,明显体现出一名记者的职业荣誉感和社会责任担当。如果一名记者没有对自身职业的高度认同,很难在面对未知的风险时,毅然决然选择赶赴前线,每天和病魔擦肩而过却仍然在"红区"工作。而在商业因素对新闻场域

---

① 数据引自肖振生在"中国新闻传播大讲堂"所用讲稿《武汉抗疫融媒体下"全景化"新闻报道的实践与创新》。

干预渐强的时代，记者不能盲目追求时新性和关注度，报道要以社会效益为重，客观公正地为公众提供信息服务，做到“时度效”三者兼顾，党性和人民性的统一。

习近平总书记指出：“好的新闻报道，要靠好的作风文风来完成，靠好的脚力、眼力、脑力、笔力得来。”①而优秀的重大事件报道记者，必然在此之前对“四力”有了充分的磨炼，能深入群众扎根实际，具备新闻敏感性、深度思考能力和表达传播能力，在面对困难时主动沟通，和采访对象搭建共识，争取采访。

在疫情背景下，没有人是旁观者，尽管记者往往是以第三方的视角报道，但并不代表记者不可以参与社会问题的解决。记者以“建设性报道”，发现问题，探寻原因，通过内参、舆论监督等多种方式促进问题的解决，并将带有建设意义的内容广为传播，体现了记者社会责任和新闻报道职责的共同落实。重大事件报道不仅需要记者作为个体的努力，更是对媒体组织力量的考验，如疫情期间多个媒体机构指挥部前移，大力调配物资保障记者安全，高效提供业务支持。因此可以说，重大事件报道是对国家长期以来新闻人才培养和新闻机构建设的全方位考验。

一名记者随时随地都可能经受社会对其专业能力的检验，而贯穿记者职业生涯始终的就是责任与担当。郑连凯总结说：“武汉战疫，此生无悔！因为选择记者就是选择了一种生活方式，在别人后退的时候，你要前进！”

---

① 中共中央文献研究室编.习近平总书记重要讲话文章选编[M].北京：中央文献出版社，2016：436.

疫情大考之下新闻记者的"四力"重塑

◇ 苏比伊努尔·喀迪尔

摘要：新冠肺炎疫情事件重大、信息海量、任务繁重、节奏紧凑，如何让信息更有效地触达受众，是新闻工作者们面临的难题。面对疫情"大考"，人民日报社记者吴姗深入疫情前线，在"风暴之眼"金银潭医院ICU病区通宵采访，在刘智明院长牺牲后挖掘出独家素材，在方舱医院休舱时记录，仅以《人民日报》客户端推送情况统计，就有数篇稿件阅读量近百万。本文以记者吴姗为例，围绕其武汉80天抗疫报道实践经历，思考重大报道中如何重塑记者的"脚力、眼力、脑力、笔力"。

记者简介：吴姗，人民日报社新闻协调部编辑、记者，硕士研究生，毕业于北京大学中文系。2020年2月，吴姗主动请缨奔赴武汉，连续奋战近80天，是人民日报社以及主流媒体为数不多的"战地"女记者之一。在武汉期间，她屡进"红区"挖掘独家素材；多次深入医院、社区、火车站等现场进行直播，为网友实时播报抗疫一线进展和举措，在关键时刻发挥了主流媒体稳定人心、解疑释惑的重要作用。

2015年入社以来，吴姗在"习近平的人民情怀""总书记勉励我奋战一线"等重大系列报道，在高访报道及服务工作，在新中国成立70周年、党的十九大、"两会"报道、"一带一路"国际合作高峰论坛、金砖国家峰会等报道工作中表现出色，8次获得人民日报社年度精品奖。吴姗2018年获得中宣部"新春走基层"先进个人荣誉称号；2020年获得宣传文化系统、人民日报社抗击新冠肺炎疫情先进个人荣誉称号，获得人民日报社第十二届青年岗位能手荣誉称号。在中宣部、中国记协等主办的第七届“好记者讲好故事”比赛中，吴姗荣获“全国十三强”及“最佳选手”称号。

一、三十而立：从小镇姑娘到战疫记者

（一）“我就是小镇姑娘”

“小时候的生活很简单，还记得那时候父母每天送我去学校，穿过许多小院子走10分钟就到了。放学后偶尔去买小吃，江南的路边小摊都很干净、别致，周末跟爸妈或同学一起去公园，那是一个很有幸福感的小城市。”吴姗出生成长于江苏省宜兴市，一个典型的江南小镇。但她不认为自己是人们传统印象里典型的江南女孩。按她的话来说，就是性格比较开朗，而且喜欢闯。小时候，她的成绩在班里不是特别拔尖儿的，总体处于前列，但每到重大考试、重大节点她都会发挥得比较好。吴姗还记得有次跟父母说起未来想去北京读书，爸爸还忍不住调侃几句：“哎哟，还北京呢，你能考上吗?”没想到过了几年，吴姗真的来到了心心念念的首都，还考上了无数人向往的北京大学。

回忆起刚来北京上学的那段日子，她说，从小身体还挺好的，没想到一来北京就水土不服，难受了3个多月才适应。她在家乡吃饭都是以清淡为主，吃饭前先喝几碗鱼汤，再来几口蔬菜，来北京后难免吃不习惯。转眼间，吴姗已经在北京生活10余年了，饮食习惯逐渐能适应北方口味，但心里还时常挂念着家乡，而她也慢慢开始在这座城市安家落户、安定下来。她说自己毕业后有幸到人民日报社工作也是一种缘分，读书的时候自己也没有想过将来会成为一名记者。她是在入社后每一次的工作、实践中逐渐认识、了解，到现在深深爱上这份工作、这个职业的。

三十而立，乐观、正直、敢拼敢闯的吴姗始终对记者这个职业心怀敬畏。入社5年多，她去边疆，访乡村；跑“两会”，跟高访；写稿、拍照、出镜，样样抢着干，样样都能干出色。2020年年初，在新冠肺炎疫情形势还不明朗的情况下，她多次主动请缨奔赴武汉，在那里连续奋战近80天，是人民日报社等主流媒体为数不多的“战地”女记者。

三十而励，在武汉期间，她屡进“红区”，在“风暴之眼”金银潭医院ICU病区通宵采访，在刘智明院长牺牲后挖掘出独家素材，在方舱医院休舱时记录历史，在关键时刻

发挥了新闻媒体稳定人心、解疑释惑的重要作用。她的多篇稿件被全网推送、被各大网端置顶，得到中央指导组有关负责同志充分肯定，“英雄的事迹很感人，采访英雄的记者也很感人”这句话用在她身上再合适不过。

三十而骊，从前线回来后，吴姗代表全国百万新闻工作者，向全国观众讲述重大新闻背后的感人故事。在总台央视综合频道播出的2020年中国记者节特别节目中，吴姗作为全国好记者及抗疫记者代表讲述了金银潭医院的采访故事，讲述出“疫情不结束，我们不撤退”所凝聚的众志成城、同舟共济的坚毅信心。

（二）寒潮来临的那天

2020年除夕夜，吴姗在家忧心忡忡地刷着疫情新闻，就在这时部门微信群里发来通知，征集去武汉报道的记者，对资历提出了一定要求。吴姗第一时间报了名，虽然资历不太符合，但她还是想试一试，在家刷着疫情新闻的时候，她恨不得能飞到武汉。但很遗憾，她这次没能如愿。没想到几天后报社征集第二轮去武汉的记者，她再次积极申请，部门主任考虑再三，同意了她的申请，叮嘱她一定注意安全。吴姗赶紧买票返京，做好随时去武汉的准备。吴姗后来回忆说，自己当初没有太多的想法，只是觉得不去对不起记者这个身份，那句“我要去”几乎像条件反射一样脱口而出。

从老家回北京的那天，父母还不知道她即将要去武汉，光是从家回京的这个路程就让爸妈操碎了心。爸妈不放心，让她把高铁二等座改签成一等座，只是单纯觉得人越少的地方越安全。紧接着爸爸取到了口罩，妈妈借到了泳镜暂时代替护目镜，他们希望女儿被包裹得严严实实，能平平安安回到北京继续工作。没想到女儿回去没几天就发了条信息：“爸妈，我要去武汉了。”他们在屏幕的那头愣了好一会儿，缓缓打出几个字：“我们支持你，任何时候都不要当逃兵。”

终于要出发了，2月14日，寒潮来临，北京大雪。即将开往武汉的和谐号停靠在轨道上，吴姗和同事们道别，有人托她帮忙把一些口罩和日用品带给已经在武汉的同事，有人给她转发有关疫情的最新消息，提醒她做好防护。踏上去武汉的路时，她心中开始泛起一丝恐惧。谁都不知道此刻的武汉到底是什么样子，也不知道这场“战役”什么时候结束，一切都是未知的。火车从下着大雪的北京开出，又驶入下着大雨的江城，光是站台上的“武汉”二字都让人思绪万千。

吴姗还记得刚到武汉的那天，天气非常冷，又不能开空调取暖。在那个时候使用中央空调是很危险的。用手机里的疫情信息软件一查，一公里内有将近300位确诊患者，整个屏幕都是密密麻麻的红点。后来，在多方帮助和支持下，记者们及时配备了电取暖器和电热毯，吴姗觉得太温暖太幸福了，在那样的情况下，大家还在积极给记者提供帮助，考虑记者的冷暖。抗疫报道期间，吴姗在日记本中写道："心中暗暗发誓一定要对得起大家的帮助和照顾，要尽最大的努力完成记者的工作。"她说，在那种武汉人民居家隔离的特殊时期，记者还能相对自由地外出采访，在各方物资都很紧缺的情况下，记者还有电热毯，这令她内心充满感恩，也充满惭愧，下决心一定要做好每一篇报道。

（三）共同的经历成就战友情

吴姗还记得刚到武汉的第一天给同事们送从北京带来的日用品，大家隔着一段距离取物。之后的采访工作中，大家非必要不见面，除非有采访合作需求，开会讨论也是在线上完成。大家心里都清楚，少碰面才是对彼此的保护。

他们这群人是一起看着武汉的街道从空无一人到重燃烟火，从雪夜寒冬跨入和光春日的。在抗疫一线，他们直面困难、真实记录、传递正能量，用自己的笔、话筒和相机展现了新时代记者的责任和担当。他们每个人应该都被问过害不害怕。其实，记者进"红区"前，想到直面患者也会紧张地气喘，从"红区"出来后也会担惊受怕好几天。他们在背包里随身携带口罩和酒精棉球，会时不时地把手机和相机放在喷了酒精的塑料袋中消毒。吴姗说她的一个手机在她从方舱医院采访出来后，因为消毒过度直接死机了，她当时特别着急，担心录制在其中的采访录音和视频资料会有损失，急急忙忙借了一个同事的手机。武汉"解封"后有手机维修店开业，她才去修手机。

新闻工作者在那段日子里多少是带着恐惧在采访，但并非因他们冒着危险，采访对象就能自然地配合，稿件就会被读者认可。说到底，还是得用报道说话。然而，共同的经历让记者们结下战友情，这也是吴姗此行难得的财富之一。

二、三次落泪：在抗疫前线淬炼党报初心

（一）采写英雄：一次初心的升华

2020年2月18日，武昌医院的院长刘智明走了，成了首位因感染新冠倒在抗疫

一线的院长。他的妻子蔡利萍紧紧依扶在灵车上，发出撕心裂肺的哭声，车开出几十米仍在后面追着。刘院长的殉职是武汉抗疫中的沉痛一刻，他用自己的生命守护了更多人的安危。正如习近平总书记所说，他是“把生的希望留给他人而自己错过救治的医院院长”①。吴姗抵汉后没多久，就和同事一起撰写了一篇人物通讯，追悼这位人民英雄。

就新闻报道而言，能直接采访到其家人，有助于最大程度地还原生者最后时刻与生前生活的细节。但是，处于悲痛中的院长家人显然没有状态接受采访，留给一篇及时报道的时间也不充裕。于是，吴姗一边在武昌医院实地采访，一边辗转联系刘院长生前亲友，一直追溯到他大学毕业第一份工作的老领导和少时的伙伴。

有的细节来之不易，院长一位挚友因太过悲痛，多次婉拒记者采访，可当吴姗静静地听完对方近一个小时的倾诉后，这位挚友慢慢放下了戒备心，主动提供宝贵材料，其中包括亲友缅怀逝者的十多封信和从未公开的院长家书。稿子见报后，吴姗也会经常接到那位挚友打来的电话，再忙再累也会陪她聊聊天，听她诉说绵绵哀思。有的细节来得“机缘巧合”，2 月 20 日在武昌医院进行集体采访后，同事掉了东西回去取，就在这时碰到了一位护士就顺嘴问了句，对院长去世有没有什么想说的。没想到，这位护士立刻提供了个细节，她有一次去食堂吃饭，院长在食堂门口远远地看到她过来，就掀起门帘等她过去了才走，即使并不知道她的名字。

2 月 20 日交稿那晚，吴姗眼含泪水敲击键盘，一方面是被刘院长的事迹深深感动，一方面是担心写不好，愧对英雄、愧对那份信任。前方合作的领导、同事给予了她很大的鼓励，半夜 2 点还在一起进行审改，后方主编在夜里 3 点压板后打电话说：“写得真的很感人，你辛苦了。”《人民日报》客户端首页推送这篇稿件后，24 小时内浏览量近 100 万，之后此文连续几天被各大网端置顶推送。中央指导组有关负责同志充分肯定：“英雄的事迹很感人，采访英雄的记者也很感人。”

采写英雄是一次精神的洗礼，是一次初心的升华。记者在能力范围和伦理尺度内全面了解再下笔，是对逝者应有的尊重，也是对读者应尽的责任。写人物，最是细节动人心，最是小事显本质。采访到的细节和故事虽然无法全部呈现，但对记者了解采访对象有莫大帮助，下笔时能更好拿捏分寸。

---

① 习近平：在全国抗击新冠肺炎疫情表彰大会上的讲话[EB/OL].(2020-09-08)[2021-02-24].https://baijiahao.baidu.com/s? id=1680614254535016532&wfr=spider&for=pc.

(二)走进“风暴之眼”——金银潭医院

金银潭医院是武汉最早收治新冠肺炎重症患者的定点医院,当时聚集了武汉最多的危重症病人,被称为“风暴之眼”。其 ICU 更是“红区中的红区”。过年在家刷到关于金银潭的消息,吴姗已经非常想去采访。吴姗抵汉后,在与一位好友沟通武汉情况的时候,对方的一句话更加坚定了她要去金银潭采访的决心,好友说:“来武汉就是冒着风险的,既然来了就要去离炮火最近的地方看看,就像攀登珠穆朗玛峰,到了总想着去顶峰看看,那里的战况牵动着全国人民的心。”这些话让她记忆深刻,因此在汉期间她也一直在关注这家医院的动态,希望能尽快通过报道将里面的情况传递给外界。抵汉后没多久,在一个雨夜,吴姗争取到了一次去武汉市金银潭医院 ICU 采访的机会,成了《人民日报》第一个走进“红区”的女记者。

当时,值班医生张巍一见到记者进来,便言辞激烈地催促他们离开。一方面,医院工作节奏快;另一方面,也害怕记者被感染。想到采访机会来之不易,想到穿着的防护服还很紧缺,吴姗一下子急哭了。她怎么能离开?作为一名党报记者,她认为自己有责任记录下这段抗疫历史。她与医生沟通和保证后,坚持留下,从当晚 10 点蹲守至次日凌晨 5 点,采写了一篇现场特写。在这篇报道中,吴姗记录了医生张巍经历救治艰难时刻的心声,记录了金银潭年纪最小的护士梁顺照顾气管切开患者的从容淡定,记录了患者王爷爷比画胜利手势的坚定笑容。

采访中,吴姗还认识了一位护士长,她从金银潭收治新冠肺炎患者起,没有休息过一天。她告诉记者,自己曾经也差点崩溃,但是责任和使命支撑着她。在聊天时吴姗偶然发现,在科室的微信群聊中,护士长问大家连续奋战许久是否要轮休一下,大家刷屏般回复了这样一句话:“疫情不结束,我们不撤退!”从云淡风轻的语气中,吴姗感受到了惊心动魄的力量,她把这句话用作了文章的标题。紧接着,这个标题在武汉乃至全国广为流传,成为深入人心的战斗口号。在那样的特殊时期,对一位记者来说,最重要的就是发出那个时代的最强音,让深入人心的话语传递正能量。

采访结束后回去已经是凌晨,原本就重感冒的吴姗经过熬夜淋雨更加虚弱,体温当晚就升到 37.5 摄氏度,一周内最高时发烧到 38.5 摄氏度。是在采访中被感染了吗?那时的她真的有了前所未有的担忧。由于医疗资源紧缺,紧急约核酸检测也需要时间,因此她先临时把自己隔离在酒店房间里。那时候她想的是,如果真的已经感染,也要把稿子写完再去治疗。回到酒店后，她脑海里不断回放着那些鲜活的语气和神态，顶着不断上升的体温，她抓取了3个典型人物，写了一篇“红区”人物群像。

《人民日报》及时推出了这篇报道，《人民日报》客户端首页推送后24小时浏览量突破70万，多家报纸客户端置顶推送、纷纷转发。这篇报道成为主流媒体中最早的，也是很有力量的金银潭“红区”报道，文章标题“疫情不结束，我们不撤退”成了广为流传的战斗口号。网友的留言，也进一步让吴姗看到了报道的价值、记者的责任。她还在其中看到了妈妈写下的评论：“心疼闺女，一定平安凯旋。”吴姗的父母一个月后才知道，那个时候的她正在经历心惊胆战的一周，直到核酸检测显示阴性，吴姗才松了口气。几次下来，吴姗穿防护服越来越熟练，也越来越懂得保护自己，身为记者的责任感，也这样在一次次的实战中不断加强。

（三）面对生死：如何冷静着笔

生死，是大部分人印象里最初与疫情挂钩的字眼。关于生死的信息，那阵子像空气一样充斥在四周。面对疫情初期复杂的形势，人民日报社调动全社资源发起全媒体行动，搭建“征集新型冠状病毒肺炎求助者信息”平台，总计征集到4.2万余条有效求助信息，在疫情肆虐的危急关头，打通生命通道，助力应收尽收。当时一位感染新冠又即将临产的孕妇冲到医院哭着对医生说：“孩子心跳越来越弱，求求你们为我剖一刀吧，只要孩子没事，我可以不缝伤口。”人民日报社了解到这个情况后，为她就医收治争分夺秒地联系，后来她被及时送入医院并产下一名健康女婴。听闻好消息，吴姗又一次哭了，这一次是喜极而泣。

除了患者之外，医生也在与死亡风险打交道，其实很多医护工作者一开始多少也会有些恐惧。武昌方舱医院在武汉市首批方舱医院中第一个开舱运营，一天内就收治了300多位患者。患者如潮水般“涌”进来，但医护人员的防护措施还没有完全配齐。一支援鄂医疗队的一名队员告诉记者，脚套数量不够，就用普通的塑料袋应急。

最早参与抢救患者的医护人员中有一些被感染，他们之中有的人在病床上还在给病人想诊疗方案，有的人出院十几天就捐献自己的血浆，有的人病情好转后冒着再次被感染的风险，重新回到岗位继续奋战。吴姗牵头，和同事做了一篇关于《脱下住院服再穿防护服》的报道。很快，稿件集纳了武汉5位医生痊愈后重返岗位的故事，《人民日报》客户端首页推送后，一天内浏览量达65万。生与死的话题，在这里展现出了强烈的职业光辉。

2020 年 3 月初，打听到武汉首批方舱医院里规模最大的东西湖方舱医院即将收治清零的消息，吴姗联系院方争取采访，见证最后一批转院患者出舱。现场的护士和患者，有些人激动不已，有些人沉默不语。上海医疗队的一名队员告诉记者，有些患者是经历治疗期间与亲人的短暂分离，而有些可能是家里唯一的幸存者，这些武汉人民也在默默为这座城市做力所能及的事。吴姗深受触动，她对于生与死、对于救助者与求助者，有了更深的理解。听完那些话，吴姗心情有些沉重，走在空旷的方舱内，她看到一张值班桌上摊着朱自清的《背影》，一抬头，正好前面就有一位护士穿着防护服走出去。望着她远去的背影，吴姗的眼泪一下就夺眶而出。

生与死、乐与哀是并存的，抗疫阶段性胜利中，患者也在付出。他们在自己家人去世的情况下，就这么默默无声地求着生存，把自己的悲哀压下去来配合防疫工作。这些背景和感受，让吴姗在写休舱特写时，有意压制和避免了太偏昂扬的情绪笔调，尽量做到冷静叙事、如实记录。次日，稿件同时在《人民日报》和《人民日报》(海外版)，以及客户端刊发。

生与死，在不同的新闻报道中折射出略微不同的意蕴。用心体会，或许就能让报道多一丝动人点，多一些特别处。不猎奇、不渲染、有分寸、有体谅，既是为人的重要品质，也是记者的基本素养。一名记者，只有常识尽可能丰富、采访尽可能全面、下笔尽可能冷静，才可能写出经得起细品的文章。

三、记者的光荣与梦想：见证历史、参与历史、推动历史

在汉工作的几个月，吴姗对记者使命有了更深的认识，对记者身份有了更强的认同。重症病房救治压力缓解、方舱全数清舱、清明鸣笛哀悼、解除离汉通道管控、复工专列开出、雷神山收治清零、最后一批援鄂医疗队离开，她都在现场。近 80 天的奋战让吴姗的脚力、眼力、脑力、笔力得到了锻炼，那些历史性时刻通过她的笔传出了最真实的声音。接下来的重大报道中，如何更好地发挥记者的作用？她总结出了几点经验。

(一)紧扣人物命运讲故事

2020 年 3 月底，《人民日报》(国际版)约记者做一篇在华外国人士见证疫情抗击

的报道。吴姗联系了一位在武汉工作的韩国人士金秀映。记者在采访中了解到，金秀映确实比较平稳地度过了疫情严峻时刻，因为公司提供了一部分社区性质的服务，他的吃穿住行没有遇到太大困难。他说，就是这份平稳让他发自内心地赞叹中国政府采取的果断有效的防控举措，还想把在韩国的家人尽快接到武汉。吴姗在写稿时并没有刻意夸大金秀映的生存困境，她清楚地知道，跌宕起伏的故事固然有吸引力，但没有什么比真实更动人。

报道大事件中的人物，要尊重真实的命运走向。战疫报道中，个体人物的情感体验尤为值得关注。记者不应该站在自己的想象中去幻想读者需要读什么、而是要关注每一个具体的活生生的人，关注他们的情感和需求，就是这些需求才构成一篇报道的意义。与死神打交道的医护人员面容上绝不止汗水和勒痕，宅家数月的武汉市民心里也不仅是悲苦与喜乐。他们在特定环境下的内心向度，经历战疫过程的情感变化，以及采访中他们实实在在的回答，都在提醒记者应该去做什么。真实的人物才是丰满的，建立在真实基础上的报道才能被人们记住。

(二)始终保持新闻敏感

不少记者面临的共性问题是，连续报道后会有情绪疲惫期，俗称泪点越来越高，这很容易导致新闻敏感度降低。摄影记者可能会觉得相似场面见得太多，越到后面越考验画面抓取力。文字记者会觉得从同类人物中找到独特新闻点，似乎越来越不容易。这时，记者需要有意识地加强对新闻的全局判断、宏观把握，以减少主观错觉影响，保持战疫报道的后劲。

2020 年 3 月底，各大媒体对于援鄂医疗队的报道已经接近饱和，再推出类似报道，一定要找新的信息点。当时，吴姗正在采访江苏省人民医院支援湖北抗疫的一位主任医师，聊天中发现，他在黄石一家传染病医院战斗 40 余天后又有了新使命，这家医院要收治黄石市其他医院转来的 18 名新冠肺炎患者。此外，这位医生在支援期间还参照江苏省人民医院的一些做法，结合被支援医院实际情况，拟定了《重症新冠肺炎患者转运流程》《新冠肺炎舱内值班制度》等一批方案。在援鄂医疗队陆续撤离的情况下，这些做法让记者看到了一种持续的、深度的援助，并以这些信息点为基础撰写了一篇稿件。

（三）好记者心中要有一本账

记者，既要抓准热点，也要会预判热点。这份预判，既是业务素养，也是党报担当。重大新闻事件往往具有突发性，但新闻走势是动态的，有时候只差一天，同一篇重要内容的稿件所发挥的影响力也会截然不同。一名记者要对时间情势有最基本的判断，这也是对记者“脑力”的充分考验。

（四）善于提问，更善于倾听

武汉市武昌区有一位叫李智的市民，他70岁的父亲2020年2月6日确诊患上新冠。记者们了解到后，全力帮忙协调床位，但最终未能成功挽救这位老父亲的性命，老人于2月12日不幸离世。李智在父亲去世后悲痛不已，但没有忘记发一条短信给吴姗：“我父亲今天走了，但还是谢谢你们所有的努力帮助。”一周后，李智一家决定用父亲留下的积蓄购买当时救治新冠肺炎病人急缺的医用级5升制氧机，以救治父亲的医生的名义捐给医院。这是武汉平常的一家人，他们经历失去亲人的痛苦后没有一味地抱怨和绝望，对于ICU床位紧缺最终没能安排上，表现出最善意的谅解。李智说，父亲住院后，专家组几乎穷尽救治方案，多次令病情转危为安，他知道大家都尽力了。父亲也在病中时刻反复跟儿女嘱托：“要感谢大家，要看看能不能为人家做事。”

吴姗与这家人一直保持联系，听闻了老人在世时的为人处世：抓到小偷后揪着不放被打到出血，退休后一直在小区做志愿者工作，住院前还给妻子洗了最后一次头……这个故事一直在记者心里，最后落在《人民日报》（海外版）“武汉英雄儿女说句心里话”整版报道中。从帮忙协调就医到稿件刊发，在这个过程中，吴姗做得最多的，或许就是付出真诚。

事后回想起来，有些时候，在采访过程中，用心倾听比刨根问底更重要。在倾听过程中，记者可与采访对象产生共情。产生共情才能引起共鸣，打动自己才能打动读者。“耳力”也是记者需要锻炼的。

（五）既要有站位，也要接地气

武汉天后社区的书记赵媛过年起就没回过家。2020年3月上旬，吴姗近距离观察了她一天的工作，除了分配物资，书记还要负责给没能力出门的独居老人量体温，为去医院做肾透析的居民安排车辆。疫情期间，这个社区发生了很多故事。一位确诊患者因为害怕传染家中的高考考生，联系上床位前情绪很激烈，一度要搬来社区服务站住下。患者被安顿好，又剩下要高考的孩子独自在家，社区就负责每天送饭、时不时送物资。这家人后来一个劲儿地向社区道歉和道谢，从头到尾赵书记都非常理解。社区的确诊患者唐爹爹，也让赵书记印象深刻。2 月份，唐爹爹的儿子被隔离观察，老伴行动不便，社区工作人员就多方为老人联系医院、陪同送诊，还一天几个电话询问身体情况，直到唐爹爹病情稳定。有几次联系不上住院的老人，赵媛急得吃不下饭，她说："社区对家属要有交代啊！"详细采访这个社区前，吴姗和同事做过考察。这里包括 1 个老小区和 2 个新小区，应该说是武汉比较有代表性的社区。在这里，她看到了或感人或令人心酸的一幕幕，走入其中更加真切地感受到社区工作者坚守岗位的不易和人们在困境中努力生活的可敬。

凡人的生活，英雄的故事，在这场战"疫"中相互交织着。英雄的故事要讲好，凡人的生活也要时刻关注。武汉一名环卫工人说，他因为职业性质过去觉得在孩子面前抬不起头，但他承担起方舱的清洁工作后第一次有勇气主动和孩子视频；汉口火车站关闭 60 多天后再次有乘客走下高铁，工作人员带着哭腔说"车站终于活过来了"，而此前他们守护岗位没休息过一天；武汉最后一家方舱休舱前，有康复者和护士下了一盘围棋，笑着说"那天输了，出舱前要扳回一局"……这平凡又不凡的一幕幕，不断提醒着吴姗该报道什么，怎么报道。

四、在京回望：一切过往，皆为序章

吴姗在武汉工作的每个阶段感受都不同，在京回望感受又不同。回京前，吴姗的微信上一下多了好几十人，有医护、民警、志愿者、社区书记、患者和家属。临走时，刘院长的挚友又一次打来电话，祝福平安；国庆节时，金银潭医院一位护士联系她，说最近医院正在扩建，要不要来看一看；那位冲到医院的产妇发来照片，孩子都快 8 个月大了，胖乎乎的小脸十分可爱。同他们的持续交流，让吴姗与江城牵绊更深。

吴姗说，如果把所有的感受总结成两个字，那一定是"感恩"，要感恩的人太多太多。感恩武汉人民的配合和照顾，感恩新闻前辈们毫无保留地分享经验，感恩这段经历带来的所有机会。同事评价她说："吴姗身上的两个特质在这次的经历中发挥得淋漓尽致，一是勇敢，二是真诚。”而吴姗却不认为这些成绩只属于自己，反复强调是集体的智慧成就了她。

从武汉回来后，吴姗立刻进入到紧张的工作状态，迅速投入“两会”等的报道工作。金银潭医院院长看完节目后说：“吴姗老师和我们是一个战壕里的战友，我们都在前线，在战斗的不同岗位做着自己的坚守。我们的新闻工作者用自己的文字、镜头和声音描绘出生命至上、举国同心、舍生忘死、尊重科学、命运与共的伟大抗疫精神，感谢他们为湖北，为武汉，为中国，为人类作出的杰出贡献。他们都是好样的，都是我们过命的朋友。”

比赛过后，吴姗在自己的微信朋友圈发了这样一段话：“荣幸，能站在 2020 年中国记者节特别节目的神圣舞台，感恩，能参加全国好记者讲好故事比赛并走到最后。从参加比赛到录制节目，再到人民大会堂领奖，历经一个多月，翻阅手机保存的练习录音，有 200 多条。其间，我看到了来自全国各地的新闻人奔跑时的初心所依、千姿百态与殊途同归。我也更加体会到了党报记者的职责和分量，与人民同呼吸共命运，真诚讲述，如实记录。”

一切过往，皆为序章。作为记者的荣光和梦想，都将凝聚在“本报记者”四个字中。在武汉期间穿惯了的红色战服，也将永远穿在吴姗的心里。她很喜欢老报人邵飘萍的一段话：“余百无一嗜，惟对新闻事业乃有非常趣味，愿终生以之。”

为时代立传，为历史存真：重大突发事件中纪录片人的“四力”

◇ 朱雯琪

摘要：纪录片肩负着为时代立传、为历史存真的重要使命，在针对新冠肺炎疫情的系列报道中，抗疫主题的纪录片作品起到了重要的信息传播和价值引导作用。本文以湖北广播电视台纪录片部在本次新冠肺炎抗疫报道中作出的突出贡献为典型案例，结合具体纪录片作品，分析其在抗疫重大题材创作中的指导观念、策划思路、传播策略以及在纪录片工作者素质培养方面的方式方法，从中总结成功经验，力图为我国新闻传播人才队伍的建设提供借鉴和参考。

记者介绍：朱力军，1961 年 6 月出生，1983 年 8 月毕业于北京广播学院电视新闻摄影专业，中共党员，从事电视新闻、纪录片创作工作 37 年，高级记者（二级），现任湖北广播电视台纪录片部主任。朱力军多年专注人类影像学研究，代表作品有《中国酒文化》《长江》《汉江》《见证》《武汉战疫》等，擅长纪录片策划、撰稿、编导、制作和监制，主张纪录片人要有“记录历史，连接未来”的情怀和使命，作品要有“独立思考之精神，独特视角之发现，独一无二之价值”。

一、引言

2020 年年初，新冠肺炎疫情来势汹汹，一场防疫抗疫的“硬仗”在中国打响。对于新闻媒体从业者来说，这次疫情是一次巨大的挑战，针对事件重大、节奏紧凑、信息海量繁杂、情况未知多变、社会关注度高的疫情防控工作，如何客观有效地向公众传达实时信息、全面展现一线抗疫实景、回应社会关切、传播抗疫必胜信念成为媒体记者的艰巨任务和重要职责。疫情爆发后，无数记者团队第一时间奔赴湖北，开展现场抗疫报道。在这场新冠疫情防控战中，作为疫情中心的主流媒体，湖北广播电视台具有“第一时间”“第一现场”“第一感受”“第一需要”等优势，在台（集团）党委的领导下，纪录片部在疫情爆发之初就成立了战疫指挥部，组建了战疫摄制组，积极投入战疫宣传工作，始终坚持在一线拍摄，创作出多部影响广泛、意义重大的战疫纪录片作品，为湖北广电打好战疫宣传主动战贡献了纪录片人的力量。因此，本文以朱力军记者为代表的湖北广播电视台纪录片部在本次新冠肺炎抗疫报道中作出的突出贡献为典型案例，结合具体作品，分析其在抗疫重大题材创作中的指导观念、策划思路、传播策略以及在纪录片工作者素质培养和团队建设方面的成功经验，为我国新闻传播人才队伍的建设提供借鉴。

二、战疫纪录片矩阵：疫情期间多语态下的全过程记录

（一）重大题材报道中纪录片矩阵模式的应用

纪录片矩阵指同一主题、同一指向，不同形式、不同角度、不同语态、彼此关联的纪录片作品的集群组合，通过一次采集、多元生成、多屏分发，形成多维度、多形态、有关联、立体化、集束化的运作方式，产生信息传播的立体效应，具有较强的传播阵仗和气势，以满足不同媒介和受众的需要，实现传播效益的最大化。这一策略是传媒发展新格局下的创新产物，满足了传播新需要，通过信息的多管齐发、集束传播形成了互补互动、彼伏此起的叠加效应，同时采用就地取材、一材多用的创作方法，有效实现了对现有素材的最大化运用，改变并优化了制作流程，提高了生产效率。这一模式十分适用于主题宏大、信息浩繁、内涵丰富、涉及面广、时空跨度大、社会关注度高的重大事件和重大题材的报道，相比于单一故事形态的节目，纪录片矩阵更能从站位、角度、信息量的层面满足受众对于多维度、多层次信息的需要。同时，在媒介融合背景下，打造基于作品矩阵之上的传播矩阵，也符合当下多媒体融合传播的需要。

（二）精心策划：战疫纪录片矩阵的落实

新冠肺炎疫情是我国近年来遭遇的传播速度最快、感染范围最广、防控难度最大的重大突发公共卫生事件，而武汉作为疫情爆发中心，受到了社会各界的广泛关注。在这场没有硝烟的战争中，湖北广电纪录片部主动承担起了对疫情防控工作进行全景记录、节点把握、深度解剖、细节呈现、系统表达、完整复盘、启迪思考的重要任务和创作追求。

2020 年 2 月上旬，湖北广电纪录片部站在国家高度，用全景观的视野策划了战疫纪录片矩阵，包括《武汉战疫》《见证》《金银潭实拍 80 天》《B8 东病区》《非常手记》《沈警官》《武汉记“疫”·百人口述史》等多部纪录片作品。其中，《武汉战疫》以武汉为主战场，全景观复盘武汉从疫情爆发到救治、阻隔，最后到“解封”、重启的战疫全过程；《非常手记》从市民的视角出发，用手机记录武汉“封城”后百姓们的隔离生活；《见证》记录了 4.2 万多张医护工作者肖像照片的拍摄过程和医护人员对疫情结束后的生活愿景；《沈警官》则以日记体的形式讲述了民警沈胜文开展社区防控工作 86 天的故事；《金银潭实拍 80 天》真情纪实疫情“暴风眼”金银潭医院发生的故事；《B8 东病区》零距离、无干扰拍摄，真实记录同济医院中法新城院区 B8 东病区的故事；《武汉记“疫”·百人口述史》通过讲述人们刻骨铭心的战疫经历，汇聚成一部多维度、全景观、有血肉、有温度的武汉战疫口述史。战疫纪录片矩阵的打造是湖北广播电视台有史以来最大规模的纪录片创作行动，也是该台第一次运用纪录片矩阵的方式多维度、多语态、全过程记录一个重大历史事件。这一成功实践也为我国今后重大题材新闻报道方面的工作提供了丰富的经验和有效的参考。

（三）全台齐心，团队协作

与事件同步真实拍摄记录是纪录片取得成功的前提和基础。由于时间紧迫，拍摄工作量巨大，在布置纪录片矩阵摄制团队的过程中，台编委会以战时状态打破了部门界限，由台领导挂帅、纪录片部主导，组成由融媒体新闻中心、卫视频道、综合频道、教育频道、制作中心、媒资中心等部门参与的联合摄制组，分别开展同一主题、不同方向、不同形式的抗疫主题纪录片的拍摄。在疫情最为紧张的时刻，全台齐心协力，精诚合作，创作出一系列抗疫纪录片精品，记录下了非常珍贵的高品质战疫影像档案。

有关疫情这一重大主题的纪录片创作，信息浩繁，舆情复杂，社会的信息需求强烈，在时间紧迫的情况下更要保证影片质量，在较短的时间内创作出高水平、有影响的纪录片作品，因此，在节目审核把关上湖北广电更是做到了严上加严。《武汉战疫》是湖北广电战疫纪录片矩阵的标志性作品，省委省政府高度重视。在制作期间，台领导下沉到摄制组，坐镇指挥，现场把控；纪录片部尽锐出战，新闻中心、卫视频道等部门紧急驰援；各部门合力攻坚，争取在规定时间内完成制作。在审核阶段，省主要领导集体审片并提出精准的修改意见。经历了无数次近乎苛刻的修改、审片、再修改、再审片的反复打磨，纪录片《武汉战疫》通过了湖北广电史上最高标准最高规格的节目审查，于2020 年 9 月 24 日胜利播出。学习强国、《人民日报》、新华社、央视频等国家级媒体的新媒体客户端以及全国 29 家省级新媒体转发了《武汉战疫》，该片以高超的制作水准取得了较好的传播效果。

三、见证的力量：抗疫纪录片《见证》的创作历程

（一）创作缘起：抗疫肖像影像工程的全记录

《见证》是本次战疫纪录片矩阵中的一部，是对中国摄影家协会主席、《人民日报》摄影记者李舸所带领的摄影团队在疫情期间开展的对“逆行”湖北的医务人员的抗疫影像记录工程的过程全记录。2020 年春节之际，新冠肺炎疫情突如其来，湖北省成为重灾区，4.2 万余名医务工作者从全国各地紧急驰援湖北，奔赴一线，成为阻击疫情的主力军。由于救治工作需要，医务人员需要长时间佩戴严密的防护口罩和护目镜，在ICU 与时间赛跑、与死神较量，艰辛程度常人难以想象。口罩和护目镜使他们的面孔无法辨认，大家只能借助写在防护服上的名字辨认彼此，完成工作。为了铭记白衣天使白衣为甲逆行出征，为抗击疫情作出的巨大贡献，疫情防控中央指导组宣传组策划并发起了肖像记录工程，为每一位驰援湖北的医护人员拍摄摘下口罩后的照片。2020年 2 月 21 日，为了记录更真实、更震撼、有史料价值的影像，李舸记者带领摄影团队抵达武汉，经过 40 多天的奋战，终于在武汉“解封”前拍摄下 4.2 万多张肖像照片，完成了载入史册的中国战疫影像档案。为了真实再现这一具有重要意义的肖像记录工程的诞生过程，湖北广播电视台纪录片部策划了纪录片《见证》，对这一伟大工程进行全

过程记录。

(二)作品亮点:开展抗疫人物的多维叙事

1.高远的主题立意:肖像记录工程的多重意义

肖像记录工程作为一项疫情特殊时期具有重大意义的国家影像档案建设工作,毫无疑问是一个独一无二而又意义非凡的纪录片题材,因此,《见证》以记者李舸团队的拍摄过程为主线,以医护人员为主体,以照片为斜面,以人物故事为载体,折射出我国波澜壮阔的抗击疫情图景和中国医务工作者的群像,展现了他们救死扶伤的职业素养和坚守一线的无私精神,表现了中国人民在这场抗疫保卫战中作出的巨大贡献和牺牲,传达了对生命充满敬意和爱护的人文情怀。在有限的篇幅里,《见证》承载了丰富的层次内涵,它不仅仅是湖北的,也不仅仅是中国的,它还是世界的。从策划的角度来说,这一主题具有多重的意义和传播价值,创作中必须关注立意的高远性。因此,《见证》开宗明义,谨以此片献给全世界每一位与新冠肺炎疫情勇敢战斗的人,片尾也表达了中国人民向中国和全世界所有抗击新冠肺炎疫情的白衣天使的崇高敬意,这个站位和定位就使得该片有了特别的高度、深度和宽度。

2.独特的视角表达:摘下口罩的瞬间

以医护工作者摘下口罩的神情面容和眼神对视这一细节作为切入点,是纪录片《见证》在视角选择上的独特发现。疫情爆发后,4.2 万多名医护人员从全国各地紧急驰援湖北,他们穿戴口罩、护目镜、防护服,在隔离病房同时间赛跑。医护人员为了相互辨识,在防护服上写上名字,很多患者直到出院都没有看清他们的样子。习近平总书记在火神山医院指挥中心考察时,对医务人员代表动情地说:“你们都穿着防护服,戴着口罩。我看不到你们的真实面貌。但是,你们在我心目中都是最可爱的人!”[①]《见证》为了回应社会的关切,选用了“摘下你的口罩,让我记住你们的面容”作为拍摄工作的主要诉求。记录医护工作者们拍摄肖像照片时摘下口罩的瞬间,展现他们脸上由于长时间佩戴口罩和护目镜留下的深深的血印和压痕,是对他们为抗疫付出的有力见证。通过每一个医护人员与镜头的对视产生直击人心的视觉冲击效果,并由这一独

---

① 央视新闻.独家视频丨习近平点赞医务人员:你们是最可爱的人[EB/OL].(2020-03-10)[2021-03-18].http://news.cctv.com/2020/03/10/ARTIY34gTxNPzoqJuWozNRPp200310.shtml.

特的视角表达挖掘更深层次的故事内涵,《见证》将一位位平凡而伟大的医护人员定格为一张张撼人心魄的肖像,呈现了众志成城战疫情的宏伟图景,构成了一幅彰显人性光辉、人间大爱的长卷。

3.故事化的传播语态:平实话语的动人力量

照片背后的故事折射出波澜壮阔的疫情防控工作,彰显影像作品特有的视觉冲击力和情绪感染力,讲好照片背后的故事是《见证》的另一个亮点。照片是一面多棱镜,它有很多内涵,很多信息。跳出照片二维静态空间局限可以获得更加丰富的信息,以此增加节目的厚度,丰满医护人员的形象。在拍摄过程中,记者了解到医护人员的手机里有很多与患者在病房的珍贵合影,就让他们每人挑选一张有故事情节的照片,显示在手机的屏幕上,将手机举在胸前拍照,并对着镜头讲述手机照片背后的故事。通过医护人员们的讲述,摄制组记录下了很多医患之间、同事之间相互鼓励、彼此慰藉的感人情景。同时,在拍摄中记者发现,在每天高强度的工作压力和巨大的心理压力下,摘下口罩配合摄制组成员完成拍照,给了他们一个解压、释放的机会,瞬间拉近了摄影记者和医护人员之间的距离,形成了一种奇妙的亲密关系和温馨氛围。在拍摄的过程中,摄制组让医护人员对着镜头回答一个问题:“疫情结束以后,您最想做的一件事情是什么?”而就是这样一个简单质朴的问题,让很多医护人员瞬间泣不成声,哽咽着说出了自己同样简单质朴的心愿:想要吃热干面,想陪伴父母家人,想带孩子到武汉告诉他这是自己曾经战斗的城市,等等。平实朴素的话语在疫情这一特殊的情境下显得尤为珍贵和动人。在救治生命一线,他们是勇担重任的主力军,在日常生活中,他们也是普通人,细小情节的呈现和感情的表达,更加凸显了他们舍小家、为大家、为国家的无私精神,具有很强的感染力,能引发观众的情感共鸣。

4.创新的艺术手法:首尾巧妙的符号表意

一部优秀的纪录片要兼具叙事的真实性和视觉效果的艺术性,《见证》在真实呈现抗疫一线医护人员的精神面貌和故事情节的基础上,也关注到了作品艺术效果的创新表达,在开篇和结尾部分进行了独具匠心的设计,实现了“开篇引人入胜,结尾意犹未尽,首尾呼应,强化主题”的效果。《见证》开篇出现的黑底字幕“谨以此片献给全世界每一位与新冠肺炎疫情勇敢战斗的人”,确定了节目的定位和基调,紧接着画面导引出现武汉关钟楼这一标志性建筑,配以浑厚深沉的钟声,带出一组武汉“封城”的代表性镜头。万人空巷的沉寂街道,戴着口罩静默无言的雕像,孤独伫立的黄鹤楼,空荡的长江大桥和其上飞驰的救护车,凸显了"封城"状态下武汉的压抑和空寂氛围,以直接的画面呈现简明扼要地交代了疫情背景,引出黑底红字的片名"见证",具有较强的视觉冲击力、氛围感染力和代入感。主人公的出场也恰到好处,对拍摄主体事件进行了简要的介绍,李舸在疫情最为焦灼、艰难的时刻,义无反顾,第一时间带领摄影团队"逆行"武汉来完成肖像拍摄这一艰难而又意义重大的任务。在这个过程中,李舸他们如何完成这一艰巨的任务?他们将遇到怎样的困难?照片效果怎么样?《见证》在开篇便为观众营造了令人想要一看究竟的悬念感。片尾的设计也是全片的一大亮点,由于时长限制,4.2 万多张驰援湖北的医护人员的照片无法在仅有的 20 分钟篇幅里一一呈现。为了尽量做到在有限的篇幅里呈现肖像工程的浩繁宏大,让观众看到海量照片背后所表现的新中国成立以来最大的一次医疗救援行动,感受到医护人员有血有肉有情怀的鲜活群像,给人以视觉冲击和心灵震撼,《见证》的结尾做了一个整体设计:首先是海量的照片不断从屏幕外向屏幕的纵深飞进,屏幕的中央依次变换医护人员讲述疫情结束后最想做的一件事情的视频。其次,密密麻麻的医护人员的姓名飞进屏幕,幻化成漫天的星星。最后,浩瀚的星河中出现字幕:"向驰援湖北的 42000 多名白衣天使致敬,向投身战'疫'的湖北 50 万白衣天使致敬,向中国和全世界所有抗击新冠肺炎疫情的白衣天使致敬",与开篇形成了很好的呼应,同时也深化了《见证》的深刻内涵,给观众以余音绕梁、回味悠长的观看感受。

(三)传播策略:基于融媒时代的矩阵传播

随着媒介融合的不断发展,媒介之间的壁垒越来越模糊,各种媒介呈现多元融合的趋势,在这样的情况下,纪录片的创作和传播也做出了相应的改变。对于融媒体时代下的纪录片创作,记录是基础,传播是目的,为了满足不同受众群体的观看需求,应更好地利用融合传播的创新方式,让声音传得更响,传得更远。在《见证》的创作过程中,编导进行了有关纪录片融合传播中拆分与衍生矩阵的探索,以 20 分钟完整版的《见证》为核心,衍生了如下产品:首先是不同长度的短视频,这些短视频有 1 分钟、2 分钟、4 分钟、5 分钟等不同长度,以适应不同媒体平台和传播场合的需要,以简明扼要的方式传达重要信息,以具有视觉冲击感的画面吸引受众,在不同程度上满足了新媒体观众的观看习惯,并引导观众由短视频引发兴趣,转向观看肖像拍摄过程全记录的《见证》完整版;其次,制作团队推出了《见证》系列海报,呈现出较强的视觉冲击力和艺术美感，实现了很好的宣传效果，图片加视频二维码的方式也起到了为纪录片引流的作用；再次，根据《见证》的主题和题材特点，制作团队为片子创作了主题歌《铭记》，通过富有诗意的歌词和动人的旋律，将音乐与视频相结合，加强了观众对于《见证》以及其想要传达的主题精神的印象；最后，制作团队根据国外受众特点将片子重新剪辑并翻译成13国语言对外传播，有力地发出了中国战疫声音。《见证》节目的矩阵化传播策略形成了长短不一、形式多样、风格迥异的系列产品，为后续开展的融合传播打下了很好的媒介基础。在一次又一次对各类融媒体产品的转发中，纪录片《见证》以不同的呈现形式焕发出二次生命，不断扩大传播范围，实现了良好的传播效果。

四、经验启示：重大事件报道中的纪录片创作经验

（一）真实性：过程记录与真实表达的统一

自纪录片诞生以来，追求真实始终是其重要的美学标准，纪录片的魅力就在于事实真实和表达真实的相互统一。拍摄纪录片需要遵守一个基本原则，即客观记录、真实表达。对于重大题材的纪录片来说，其肩负着为时代立传、为历史存真的重要使命，也承担着特殊时期的信息传播和价值引导功能，因此，对过程的完整记录和事件现场的真实呈现在纪录片创作过程中显得尤为重要。拍摄者在对人物、事件、现象的全过程记录中不断发现、挖掘、提取重要信息和关键细节，不断加深对真相的认知，深化对情感价值的渗透，并将其融入作品的表达，以真实的力量打动观众，带动观众的思维和情感，形成情感共鸣和思想认同。在跟踪拍摄肖像记录工程实施的过程中，摄制团队见证了4.2万多张照片的诞生，也见证了无数的感人场面和动人故事，而整个摄制过程没有导演摆布、脚本提纲，也没有背景设计和手持话筒采访，成片完全使用纪实镜头（尤其是长镜头）作为素材，并将采集到的20多个小时的素材新编成20分钟的成片，片比达到60∶1，形成了第一人称旁白、照片呈现、愿望表白、故事讲述、画面合成等各元素有机融合的完整叙事结构。总之，记录过程的完整和内容的翔实，确保了见证的真实性。

（二）故事性：个体命运背后的人文情怀

在纪录片策划中，针对抗击疫情这样重大的题材，采用以小见大的叙事方式，将宏

观概念转化为微观具体可感的形象，更有利于把宏观话题讲得入情入理、深入人心。在明确拍摄主题的基础上，寻找到可以直观有效呈现意义的故事载体，以故事中人物的个体视角将观众视角拉入到特定的环境中进行观察和感受，对人物行为的背景信息、内外缘由和价值意义进行故事化的阐述，相比于纯粹的说理和宏大叙事，这种方式更具感染力，它使观众将自身代入影片所营造的情绪和氛围中去，带着真切的感受去更好地理解和接受影片传达的思想主题和价值内涵。同时，这也要求纪录片工作者在选取故事案例时必须围绕主题创作，明确在主题下的人物的情感和行为特性，选择具有代表性、叙事价值、表现张力的人物事件，在以小见大中做到点面融合，用真实的现场、完整的过程、丰富的细节、动人的话语把需要传达的信息及其思想内涵都隐含在客观的叙述中，无须刻意强调故事背后的宏大背景，通过个体命运和纪实细节呈现，让观众在最为真实自然的描绘中心领神会，自然而然地表现重大题材下的全貌。以《见证》为例，节目中没有出现举国体制的生硬描述，也没有出现强调医者仁心的豪言壮语，而是通过医护人员讲述照片背后的故事，表现医护人员的职业精神和无私善良；通过呈现他们在疫情结束之后最想做的一件事的质朴表白，表现医护人员义薄云天的家国情怀。《见证》通篇以独立视角和个体故事展现抗疫队伍的精神风貌和全国人民众志成城抗击疫情的坚定决心。另外，从李舸的角度来看，他带领的摄影团队闻令即动，火速奔往一线的果敢行动，以及在拍摄肖像过程中遇到的困难、接受到的源源不断的各方力量帮助也带来了更为丰富的叙事，深化了本片向抗疫工作者致敬的主题，凸显中国力量的伟大。由此可见，这种以小见大的价值表达方式具有较强的感染力，用具有人文情怀和人性温度的感人故事，更为直接地达成和观众的共情，实现价值观念的有效传达。

（三）国际化叙事语态：讲好中国故事，传递中国声音

重大题材的纪录片创作具有特殊的传播属性。创作者应考虑到国际传播的因素，面对复杂的国际传播状况，重大题材纪录片作为国家话语表达，应承担起正本清源、消除噪音、塑造国家正面形象、传递国家正能量的对外传播使命，在叙事方式上应采用国际化的叙事语态，摆脱生硬刻板的宏大叙事手法，选取更具象、更灵活、更生动的叙事方式，将抽象的内容进行富有震撼性、个体性、亲和力的表达，使海内外受众更好地理解和接受作品所传达的信息实情和价值观念，讲好中国故事，传播中国声音。另外，重

大题材纪录片的创作应该在弘扬中国主旋律的基础上，更深层次地挖掘人类共同体的情感、责任、愿景和价值观念，引发世界人民的共鸣。疫情期间，《见证》在传播对象的选择上兼顾了国内外观众群体，讲好中国战疫故事，彰显在全球抗击疫情过程中中国人民众志成城、不畏艰难、万众一心的坚定决心和巨大力量。首先，以医护人员肖像摄影为线索串联全片，其所展现的抗疫一线医护人员的面孔具有令人震撼的真实力量，不需要再多的解释说明，足以传递中国抗疫力量和人性温情。其次，李舸作为《人民日报》的摄影记者，同时也是影像记录工程的组织者和执行者，其主流媒体人员的职业身份具有国家声音的代表性。《见证》全程跟踪记录他的拍摄工作，并把他作为结构性人物贯穿节目始终，以他的所见、所闻、所感流畅自然地表现出在抗击疫情过程中中国人民所作出的巨大贡献和牺牲，并结合他与医护人员的采访对话和纪实细节，讲述真实的抗疫故事，彰显了中国信心，传递了中国力量。最后，《见证》中展现的对生命的尊重和敬畏，对人性的关怀和呵护，表达了人类共同的价值和理想，引发了国内外观众广泛的共鸣和思考。

五、总结："四力"视角下纪录片人才的素质培养

（一）增强"脚力"：深入一线现场，记录真实事件

过程记录和真实表达是纪录片创作的首要原则，这要求纪录片创作者走进事件发生的第一现场，记录事件发生的全过程和事件当事人的故事，正如著名的战地摄影师罗伯特·卡帕所说："如果你拍得不够好，那是因为你靠得不够近。"在纪录片创作中，从挖掘有价值、有意义的选题，到具体策划和落实拍摄，每一个流程都需要纪录片工作者苦练"脚力"，克服拍摄环境恶劣、工作条件艰苦、情况复杂、沟通不便等困难，深入一线，记录广大群众关心、社会关注的问题，尤其在针对重大题材的报道中，更加凸显了纪录片的必要性和重要性。在面对灾难题材的特殊时期，纪录片不仅发挥着记录真实、铭记历史的首要任务，更肩负着引发社会思考、传递价值导向的重要责任。不同于普通的故事题材，抗疫主题的纪录片拍摄工作对于摄制团队的每一位成员都是身体素质和精神力量的巨大考验和挑战。复杂多变的疫情发展以及随时有可能被感染的巨大风险，要求所有采编人员同步做好稳固的心理建设和严谨的自我防护，为记录到更

真实、更丰富的故事素材，全面展现我国伟大的抗疫斗争的真实图景，和医护工作者共同奔赴一线，走进疫区，真正在一线采编工作中践行用“脚力”记录真实。

疫情就是命令，疫情爆发后，湖北广播电视台纪录片部全体成员都积极投身到抗疫一线现场，四个班子成员冲锋在前，担任四个摄制组组长；“95后”张航每天开着私家车往返火神山医院工地；张昌旭忍着严重的痛风病痛，四进“红区”；鲁澧因连续作战昏倒在机房；56岁的蔡文祥戴着老花镜坚持深入一线采访拍摄；逯涛积劳成疾，险些跌倒在拍摄现场；郑俊斌双手被消毒液灼伤，仍戴着手套忍痛坚守岗位；袁玲带病投入《武汉战疫》创作；休产假的刘月红每天更新“战疫时间轴”……近一半的人因拍片住在酒店隔离，并完成了记录隔离生活的《非常手记》。在现场记录中，纪录片部共拍摄了近100T的战疫镜头，包括了大量的独家采访画面，有三分之一的镜头是4K视频，建立了非常珍贵的高品质战疫影像档案，也为深度宣传抗击疫情打下了坚实的媒资基础。在这场抗疫保卫战中，每一个纪录片人都经受住了疫情的考验。在紧张的拍摄过程中，同志们不畏艰险，勇往直前，顶着巨大的工作强度和心理压力，高效、高质量地完成了拍摄任务，在用脚步丈量一线现场、观察事件维度、感受人物情感的“脚力”实践中进一步提升了自身的业务水平，印证了增强“脚力”在纪录片创作中的重要性。

（二）增强“眼力”：提高话题敏感，塑造多元视角

为提高纪录片作品的传播力和影响力，创作者需要从选题策划开始就牢牢抓住受众的注意力，满足受众的信息需求，通过对事件、人物敏锐细致的洞察，从多角度的视角出发，挖掘隐藏于繁杂信息之下的细节亮点，围绕主题策划生产精品，让纪录片工作者的“眼力”与观众的“眼球”视线合一，聚焦重点话题和正确价值取向。

湖北广播电视台纪录片部在疫情期间打造的战疫纪录片矩阵充分体现了纪录片创作中的“眼力”。疫情期间，社会公众对信息的需求量很大，同时各类新闻媒体的信息生产量也巨大，在这样一种“信息爆炸”的传播环境下，纪录片作为一种具有独特记录功能和价值传达作用的媒介形式，必须精准锁定有价值、有意义的话题信息。战疫纪录片矩阵从医护人员、新冠患者、社区民警、志愿者等不同主体的视角出发，进行宏观和微观层面的记录，以《武汉战疫》《见证》《武汉记“疫”·百人口述史》等系列纪录片作品多角度、全景观呈现全国人民关心、关注的抗疫故事。并且，在纪录片选题中，对素材表象的挖掘、细节信息的把控也是提升“眼力”的重要实践。以《见证》为例，在得

知李舸记者带领摄影小分队来到武汉，与全国200多位摄影记者和摄影师一起为驰援武汉的医护人员拍摄人像照片的行程时，总编导朱力军所在的抗疫纪录片策划团队基于丰富的选题经验和对信息的敏锐观察，第一时间捕捉到了这项肖像记录工程的亮点和独特价值，关注到记录摘下口罩、直视镜头的人像摄影带来的视觉冲击这一细节，由此确定了《见证》这个具有非凡意义的纪录片选题，并立即联系李舸团队，跟随他们在医院、社区、街道和医护人员所住的酒店，用了一个多月的时间完整、真实地记录下李舸团队创作的全过程，同时在拍摄过程中也有效地开展了进一步的故事挖掘和价值传达工作。《见证》播出后受到了广大观众和社会各界的广泛关注，产生了强烈的社会反响。由此可见，在纪录片创作中，创作者增强“眼力”的同时也需要增强落实拍摄的执行力，明确选题后快速跟进，确保记录的“现在进行时”，避免错过重要信息的采集机会，导致内容缺失和记录不完整的遗憾。尤其在面对疫情这样信息量大且情况多变的事件时，创作者应注重精准的“眼力”和高效的执行力相结合，及时全面地对现场事件和人物故事进行记录，提高制作效率，保证信息时效和画面的纪实效果。

（三）增强“脑力”：善用辩证思维，挖掘深度内容

在创作纪录片的过程中，依据一个有价值、有意义的选题进行简单的内容记录是远远不够的，直奔主题展开拍摄而忽视对事件的深度挖掘和人物的细致思考，仅凭眼睛和镜头得到的表象信息是不完整的、不深刻的、没有温度的，无法发挥纪录片表达人文关怀、引发情感共鸣等特点。因此，纪录片工作者必须运用“脑力”对故事的内容和意义进行深度剖析，突破表象和常规思维局限，善用辩证思维，抽丝剥茧，层层深入事件内核和人物心灵，为公众揭示出隐藏于故事背后的厚重情感和深刻价值内涵，给人启发，使作品意义呈现出立体感和纵深感。

例如，在纪录片《见证》的创作中，团队突破了常规择材思维，没有普遍性地选择直接记录医护人员的工作过程、身体及精神状态，而是着眼于李舸团队为医护人员拍摄肖像这一事件，以记者李舸的摄像镜头为“眼睛”，观察在这一视角下医护工作者们的工作和情感状态，挖掘人像摄影所能够实现的价值内容传达和“直视镜头”的独特视觉效果表现；在没有拍摄脚本、提纲的情况下，虽然事件紧急、时间紧张，但策划团队并没有局限于对肖像拍摄工作的简单记录，而是在拍摄过程中灵活发动“脑力”，挖掘出了“见证”的多层内涵，不断增加故事的内容厚度和思想深度，传达人性温度和精神力量。

该作品的意义在于，在拍摄肖像记录工程诞生的过程中，第一层故事见证了记者李舸团队闻令即动，奔赴一线开展报道工作的无畏举动，见证了拍摄团队在高压环境下面对重重困难按时完成任务的职业素养；第二层故事见证了执行抗疫工作的压力和难度，见证了医护工作者铁肩担当的无私贡献和牺牲；第三层故事延伸到由医护工作者讲述自己手机照片中记录的和病患、和同事之间的感人故事，借助"疫情结束之后最想做什么"这一质朴的问题引出他们在职业身份之外的个体愿景，一定程度上缓和了画面沉重单调的氛围，使得整体故事表达更具温度。通过在细节处对事件内人物深度故事的层层挖掘，纪录片在展现医护人员的家国情怀的同时，更加凸显人文情怀和人性光辉，从个体视角折射出波澜壮阔的抗击疫情保卫战图景和中国医生抗疫群像，具有较强的感染力，能够激活观众的情感，引发强烈共鸣。因此，在纪录片创作中，创作者要善用"脑力"，在明确主题方向和传播目的的基础上，挖掘有深度、有价值、有温度的好故事，以细致深刻的内容、具体可感的形象呈现和高超的艺术手法彰显纪录片人的匠心。

（四）增强"笔力"：增强业务能力，讲述精彩故事

打造一部优秀的纪录片，创作者不仅需要深入实地采访拍摄，具有独到的视角和辩证的思维方式、敏锐细致的信息洞察以及全面深刻的故事挖掘，还必须要有高超的表达技巧，通过对已有素材的全面把握，运用清晰明确的表达方式将文字元素和视觉画面有效地结合，把故事讲清楚，讲出情感，讲出价值，把"有意义"变成"有意思"，以实现信息传递和价值传达的最优化传播效果，这也就是增强"笔力"的要求。因此，对于纪录片工作者来说，"笔力"的培养在于在纪录片制作的表述阶段，对文字表达的有效把握以及视觉元素的灵活运用，合理整合收集到的大量视频素材，提取出可读性高、故事性强的解说词，以精练的语言对画面进行搭配、补充和互动，使观众有效地接收并理解画面想要传达的信息，对主题内容和中心情感进行充分展现，发挥其价值引导的作用。例如，在纪录片《金银潭实拍 80 天》中，拍摄团队对于文本的选择和撰写体现了优秀的"笔力"。在文本选择上，片中采用了大量采访及现场拍摄记录的同期声，一方面很好地构成了影片在叙事上的连贯性，另一方面，在部分片段中人物话语的选择上也体现了制作团队的独特匠心。在展现女儿和确诊的妈妈打视频的对话时，女儿说的"见是见到了，可是又摸不到，很想抱抱你，很想趴在你的肚子上睡觉"，以及"以前觉得

冬天是很好的日子，因为那时候可以打雪仗，堆雪人，现在觉得冬天下雪，没有你，感觉又冷，是一个一点意思都没有的季节”，表现了女儿对妈妈的想念，传达出沉重、无奈而又伤感的情绪，人物间动人对话的精准采用进一步凸显了疫情给每一个家庭带来的创伤，又尽显温情，展现了一幅有血有肉的疫情现场。在文案创作上，介绍记者敖慕麟一家在疫情初期相继出现发热症状的故事信息时，“谁也不知道，灾难是否会在下一秒降临，未知、恐惧、无助的情绪都在这座被封锁的城市里，化为了另一种可怕的平静”这句旁白，与展现武汉城市图景的大远景景别画面和悲凉缓慢的背景音乐相结合，营造了压抑、紧张的环境氛围，暗示了敖慕麟一家对未知病情的恐惧和不安情绪，为接下来一家人的病情状况留下悬念，也折射了疫情给整个城市带来的沉重阴影。这种由小及大的表达方式和设置悬念的叙事手法，有效地带动了观众的情绪，推动了叙事发展。由此可见，增强“笔力”要求纪录片人既要在文本选择上具有精准的判断和独到的眼光，同时也要结合叙事需求撰写合适匹配的文字素材，有效传达画面信息，讲好故事，增强画面的视觉张力和感染力，让画面有内容、有温度、有启发。

团队篇

人才思维的养成：
突发公共事件中的城市媒体借势突围与融合转型

◇ 陈桂川

摘要：如今媒体融合迈入深度发展阶段，按照资源集约、结构合理、差异发展、协同高效原则，完善四级融合发展布局，建立承上启下的全媒体传播体系成为今后媒体融合的重要工作。与全国媒体和省级媒体相比，城市媒体发展条件稍显不足，步伐稍显缓慢，深陷夹层。因此，如何实现融合转型与突围成为城市媒体不得不回答的问题。本文通过总结《长江日报》在武汉“抗疫战”三个阶段的作为，从城市媒体融合人才培养的角度对《长江日报》的抗疫贡献进行归因，提出人才思维培养是城市媒体融合转型与突围的关键，要从融合理念搭建、融合操作实践和融合媒体运营三个层面培养人才思维。

从“四级办台”到“四级融合”，我国的媒体呈现出从中央到地方，以四个梯度为结构发展的状况。从辐射范围来看，城市媒体是介于全国性媒体、省级媒体和县级媒体之间的，立足于、面向于、服务于某一城市地区的媒体。全国媒体和省级媒体占据着头部资源，县级媒体乘着打通“最后一公里”的政策东风，而城市媒体辐射范围有限，获取稀缺资源的能力弱，与其他梯度的媒体相比，发展条件稍显不足，步伐稍显缓慢，深陷夹层。如何突围，实现融合纵深发展，成了城市媒体不得不回答的问题。

长江日报报业集团是武汉市第一家文化产业集团，是由《长江日报》、《武汉晚报》、《武汉晨报》、长江网等组成的新型主流媒体集团，也是扎根于武汉的城市媒体。2020年年初，新冠肺炎重大疫情在武汉爆发。长江日报报业集团迅速成立疫情防控报道指挥部，由总编辑担任指挥长，启动了大规模疫情防控报道。这个指挥部打破了日常部门的格局，重新集结采编力量，投入人员500多人，分为主题报道、医疗、社会管控、社会运行、新媒体制发、支撑保障等8个板块，下设32个小组，不断优化、持续聚焦抗疫宣传、服务群众、引导新闻舆论，打了一场漂亮的“抗疫战”，展现了城市媒体的责任与担当。

《长江日报》作为城市媒体，在抗疫中体现了与全国性媒体和县级融媒体不一样的功能站位。本文通过对《长江日报》抗疫事迹进行梳理和分析，总结出城市媒体在抗疫中的作用与优势，并侧重从媒体发展的角度分析《长江日报》取得成功的原因，从而对城市媒体的融合转型与突围的路径进行思考与探究。

一、长江日报报业集团抗疫贡献

此次新冠肺炎定性是新中国成立以来，传播速度最快、感染范围最广、防控难度最大的重大突发公共卫生事件。① 突发公共卫生事件，是指突然发生、造成或者可能造成社会公众身心健康严重损害的事件，具有突发性、阶段性、不确定性、信息多变性等特点，传播迅速、波及面广，并具有公共健康属性。② 从阶段性来看，突发公共卫生事件可分为初始、扩散、暴发和消散四个阶段。③ 根据国务院新闻办发布的《抗击新冠肺炎疫情的中国行动》白皮书，中国抗击疫情的艰辛历程分为了五个阶段：第一阶段，迅即应对突发疫情；第二阶段，初步遏制疫情蔓延势头；第三阶段，本土新增病例数逐步下降至个位数；第四阶段，取得武汉保卫战、湖北保卫战决定性成果；第五阶段，全国疫情防控进入常态化。④

新冠疫情是对我们国家的一次大考，新闻媒体作为党和人民的喉舌，在突发公共卫生事件中肩负着重大的社会责任。习近平总书记在中央政治局常委会会议研究应对新型冠状病毒肺炎疫情工作时指出，疫情防控形势严峻复杂，一些群众存在焦虑、恐惧心理，宣传舆论工作要加大力度，统筹网上网下、国内国际、大事小事，更好强信心、

---

① 新冠肺炎是新中国成立以来重大突发公共卫生事件[EB/OL].(2020-02-28)[2020-12-30].https://baijiahao.baidu.com/s?id=1659767339311437627&wfr=spider&for=pc.

② 张自力.健康传播学[M].北京:北京大学出版社,2009:176-177.

③ 张自力.健康传播学[M].北京:北京大学出版社,2009:178.

④ 《抗击新冠肺炎疫情的中国行动》白皮书[EB/OL].(2020-06-07)[2020-12-30].http://www.scio.gov.cn/ztk/dtzt/42313/43142/index.htm.

暖人心、聚民心，更好维护社会大局稳定。[①]《长江日报》积极履行自身责任，配合各项疫情防控工作，为成功抗击新冠疫情作出巨大贡献。结合突发公共卫生事件的四个阶段和中国抗击新冠疫情的五个阶段的相关内容，参考武汉市开关出城通道的两个重要时间节点，本文将《长江日报》的“抗疫战”放在武汉疫情的爆发、蔓延和恢复三个阶段下进行考量，梳理、分析其抗疫贡献。

（一）爆发

2019 年 12 月 27 日，湖北省中西医结合医院向武汉市江汉区疾控中心报告不明原因肺炎病例。随后，有关部门迅速采取行动，开展病因学和流行病学调查，阻断疫情蔓延。这一时期武汉地区出现局部社区传播和聚集性病例，其他地区开始出现武汉关联确诊病例，新冠病毒的人传人现象得以明确。这一时期事件急速发展，由不为人知达到引起公众广泛注意，并对人们的心理造成严重的冲击，干扰正常的活动，态势日益严峻。对于媒体来说，这一时期的首要任务不在求全而在求快，信息管理的重点在于处理好“信息发布”与“舆论导向”的关系。[②]《长江日报》的工作主要从以下三个层面展开。

1.维稳为主，逐步建立危机预警机制

新冠疫情爆发初期，事件真相并不明朗，人们对新冠疫情的认知停留在“不明原因肺炎”阶段。媒体此时如果轻视事态发展，则会令大众掉以轻心，不注重防护或是对日后的相关政策措施不理解、不配合。但媒体要是擅自将事件定性或是任由谣言发展，则会引发人们的恐慌，严重威胁社会稳定。在这样的情况下，《长江日报》持续跟进研究调查现状，根据调查情况谨慎调整用词，以一日一报的频率发布疫情相关信息，在以维护社会稳定为主要工作的同时，渗透相关疾病防护措施，逐步唤起人们的危机意识，建立危机预警机制。

《救治组专家：武汉病毒性肺炎患者病情，大多数可以得到控制》《武汉 8 名病毒性肺炎患者今天出院》这两篇报道从病情的可控性、可治性方面入手，缓解人们的紧张情绪。在《关于武汉肺炎疫情，你最关心的 6 个问题都有答案了！》这篇报道中，《长江日

---

① 习近平.在中央政治局常委会会议研究应对新型冠状病毒肺炎疫情工作时的讲话[EB/OL].（2020-02-15）[2021-03-18].http://www.gov.cn/xinwen/2020-02/15/content_5479271.htm.

② 张自力. 健康传播学[M].北京：北京大学出版社，2009：178.

报》记者兵分多路，走访武汉各医院，拜访专家，不仅告知民众武汉当时的医疗资源状况，解答人们当时能否继续吃海鲜的困惑，还科普病毒性肺炎的病症与防治等知识，向大众告知风险，获得了 10 万＋的阅读量，被武汉民众称赞为“及时雨”。

2.密切报道新冠疫情信息，着重唤起民众危机意识

2020 年 1 月 19 日深夜，防控高级别专家组经认真研判，明确新冠病毒出现人传人现象。1 月 23 日夜间 2 时许，武汉市疫情防控指挥部发布 1 号通告，宣布暂时关闭离汉通道。新冠疫情在武汉全面爆发。这一时期是疫情防控关键期，媒体应合理增加对“敲警钟”方法的运用，唤起人们的危机意识和紧张心理，促成他们的态度和行为向一定方向发生变化。但在这个过程中，媒体也应尽量减少人们的心理不适感，降低人们的心理压力。

《视频！直击金银潭医院重症区》和《武汉发热门诊纪实》两条报道中，记者们深入抗疫一线，探访武汉的医院，以视频的形式，直观展现了医院防护严密的收治环境、医生超负荷的接诊情况以及密集的就诊人群，很好地起到了提醒武汉群众做好病毒防护工作的作用。《最新：湖北累计确诊 444 例》和《全省新冠肺炎死亡病例增至 24 例》等报道通过展现触目惊心的确诊、死亡数据，促使人们重视疫情，积极开展疫情防控工作。《病毒凶猛，10 位患者讲述，自己就这样悄无声息地被感染了……》则采访了 10 位感染新冠肺炎的武汉市民，让他们讲述自己感染、入院的经历，通过第一人称的口吻与形象生动的漫画讲述武汉人的武汉事，大大提升传播效果。

与此同时，《长江日报》还推出了《除了戴口罩，如何全方位立体防护？武汉疾控权威说法来了》《刚刚，同济医院公布诊疗快速指南！出现这些症状很有可能感染》《医院床位紧张、密切接触者怎么管……这些问题都有答复了》等一系列应对疾病的建设性意见报道，也达到了帮助人们在保持警惕性的同时减少心理压力的目的。

3.宣传政府防疫措施，吹响抗疫号角

让群众更多知道党和政府正在做什么、还要做什么，对坚定全社会信心、战胜疫情至为关键。① 在武汉发现不明原因肺炎病例之后，党和政府对内立即组织研究，开展防控工作，对外第一时间向世界卫生组织以及美国等国家通报疫情信息。《长江日报》

---

① 习近平.在中央政治局常委会会议研究应对新型冠状病毒肺炎疫情工作时的讲话[EB/OL].(2020-02-15)[2021-03-18].http://www.gov.cn/xinwen/2020-02/15/content_5479271.htm.

作为疫情中心的城市媒体，是整个传播体系中承上启下的重要节点。因此，《长江日报》担负着传递各级党和政府对武汉人民的关怀，并号召全体市民加入到抗疫工作中来，吹响战疫号角的重任。

首先，传递中央关切，展现习近平总书记对武汉的深情厚望。《长江日报》先后发布了《党中央向湖北等疫情严重地区派出指导组》《调配全国资源优先保障湖北、武汉防控》《总理来了，我们更有信心了，一起为武汉加油》等多篇文章，让武汉人民真切感受到中央对武汉的重视。专栏“总书记亲切关怀指引我们打好武汉保卫战”，重大策划“总书记指引我们向前进”，则展现了总书记对武汉的深切关怀，阐释了在总书记的指引下，武汉人民一仗一仗打，向着夺取疫情防控和经济社会发展的双胜利奋力迈进。

其次，宣传武汉政府各项措施，展现基层组织抗疫作为。《武汉新型冠状病毒感染患者救治均由政府买单》《武汉深夜督导疫情防控：7 家大医院托管 7 家小医院，确保足够治疗力量》《武汉多措并举严防疫情扩散》等文章报道了武汉市政府在病患收治、疫情防控和保障人民日常生活正常运行等多方面、多角度的应对举措，给人民打了一针强心剂。《长江日报》还将报道重点聚焦在了城市的社区上，报道了不少社区党员、干部、工作人员不辞辛劳，默默坚守，在居民和疫情间筑起“第一道防线”的感人事迹。例如，《社区防疫战中的一片芳草，小巷书记杜云口述实录》报道了武汉市汉阳区龙阳街芳草社区在书记杜云的带领下成为汉阳区防疫工作成效最显著的社区之一的故事。

最后，向武汉人民发起号召，吹响同心战疫的号角。《长江日报》在疫情爆发期间发布了《武汉市委市政府给市民朋友的一封信》《一个武汉人的一封“公开信”》《病毒面前，我们绝不退缩》《“此事我没有告知丈夫……”武汉女医生的这份请战书看哭网友》等一系列文章，不仅从普通老百姓的角度出发，提倡市民听从召唤，守好秩序，帮忙不添乱便是最大的贡献，还借助医务工作者在前线英勇奋战的身姿，鼓舞武汉人民同心抗疫，共渡难关。

（二）蔓延

2020 年 1 月 24 日是除夕夜，在原本应该喜气洋洋的节日里，武汉却陷入了疫情蔓延、家人不能团聚的境地中。疫情蔓延期，也是抗疫最艰难的时期。病毒大范围爆发，武汉处于封锁状态，医疗资源、生活资源短缺，公众的心理也从最初的急迫和慌乱中逐渐沉寂下来，开始深刻地体验危机带来的痛楚和伤害。此时《长江日报》除了理性、科学地报道病毒知识，破除各类谣言之外，还考虑到为武汉人民提供各类社会服务，关注武汉人民的内心体验，对个体的生存境遇加以关怀等问题。

1.展现真实的武汉

我国的新冠疫情起初在武汉爆发，华南海鲜市场被认为是病毒源头。尽管武汉随即关闭了出入通道，但是疫情在全国各地乃至世界各地的爆发和蔓延都让武汉遭受误解，背负各类谣言的中伤。《长江日报》作为武汉人民的媒体，在这样的情况下竭尽全力向外界传递真相，展现真实的武汉。

《武汉某医院三具尸体无人管？假的！》针对某网友发微博称武汉市某医院存在尸体无人处理的情况，进行了调查、核实，发现相关视频为配音再制作，情况不属实，呼吁人们不造谣，不传谣；《请不要再说“武汉人别乱跑”了》以评论的形式，以武汉人的口吻表达了对“武汉人不要再出去了，不要把病菌带出武汉”这类说法的痛心；《与死神赛跑，我们没有时间害怕｜武汉 120 的十二时辰》文章的刊发，24 小时直播火神山医院的施工现场活动的发起，以及《武汉这一刻》视频栏目的开通，都有针对性地回应了外界对武汉的传闻，真实展现了封锁状态下武汉井然有序、竭力奋战的状态，力图让人们端正对武汉的态度，休戚与共。

2.提供生活服务信息

媒体的服务功能，是其核心功能之一，主要是借助媒体自身的公信力，服务于社会其他领域。疫情之下，媒体是重要的信息传播途径，更需要借助自身优势，搭建服务平台，突出社会协调功能。《长江日报》在这期间不仅提供了大量新闻资讯服务，还在生活服务方面下足了功夫，实现市民就医、生活物资采买、鄂外武汉人员安置以及物资供求、志愿服务等方面的服务功能。

在市民就医方面，《长江日报》线上线下同时发力。线下有《最新！非新冠肺炎患者可去这些医院就诊》《好消息！病毒核酸检测这家医院门诊就能做，最快 4 小时出结果》等报道及时发布线下医疗资源信息，给群众提供指南。线上则有长江网开通“24 小时在线问诊”服务，通过互联网平台回答市民疑问，缓解患者焦虑，分担就诊和入院压力。在武汉抗疫期间，共有来自全国各省、自治区、直辖市 936 家医疗机构 386 个科室的 1363 位医生志愿者入驻平台，先后回复网友问诊 5 万余件，成为武汉抗疫的“网上战线”。

面对大疫，长江日报报业集团员工分两批逆流而行：一批采编人员直达抗疫前线，另一批则下沉社区，了解民需。在这一过程中，他们发现居民对蔬菜及生活必需品的需求与市场供应之间存在断裂带，于是便上线"长江严选"社区团购蔬菜电商平台，为市民提供社区团购蔬菜服务。该平台是全市唯一一个覆盖所有城区的社区团购蔬菜电商平台，平台上线首日访问用户就突破 100 万人次。

此外，《长江日报》还上线了"长江公益""城市留言在线求助"平台，前者实现公益资源快速对接、合理分配，后者促成 121 家办理单位在线值守，实时接件快办，解决群众大大小小各类问题，真正做到民呼我应。

3.疏导社会情绪，体现人文关怀

百病易消，心病难医。疫情期间人们承受的心理压力较大，如何让人们从危机的阴影中走出来、重拾信心，成为媒体的重要使命。

媒体的人文关怀，不是简单的媒体煽情，用连篇累牍的真情故事对公众的情感进行"媒体轰炸"，直至公众产生逆反心理。《长江日报》推出"武汉挺住 我的城我来守"的组合报道，刊发了《武汉，你不是一座孤岛》《不平静一日 很坚定一天》《"武汉加油，有困难我们一起扛！"》《10 位武汉"守城"市民的一天》《全国医疗队伍驰援武汉》等多篇稿件，既直击暂时关闭出城通道后的市民生活，同时也给大家信心和鼓励。这一系列报道，既注重从宏观的角度展现整个武汉市合作抗疫的情形，突出团结合作与"我们在一起"的温暖情谊；又巧妙地运用细节的力量，讲述典型而又平凡的武汉"守城人"的故事，贴近读者的生活，直击读者的内心。

（三）恢复

2020 年 3 月以来，新型冠状病毒肺炎疫情形势逐渐好转，武汉保卫战进入收尾冲刺阶段。3 月 17 日，首批援鄂医疗队开始分批撤离；3 月 19 日，武汉新增病例首次清零；3 月 24 日，湖北省新型冠状病毒感染肺炎疫情防控指挥部通告解除离鄂通道管控和武汉市复工复产各项安排。种种迹象表明，疫情已转入消退期，武汉正在重启。媒体在这个时期的工作重点是协助社会重建工作，促进复工复产有序开展，同时冷静下来，与政府、公众、学者共同携手，一起反思危机、总结经验、吸取教训。

1.促进复工复产

武汉"封城"76 天，百废待兴，社会重振成为最大热点。复工复产能否安全地开展、武汉能否恢复往日辉煌、重启工作如何开展这三大问题成了人们心中最大的疑惑，也是当时媒体亟须回答的问题。

首先，在消除人们对于安全复工复产的疑虑上，武汉的抗疫成果与复工复产成就是最有力的证明。《长江日报》精准把握时度效，在报道全市的核酸检测工作的时候，相继采访了国家疾控专家冯子健、武汉大学病毒学专家杨占秋，还采访了传染病学专家张文宏，借助专家们的观点表达了武汉集中检测是对人民的生命安全负责，是促进武汉重启的保障。而在核酸结果出来之后，《长江日报》又推出“核酸检测结果刷屏朋友圈，更多市民选择公共交通出行”的话题，引发了众多媒体转载和跟进，传播了“武汉是一座安全的城市”这一科学结论。

其次，《长江日报》对武汉复工复产的情况与经验进行报道，起到了重振信心、以局部带整体发展的作用。《加快推进复工复产，助力武汉经济复苏》展现了政府对于复工复产工作的高度重视与各类支持政策；《快把耽误的时间抢回来》报道了武汉供应链上下游企业同频复工复产的盛况，展现了企业参与重建的热情与干劲；《总书记关心的事，武汉这样干》则以长图和动漫的形式，回应总书记关切，集中呈现武汉重建成就。

2.弘扬抗疫精神，塑造城市新文化

在这场同严重疫情的殊死较量中，中国人民和中华民族以敢于斗争、敢于胜利的大无畏气概，铸就了生命至上、举国同心、舍生忘死、尊重科学、命运与共的伟大抗疫精神。① 历史再一次证明，武汉是一座英雄的城市，抗疫精神显然已经成为武汉英雄精神文化的重要组成部分，为武汉城市文化注入了新能量。作为武汉的城市媒体，《长江日报》在疫情恢复期不仅参与物质的重建，更是武汉城市新文化的承载者、表达者、塑造者。

新闻工作者要讲好中国抗疫故事，强信心、暖人心、聚民心，汇聚共克时艰的磅礴力量。② 宣传抗疫精神不是一味地喊口号，《长江日报》秉持着发现典型、采写典型和宣传典型的方法论，发掘出了一大批一线医务工作者，“90 后”“00 后”社区工作者，公安干警，基层干部和志愿者的典型人物。其中包括辗转 380 公里的回汉抗疫乡镇医生甘如意，用 6 个身份与疾病肉搏的黄少林和连续奋战 60 天后倒在岗位上的派出所民警吴涌。此外，《长江日报》还从患者的角度，适时策划推出了“重生报道”，用一个个鲜活真实的康复者的故事，展现中国抗疫作为，彰显抗疫精神中人民至上、生命至上的理

① 习近平.在全国抗击新冠肺炎疫情表彰大会上的讲话[N].人民日报，2020-09-09(2).

② 胡浩，赵文君.讲好中国抗疫故事 强信心暖人心聚民心[N].人民日报，2020-03-28(2).

念和情怀。

3.传播抗疫经验

人类命运休戚与共，抗疫不仅关乎武汉、关乎中国，更是关乎全人类福祉的大事。如今新冠肺炎疫情仍在全球蔓延，这场疫情值得我们反思，值得我们将总结出的经验与国际社会分享。《长江日报》在这方面的工作具体落实为武汉抗疫经验与抗疫报道总结两个部分。

2020 年 6 月 30 日，武汉市新冠肺炎疫情防控指挥部宣布，全市 15 个城区全部成为无疫情城区。这标志着，武汉达到了全市域无疫情标准。随后《长江日报》推出重磅报道《武汉“无疫情创建”启示录 ——写在全市 15 个城区全部成为无疫情城区之际 》，从党的坚强领导、人民战争、安全城市、超大城市治理四个层面，深入阐释无疫情创建的经验。

根植于武汉的长江日报报业集团，先后投入 500 多人参加 2020 年年初的抗疫报道，其中 60 多人进入“红区”采访，因此《长江日报》也从媒体的角度出发，对自身在抗疫期间的表现进行了总结和反思。《长江网“在线问诊” 开辟武汉抗疫网上战线》《疫情危机下传统媒体介入新经济探析——以“长江严选”逆市成长为例》《论我省主流媒体武汉“解封”报道的融合创新》等多篇报道与学术论文分析了新闻内容生产、媒体民生服务和新闻人才培养等方面的经验。其中《田巧萍：战斗在一线》一文展示了长江日报报业集团高级记者田巧萍的事迹，借用她的一句“国家有难，新闻人就要像战士一样冲锋陷阵”，传递了长报人在此次疫情中的信念，也激励了中国所有的新闻工作者。

二、《长江日报》抗疫成功经验探析

在上文的探讨当中，《长江日报》在武汉疫情的爆发、蔓延和恢复期中展现出了对武汉这座城市的深情、对武汉人民的责任。《长江日报》是武汉的城市媒体，它和全国性媒体、省级媒体相比对武汉有更深入的了解，在武汉“抗疫战”中具有得天独厚的地理优势。同时，它在武汉范围内拥有的资源、新闻生产能力、对外沟通连接能力以及它对武汉当时的疫情的整体把控能力都比县级媒体更胜一筹。

媒介融合早已不是新概念，但是我国在媒介融合上的发展与探索仍在如火如荼地进行中。2020 年 9 月，中共中央办公厅、国务院办公厅印发的《关于加快推进媒体深度融合发展的意见》,更是明确了我国的媒体融合已经转入深度融合发展阶段,全媒体时代推进媒体深度融合具有重要性和紧迫性。因此,本部分将着重从《长江日报》融合转型与突围的角度出发,对其打赢武汉"抗疫战"的原因进行探析。

(一)融合理念搭建:本土媒介发展理念与先进媒介发展思想的结合

武汉历来有九省通衢之称,位于长江和汉江交汇处,独特的地理位置让它成为中国近代最早创办报纸的地区之一。《大江报》《商务日报》《楚报》等更是对辛亥革命起到了巨大影响。在历史与岁月的沉淀下,武汉本土有着一套自己的媒介发展理念。丁柏铨教授认为媒介融合可分为物质融合、操作融合和理念融合三个层面。理念层面的融合,即意识层面的融合,包括中国原有媒介发展理论观点中依然具有生命力的部分与新的媒介发展理论观点的融合;中国媒介理论观点与西方媒介理论观点的融合。[①]媒介融合的理念是在媒介融合实践的基础上形成的,又反过来推动着媒介融合实践的健康发展。城市媒体的融合实践,要有一定的理论指导。要发挥城市媒体的优势,那么将城市本土的媒介发展理念与先进媒介发展思想结合是一大突围路径。

武汉被认为是"中国最市民化"的城市,创刊于此地的《楚天都市报》《武汉晚报》纷纷以"服务市民"为办报宗旨,[②]"服务市民"也成了武汉本土媒介发展的一大理念。通过对《长江日报》媒介融合各项工作的分析,我们发现其发展理念有着强烈的融合色彩。

2017 年 4 月,为了更好地服务群众,落实领导干部"通过网络走群众路线"的先进媒体工作理念,长江日报报业集团推出了"武汉城市留言板",由长江网负责运营。该板块以"民有所呼,我有所应"为宗旨,将武汉市各级党委政府部门的 118 家部门和单位的事务办理窗口进行聚合,整合分散的群众诉求反映渠道,形成集中受理、全程督办的工作机制,成了解群众、贴近群众、为群众排忧解难的互联网创新平台。平台上线一年内公开受理、办理了 15 万件群众诉求,满意率超 90%,运行两年多时就已受理转办近 70 万件群众诉求,市委常委、各区区委书记和区长、市直部门及大型民生企业一把手均多次通过该平台为群众答疑解惑、服务市民。

疫情期间,城市留言板也继续发扬"服务市民"的精神,24 小时受理转办群众困难

① 丁柏铨.媒介融合:概念、动因及利弊[J].南京社会科学,2011(11):92-99.

② 刘颂杰,张文卓.城市媒体转型与"可沟通城市"建构[J].青年记者,2019(34):16-18.

求助,不论是确诊或疑似患者求助、群众生活保障求助、医疗保障求助,还是返汉离汉等交通出行、小区社区等基层防控、非新冠肺炎患者就医求助等问题,只要人民有“所呼”,城市留言板必有“所应”。除此之外,“24 小时在线问诊”活动能够成功容纳庞大的专家团队和问诊人群,成为“网上战疫线”,更是离不开城市留言板的大力支持。众多武汉市民,乃至省内外读者通过留言板在线问诊,得到专家的及时回复,消除了自己的疑惑和对疫情的恐惧,吃了一颗“定心丸”。

媒体的多元化经营模式是媒介融合的重要模式之一,在报纸媒体中采用这一模式最为常见,如浙报集团、《成都商报》等通过拓展非报产业经营,实现巨大盈利。长江日报集团将多元化经营的媒体融合理念与“服务市民”的理念结合起来,重磅推出长江严选电商平台,聚合检验检疫部门、企业和报社,为市民提供安心、健康的产品。同时,长江严选也是乡村振兴传播中心的重要产品,是《长江日报》开展扶贫工作的主要抓手。

疫情期间,为解决民众买菜难的问题,长江严选升级为社区团购蔬菜电商。平台与市农业农村局等主管部门一起,组织近 50 家武汉农企、专业合作社,发起社区团购蔬菜活动,既解决了居民买菜难的问题,也解决了农民卖菜难的问题。此后,长江严选先后与全国党报乡村振兴联盟、学习强国、腾讯直播合作,发起“助力湖北,为鄂下单”等多项活动,销售茶叶、脐橙、花菇等湖北农产品。同时,长江严选也为《长江日报》弘扬抗疫精神、重塑武汉文化助力,联合农业农村有关部门,推出特殊的感谢行动——邀请人们说出感人的抗疫故事,并为其送上精选的湖北特产,传达荆楚大地的感谢与问候。

(二)融合操作实践:打破边界与垂直深耕的统一

融合理念的问题解决后,媒介融合便进入了操作层面。媒介融合包括组织融合、资金融合、传播手段和媒介形态等方面的融合。从另一个角度来看,融合即打破边界,包括打破用户边界、新闻生产边界以及媒介经营的边界。融合又意味着重组,重组之后的媒体各部门既能够发挥所长、各司其职,又能够相互配合、共同发力。

1.打破用户边界

新媒体时代,读者从被动接受信息的“受众”成长为主动消费信息的“用户”,制约着媒体的内容生产与经营。这些用户来自不同的区域,有着不同的内容与媒介产品喜好。因此,媒介融合要打破用户边界,使得媒体对用户有用,从而让用户为媒体所用。

《长江日报》是武汉的城市报，武汉市民也是它的主要用户群。但要实现城市媒体的突围，《长江日报》首先需要在纵横两线上打通用户的区域边界。纵轴线上，《长江日报》积极对接上级主流媒体和商业化、社会化平台，打通武汉内外不同区域的用户边界。疫情期间，《长江日报》官方抖音号的直播栏目《武汉这一刻》让全国人民看到了真实的武汉，为打赢疫情防控阻击战提供了强大的舆论支持。在武汉解除离汉通道管控措施 100 天之际，《长江日报》发起话题"勒才是武汉"，邀请网友分享身边小事，为武汉重建注入精神力量。横轴上，《长江日报》则积极与其他城市媒体达成合作，如长江经济带旅游媒体联盟、全国党报乡村振兴联盟等，以区域媒体联盟的形式谋求更长远的发展。疫情期间，《长江日报》则联合全国十多家媒体，成立战疫报道联盟，由其他媒体提出线索，《长江日报》发挥本地优势马上派出记者赶赴现场，进行深入采访，双方联合署名，用户共通，利益共享。在这样的合作机制下，《辽宁医疗队"生死线"上抢救武汉女医生》等一系列感人事件很快通过新媒体传播，引起热烈反响。而全国党报乡村振兴联盟在疫情期间持续发力，发起"助'鄂'兴农行动"，开辟"党报联盟"专区。活动上线近两个月时间，助力销售湖北农产品，单品总量突破 52 万件，来自 31 个省份、251 个城市的网友踊跃为"鄂"下单。①

其次，媒体还要打通有着不同内容与媒介产品喜好的用户边界。长江日报报业集团通过资源整合，打造出《长江日报》新闻客户端，将原创资讯、视频直播、在线问答、城市留言板、便民服务等功能涵盖在内。用户可以 24 小时获取武汉和国内国际的权威资讯，实时收看大事、趣事、突发事的直播，提问资深记者、获取政策解读等帮助，也可以投诉建议、办理各项生活服务事务。在武汉"抗疫战"的过程中，《长江日报》的各类新闻报道、各种服务都能在新闻客户端上"一触即得"，高效便捷。

2.打破新闻生产边界

媒介融合是物质层面的融合，是工具上的融合。报纸、网站、新媒体等媒介的边界被打破，文字、图片、视频等内容表达形式被融合在一起。新闻工作者要掌握为不同媒介做报道所必须掌握的、与以往为单一媒介和特定媒体供稿时有所不同的操作技能。②

《长江日报》在物质层面的融合实践，除了上文提到的《长江日报》新闻客户端之

① 陶平.疫情危机下传统媒体介入新经济探析：以"长江严选"逆市成长为例[J].新闻前哨，2020(10)：124-125.

② 丁柏铨.媒介融合：概念、动因及利弊[J].南京社会科学，2011(11)：92-99.

外，还体现在微信公众号上。《长江日报》微信公众号菜单栏聚合了留言板、APP、电子版、微博、长江直播全媒体、长江严选电商平台，以及出行服务等功能。疫情爆发之后，大量新闻稿件通过微信公众号得到分发，而《长江日报》推出的四大平台“在线求助”“长江问诊”“长江严选”“长江公益”则通过在推文结尾插入跳转链接的形式得到了推广。自此，不同媒介的边界被打破。

如何让人们看懂科普、读懂武汉是《长江日报》作为城市媒体的一大任务。依托扎实的采访能力和丰富的专家资源，《长江日报》出品了一批“一图看懂”“一图科普”的新闻产品。《新型冠状病毒不会重复 SARS 疫情》通过可视化呈现让怎么洗手、怎样戴口罩等问题变得一目了然，增强了服务性；公益海报聚焦奋战在疫情防控一线的医护人员和建设者，在设计上以照片为视觉中心，同时配以简洁的文字，既朴实又动人；张继先人物漫画长图由《长江日报》与知音漫客联合出品，阅读量达到了 350 万；《打造大美武汉要做到这三个高》紧扣市委双胜利动员大会精神，以海报组图的形式，突出展示聚焦高质量发展、高品质生活、高效能治理，加快打造英雄豪迈、实力雄厚、品质卓越的大美武汉的相关内容，展示了城市发展的新目标和武汉形象的新定位。而 24 小时直播火神山医院施工的慢直播吸引了全国千万网友做了云监工；《武汉这一刻》视频栏目创新了微纪录片样式，记录下了“封城”期间大量的珍贵影像，定格了英雄城市和城市英雄。

3.打破业务边界

资金是媒体融合转型和发展的重要条件。然而在融媒体时代，传统媒体的受众流失严重，收视率和广告发行量不断下跌，其利润空间和市场份额不断缩减。资金也成了城市媒体融合转型与突围的现实阻碍。在这样的情境下，城市媒体必须打破“内容为王”的单一经营理念，充分发展多元经营活动，垂直深耕。但与此同时，在机构设置、资本运营、具体操作等方面，各方也要有所整合、进行联动，而不是像以往那样各自独立运营。

近年来，长江日报报业集团媒体转型升级为 2.0 版，形成扁平化的事业体结构，搭建了一个中心＋六大研究院(部)的布局。全媒体中心负责日常全媒体报道策划、组织、制作、编辑、分发。财经研究院负责两个开发区及工业、金融财税市场业务。城市运行研究院负责文化、体育、旅游、园林、城建交通市场业务。医卫康养事业部负责医疗、养老、就业、供电供水供气市场业务。地铁商圈事业部由《武汉晨报》演变而成，负责商业、地产、通信等市场业务。教育研究院负责中小学教育市场业务。传播研究院主要开拓政务服务市场，致力品牌打造及整合推广。六大研究院（部）分管不同领域的内容，在进行新闻内容生产的同时，最重要的是发展资本运营活动。

疫情爆发以来，《长江日报》能够取得如此大的抗疫成就，得益于搭建起的事业体结构。2020 年 1 月 20 日，《长江日报》迅速成立了抗疫报道指挥部，该指挥部打破了日常部门格局，重新集结采编力量，投入 500 多人。整个"抗疫战"中，《长江日报》以医卫康养事业部为核心力量，其他部门通力合作。

《长江日报》医卫康养事业部掌握着武汉市的医疗资源信息，因此在探访医院、联系专家等方面具有绝对优势。该部门的记者是武汉地区最早进入"红区"采访的媒体人，截至 2020 年 3 月底，该部门就派出 17 位记者（其中有 8 位女记者），总计 75 人次深入 ICU 等"红区"采访。他们用专业的精神记录下武汉抗疫的历史。记者田巧萍采写的《最早上报疫情的她，怎样发现不一样的肺炎》率先报道湖北省中西医结合医院医生张继先于 2019 年 12 月 27 日上报疫情的事迹，获得 100 多家媒体转载，引发全网关注。相关微博话题登上当天热搜榜，阅读量高达 7.5 亿，为明确"中国抗击疫情的艰辛历程"的起始时间提供有力依据。不仅如此，"长江问诊"平台也由医卫康养事业部与长江网"城市留言板"合作搭建，负责联络专业医生资源。

而长江严选社区团购蔬菜电商平台就是一个《长江日报》多元化经营理念在疫情期间大放异彩的典型案例。长江严选有赞商城平台本来是《长江日报》接入外部企业资源，走媒体电商化发展道路的一项探索。疫情期间，长江严选进行了升级，由传播研究院、地铁传媒研究院、融媒体中心等部门协同作战，成功打通了设计、售后、宣传及外联推广全流程，使得长江严选影响力迅速扩张，为抗疫做出了贡献。

（三）融合媒体运营：媒介品牌形象的建设与维护

品牌是企业及其产品的标识，是社会公众将某个企业与别的企业及其产品加以区分的依据。媒介品牌是个综合性的概念，它是媒介名称、属性、个性风格、知名度、美誉度、价值等的组合，是媒介消费者的期待、需求、信任和投入的组合，是媒介重要的无形资产。① 媒体要想获得长久的发展，赢得受众信赖，实现稳定的资本运营，建设与维护好品牌形象是必不可少的。对于城市媒体来说，牢牢抓住地域特色，建设带有明

① 秦峰.媒介品牌的建立与维护[J].新闻知识，2012(5)：107，87.

显城市特征的媒介品牌形象，是打好“突围战”的一大有利法宝。反过来，良好的城市媒介品牌形象也能反哺城市的发展。而在新冠肺炎疫情这样的突发公共卫生事件里，媒体良好的品牌形象也是有效传达信息，进行正确的舆论引导的保障。

长江日报报业集团由长江日报社发展而来，2003 年重组之后成为武汉第一家文化产业集团。旗下的《长江日报》是武汉市委机关报，《武汉晚报》是综合性都市类日报，《武汉晨报》是独家地铁报，长江网是武汉地区唯一的综合性新闻网站。《长江日报》自坚定走市场化道路起，就提出：品牌创建以兢兢业业之功，品牌宣传如水银泻地之势，品牌维护以爱护眼睛之心。品牌创建从大处着眼，从小处入手，落实在每一篇报道、每一个版面、每一个活动上。[①]《长江日报》在媒介品牌形象建设和维护上的努力可以从新闻内容和运营活动两个方面进行分析。

1.坚持新闻立报

新闻内容是媒体的根。媒体是社会生活生产信息的传递者，内容质量的高低直接决定了受众对媒介品牌形象的判断。《长江日报》紧抓内容生产质量，以新闻评论赢得民心、以新闻监督为民发声、以建设性新闻为民解难。

评论是媒体的旗帜和灵魂。一直以来，评论都是《长江日报》的“卖点”，报纸上的评论版面一再扩张。而近几年，《长江日报》的评论专栏“长江评论”确立“一件事”思维，聚焦热点，讲透、评好一件事，以内容深度取胜。在这样的思维下，涌现出了《让昆山案成为“以案释法”的样本》《没有公信力，传播越广伤害越大》《换个国籍直通北大清华，有损高考公平》等有深度、有高度、有舆论引导力的评论作品，也提升了“长江评论”的品格。

评论也是《长江日报》战疫报道中的特色之一。《长江日报》审时度势，在疫情爆发期，即在重要版面迅速推出“坚决打赢疫情防控阻击战”系列评论，相继刊发了《把人民安全健康放在第一位》等评论。这些报道言简意赅，直面问题，统一认识，指导工作。此后，《隔离就隔离，但不要让武汉人寒心》《千万人看的不是火神山直播，看的是“希望”》《此刻的武汉，我们呼唤英雄主义》《浴火重生靠拼搏》等评论都在武汉抗疫的重要节点及时发声，以高度的针对性引导舆论。

舆论监督是媒体的良心，也是提升媒体公信力和影响力的杀手锏。多年来，《长江

---

① 何建新，梅明蕾.举市场旗 打创新牌 做影响力：从《长江日报》看城市机关报的改革发展[J].中国记者，2009(11)：25-27.

日报》一直致力于倾听民意，为民发声，做好舆论监督工作。长江网的武汉城市留言板成了《长江日报》倾听民意的重要窗口，在这里，市民可以对有关部门的工作进行投诉、建议和反馈。这些投诉不仅可以得到有关部门的直接回复，对于影响重大的事件，记者还会跟进报道。因此，在城市留言板的"网民正在问"版块里，我们常常可以看到武汉市民"遇到事情就找城市留言板"的状况。这正好证明了《长江日报》舆论监督工作取得巨大成效，赢得了市民的信任。抗疫期间，《长江日报》的舆论监督工作持续发力，针对群众反映的问题，发出《形式主义"变种"，比病毒变异更可怕》《作风要求必须立即兑现》等报道，对多名工作不力、履职不力的领导干部和相关责任人进行了批评问责。

城市媒体要更好地赢得民心还要帮助民众解决实际困难，多为民众排忧解难，多为民众做实事，这就要求媒体做好建设性新闻。建设性新闻，即在新闻中加入积极心理学的元素，以提供问题解决方案的方式来建构新闻。《长江日报》在抗疫期间刊发了《平均年龄超过 60 岁的老旧小区零感染！他们用了这三招》《23 天 5000 多居民无一例新增！武汉这些无疫情社区小区是怎么做到的?》《与时间赛跑！在武汉，平均每天建成一座方舱医院》等具有建设导向的新闻，消除了人们的消极心理，也赢得了人们的好感。

2.开展多项活动

媒体在融合转型之后的品牌运营，不仅要做好内容建设，更要积极开展各项活动，提升品牌价值。《长江日报》在这方面的探索包括开展公益活动和举办区域特色活动。

公益活动是最能够引发受众共鸣和提升媒体公信力的活动之一。2014 年，《长江日报》携手武汉市司法局、法律援助基金会、律师协会组建起《长江日报》公益律师团。6 年来，律师团吸引了 130 余位律师、学者入驻，30 余家律所加盟，线上线下为武汉人民提供法律援助、咨询，调解纠纷。此外，《长江日报》还积极发展公益广告业务，打造有武汉特色的公益产品，并在 2020 年 6 月被武汉市政府列为武汉市首批公益广告创作研究基地。疫情期间，《长江日报》推出的公益海报成了鼓舞武汉人的又一坚实力量。自 2020 年 1 月 23 日起，《长江日报》利用封底版发布奋战在疫情防控一线的医护人员和建设者的公益海报。这些海报以人物照片为中心，配上简洁的文字，朴实而动人。其中《最美勒痕》这一张海报以金银潭医院护士樊莉为主角，展现了她面部被护目镜勒出的痕迹，以此致敬奋战在一线的医务工作者，取得了良好的传播效果。

媒体的活动营销又被称为事件营销，是指媒体力求提升传播效果和经济效益，在一定程度上将自身以及社会上的大量资源进行归纳、整合、组织，通过策划和参与一些能够体现新闻价值的事件，进而达到更高的社会关注度，扩大其社会影响力。举办具有区域特色的活动也是提升城市媒体品牌价值的重要途径。《长江日报》在过去相继推出了“酒文化民间寻宝”“清洁长江一小时”“我与大武汉同框”等活动，结合区域特色，突出了其作为武汉城市媒体的品牌特征。

三、对城市媒体融合发展与突围的思考

在各级媒体中，城市媒体起着承接央媒、省级媒体，对接县级媒体的作用。对于城市媒体来说，夹层的位置是困境，也是发展的机遇。要实现纵深融合发展与突围，城市媒体可以积极向上寻求理念指导与技术支持，参考借鉴上级媒体的现实案例；向下深度挖掘本地资源，塑造自身区域特色。结合《长江日报》的实践，城市媒体可以在融合理念上将本土媒体发展理念与先进媒体发展理念结合起来，为媒体融合实践提供理论指导；城市媒体需要在操作层面立足于城市，勇于打破生产和经营的边界；城市媒体要善于进行媒介品牌形象的运营，创造更多价值，实现长远发展。

纸媒与广电是城市媒体的两大巨头，一直以来各自为战，进行融合转型。在《长江日报》进行媒介融合的同时，武汉广电也开始建设自己的全媒体中心。然而无论是《长江日报》还是武汉广电都陷入了发展的夹层，疫情期间各自进行报道，虽然也取得一定的成就，但是媒体资源、媒体合力却没有发挥到最大化。因此，未来的城市媒体发展不妨打破纸媒与广电的边界，实现更深层次的融合。

变局中的坚守与创新：重大突发事件下新媒体报道中的变与不变

◇ 林非凡

摘要：新冠肺炎疫情期间，卢璐深入武汉前线，完成大量优秀的新闻报道。她在抗疫一线的采访经历折射出媒介融合背景下新闻生产的变与不变。一方面，在重大公共事件报道中，文字、视频、H5 等新媒体共同构建起信息传播的多维矩阵，在扫清谣言、知识科普和呈现事件方面发挥关键作用；相比于传统新闻，新媒体报道更强调网感、现场感和互动性；新媒体报道在寻求市场价值的同时不能忽视社会价值；此外，疫情报道也揭示了前后方统筹协调对于报道质量和效率的意义。另一方面，媒介融合的趋势没有改变新闻的本质，内容始终是新闻的核心；对于新闻工作者而言，新闻敏感性和采编能力始终是基本功；而职业责任感、对他人的关切、对职业的热爱仍是一名优秀记者必备的品质。

记者简介：卢璐，光明日报社全媒体总编室记者，连续两年获首都女记者短视频大赛优秀奖、光明日报社年度新闻一等奖。新冠肺炎疫情发生以后，她第一时间深入武汉参与前线报道；2020 年 4 月，获“全国优秀共青团员”称号。

2020 年年初，武汉爆发新冠肺炎疫情。1 月 23 日，武汉“封城”，疫情行至最严峻的时刻。此时，有一群人逆行而上，在疫情前线打响没有硝烟的战争，卢璐是他们中的一员。

2020 年 1 月 29 日和 3 月 27 日，分别是在年初的武汉保卫战中，卢璐和团队奔赴疫情一线参与报道的出发日和离别日。在两个月的时间里，她陪着武汉从黑白变成彩色，从大雪纷飞变成春色满园。

一、回看武汉：保卫战中的点滴

（一）“近些，近些，新闻人在现场”

在武汉的59天里，卢璐和团队深入疫情前线，白天赶路采访，晚上赶稿制片。在这场没有硝烟的战斗中，从医护人员到志愿者群体，从“两山”医院的建设者到社区的工作者，所有的报道和故事都是围绕着人展开的。疫情初期，随着《光明日报》的第一批记者抵达武汉，大团队也以人为中心，设置了“武汉闯关”“武汉面孔”“武汉时间”三个栏目。

“武汉闯关”是贯穿整个武汉保卫战报道的重磅栏目，它见证着武汉这座城市一路闯关，一路乘风破浪、披荆斩棘。在纸媒上，“武汉闯关”栏目每天刊登一篇大稿，相应地在微博上，《光明日报》也开设了配套的“武汉闯关日记”话题，增强报道的及时性。“武汉面孔”和“武汉时间”则是新媒体端的两个主打栏目。前者聚焦人的采访，后者聚焦事件的呈现。报道《应收尽收，他们在行动》记录了驻鄂部队抗击疫情运力支援队在夜幕中争分夺秒运输物资的工作场景；《寄给武汉的8封短信》以信件的形式，呈现了8个不同的视角和人们对亲友相同的思念；《14点21分，武汉快递小哥遇到催泪一幕》借快递小哥的Vlog让观众看到疫情肆虐下的人情温暖。这些报道以不同的形式、语态和维度讲述着相似的故事，那是危难中的坚守、阴霾中的微光。

在报道内容上，卢璐和团队肩负着正面引导舆论的任务。二三月份，抗疫战斗刚刚打响，战况尚不明朗。卢璐回忆起那个春节，本应是合家欢乐的时刻，一家人却坐在沙发上各自用手机刷着新闻，大家看着逐渐上涨的感染人数，搜索着感染症状和防护措施。那是一个压抑的春节，疫情的阴云笼罩在人们心头。卢璐和团队想要将他们在前线收获的真切感动传递出去，借此略微驱散笼罩在整个社会上的阴云。从救治前线的医护人员，到经历过汶川地震的王利和雷神山医院的建设者，卢璐和团队用一篇篇报道让公众看到了医护人员的坚守，看到了志愿者、工作人员夜以继日的付出。

在传递希望的同时，卢璐和团队也发挥新闻报道的社会教育功能，用深入浅出的科普知识扫除焦虑和谣言。疫情初期，民众对核酸检测、试剂盒都不甚了解，卢璐和团队在做针对性报道时直面人民群众最关心的问题。他们的报道《检测试剂盒够不够?来这里看看》解答了试剂盒的产量、检测时长、检测原理等问题,让公众看到抗疫工作的进展和成就,既完成知识普及,也传递信念与力量。

从武汉城市实况,到"两山"医院、试剂盒检测生产基地,再到高校、各大社区、方舱医院和复工复产的企业,卢璐和团队的报道内容随着保卫战的节节胜利,经历了从信息到人,再到政策和导向的深入变化。

在新媒体报道方面,与卢璐和团队联动的报社后方启用了重大项目题材工作团队,在呈现实情的基础上制作更多兼具深度和温度的作品。在媒体深度融合的背景下,他们需要做的不只是纸媒,更是包含图、文、视频等在两微一端网络平台等推送的全媒体报道。他们利用 H5、微视频、Vlog 等多种形式,客观地报道真情实况,告诉世界武汉、中国正在发生什么,同时也向世界分享中国经验。

2020 年 3 月 2 日,卢璐参与策划的 H5《一本来自武汉的采访手记》(以下简称《采访手记》)上线。《采访手记》以手绘动态漫画的形式呈现了疫情中闪光的人物故事。它用年轻记者的语态展开讲述,基于报道团队的真实经历("大年初五,还是因为疫情,我从北京来到武汉"),用个体经历引出人物故事,让内容富有讲述感和故事性。《采访手记》讲述了包括金银潭医院院长张定宇、最美口罩勒痕护士汪俊等六个人物的故事。它借每个人物代表性的语言引出其真实形象和经历,使用照片和速写勾勒出鲜活的人物形象,在讲述中不失却新闻报道的客观性、严肃性,以真实之力传递感动、信念和希望。

在疫情报道中,除了充分调动全媒体总编室的报道优势,卢璐和团队还着意把握疫情战况的关键节点。2020 年 3 月 10 日《光明日报》发布的《再看一眼方舱》记录了武汉最后一家方舱医院关门,回顾从"开舱"到"休舱"的 30 天里抗疫战斗取得的阶段性胜利,用报道为现实写下注脚。上述的新媒体作品丰富了疫情时期新闻报道的呈现维度,也让旷日持久的攻坚克难不失却温度与希望。

"九省通衢之地,街巷空旷,屋宇沉积,却有一群人以生命赴使命,向险而行",这是《采访手记》中的一句话,也是以卢璐团队为代表的万千一线战斗者真实的经历和选择。作为危难中的逆行者,他们用真情、实情、温情让观众和读者看到真实的前线,也看到希望和力量。

（二）“既当记录员，又当战斗员”

在疫情前线，卢璐和团队成员们不仅是记者，他们同时是社会问题的关注者和解决者，是疫情排查的排头兵。

在武汉深入实地的过程中，他们得知养老院存在疑似感染的病例。养老院人员高度密集，缺少医院专业的医疗设备，而老年人是极易患病的高危人群，很容易出现大范围感染，亟须采取严格的防控措施。与此同时，他们还注意到大部分疫情线索来源于社区和医院，而城中村属于防控疫情的灰色地带。不同于规划明确的社区和街道，城中村大多是 20 世纪七八十年代发展起来的老街区，房屋陈旧，人员鱼龙混杂，没有地域辖属，缺乏集中统一管理，因而存在较大的安全隐患。另外，当时还存在流浪者、滞留在汉外来人员安置等问题。卢璐和团队在完成采访报道工作的同时，将探访到的现实情况每天以内参的形式呈递给中央领导小组。而随着抗疫战况逐渐明朗化，现实问题一个个得到高效的解决，内参的主题也随之转变。卢璐和团队通过《光明日报》团结围绕知识分子的特点，联系高校专家智库，寻求有影响力的、更为当地化的政策建议。在战时状态下，许多问题迅速得到了回馈。以卢璐为代表的前线记者发挥职业的信源优势，展现了记者推动社会进步、改造社会问题的力量。

除了撰写内参和专报，卢璐和团队也参与到疫情排查的工作中。卢璐的电脑上有一个名叫“问题清单快报”的文件夹，里面存放的是他们在疫情期间排查过的所有患者资料。她和团队每天都会反馈一个排查清单，将采访中核查到的疑似、确诊等信息和需求收集起来，根据轻重缓急做出区分。2020 年 2 月 4 日是卢璐参与排查工作的第一天，当天晚上 10 时 31 分，4 小时前才打过电话的王阿姨发消息告诉卢璐，她的父亲已经被收治到蔡甸区妇幼保健院，正在去往救治点的路上。在排查的过程中，她真切地意识到生命救援不是医护人员的专利，自己也可以成为救死扶伤的一员。关怀与希望沿着电话线传递，他们帮助挽救了个体的生命，也为疫情防控工作提供了大量及时有效的信息。

随着抗疫工作稳步推进，增援力量从各方汇集而来，两山医院竣工，排查清单上的人得到了妥善的安置。在抗击疫情的战役中，像卢璐一样的记者们用镜头和笔头记录着这段波澜壮阔的征程。他们与一线的医护人员、志愿者、基层管理者并肩战斗，将目光和关切投向人，又转身将一个个闪光的故事带给疫情阴霾下的人们，以丰富多元的新闻报道和身先士卒的工作精神书写了榜样的力量。

二、镜头内外的冷暖记忆

(一)团队协作与社会支援:以非常之役迎接非常之疫

在武汉期间,卢璐与团队作为身在第一线的先锋队,面临物资、疫情防控的种种限制,经受着生理和心理的双重考验。他们共同进退、密切协作,获取了大量一手信息,在第一时间发布新闻报道。同时,他们与后方的联动系统远程配合,建立起疫情期间的特殊报道机制。

疫情来得令人措手不及,《光明日报》奔赴武汉前线的第一批记者大年初四下午接到消息,初五下午2点多就登上了南下的列车。在他们奔赴武汉的同时,报社迅速牵头成立了前后方联动的策划组、编辑组和物资保障组。当时所有的公共交通都停止了,他们必须要有车才能够解决出行问题,同时,从北京带来的防护装备也不够。所幸物资保障组迅速完成各方的协调,当晚卢璐和团队便顺利取到了车,也有了一定数量的防护装备,短期内的行动不至于陷入被动。

抵达武汉当天晚上,团队内的几个人分工协作,取车、开会、写稿,赶在12点前推送了一条微信和微博,并发回了抵达武汉后的第一篇电稿。高强度的工作节奏持续了近两个月,在武汉期间,卢璐和团队白天赶路采访、排查疫情信息,晚上赶稿制片、撰写内参。所有的信息和新闻都要争分夺秒地完成采集和发布。此时,前后方的协作效率显得至关重要。所幸整个团队配合默契,后方也加快了编辑审核与后期制作的速度,缩短了报道呈现的时间,最大限度地为卢璐和团队的工作提供了便利。在工作中,他们通常是提前讨论策划,到现场拍摄素材后传回后方,与后方快速沟通好角度,即时剪辑、审核、发布,以保证能够在关键时刻发出更加权威、更加专业的声音。而后方也以前线素材为基础,制作出如《等你回家》《重逢》等形式丰富的新媒体作品。

《光明日报》在4月24日发布的微视频《等你回家》以一位参与过抗击"非典"疫情的老人为叙述者,综合了逆行出征、十方支援、武汉市民的疫情生活等真实背景,架构出一个充满爱和希望的故事。视频多处巧妙运用特效,将建造"两山"医院、抗击疫情实况、相关新闻报道等信息融入实拍画面,大大提升了故事的信息量,也让抒情式的叙述有了新闻性和现实落点。

微视频《重逢》是一部聚焦武汉“解封”时刻的人物纪实短片。镜头跟随多位志愿者、治愈患者及其家属，记录他们在数月的分别后与家人重逢的珍贵时刻。短片最动人之处在于其真实性——平凡的人物、日常的场景、朴素的语言在“解封”团聚之时显得尤为生动鲜活。在最后，视频聚焦了武汉红十字会医院 ICU 护士长杨莉，跟随她的脚步，观众看到了逝者的遗物回到家属手中的过程。有人收获了重逢，有人经历着永别，《重逢》在记录感动的同时，也在缅怀中铭记历史与苦难。

类似《等你回家》《重逢》的新媒体报道还有许多。在疫情期间，前后方的通力合作既保证了新闻的时效性和现场感，也让更多高品质、多维度的新闻作品应时而生。

置身疫情前线，除了紧迫的工作节奏，卢璐和团队同时面对着不便的生活条件。他们在酒店一住就是近两个月，当时所有门店都暂停营业，生活只能一切从简。每当感到焦虑，团队内的同事们便互相鼓励安慰。回忆起那段时光，卢璐心中充满感激。她是队伍中最年轻的成员，同行的哥哥姐姐们在业务上、生活上给予了她莫大的信心和指导。在报道前线，他们工作上相互配合，生活上彼此关心，在同舟共济的几十天里，他们收获了一段弥足珍贵的“战友情谊”。

团队协作让工作高效有序地进行，共同进退消解了人们心中的忧虑不安，而来自四面八方的社会支援则交织成民族精神的图谱，成为一线工作者不息的精神力量。出发前，卢璐的同事接到了一批医疗捐赠，包含 5 千多只口罩，40 袋板蓝根，120 瓶酒精棉球，还有不少医用胶带，满满当当装了几大箱。这些物资都是军人、记者、公务员等群体自发捐赠的。转运到武汉后，物资有专人接手送往医院等地。这个故事被他们写进了第一篇报道中。

到达武汉后，来自社会各界的许多组织、团体都向卢璐和其他记者团队提供了支援。北京伍连德公益基金会向他们援助了生活物资，记者协会陆续给记者们提供酒精、口罩等防疫物资，湖北当地的企业也尽己所能，送来了食品和其他生活用品。危难时刻，是这些雪中送炭的点滴情谊照亮了疫情前线的阴霾。

2020 年 2 月 1 日，卢璐前往雷神山医院工地采访。在那里，她看到来自祖国四面八方、载着援助物资的车辆，还有席地而坐、为了节省时间匆匆扒拉两口饭的施工人员。“如果不是大家都戴着口罩，以及我们身旁有工地医疗点，很难想象这是特殊时期的特殊工地，一群临时召集来的建设者，汇聚在这里，建造希望。”卢璐这样说道。

疫情发生以来，有445名新闻工作者主动请缨、奔赴武汉，与当地媒体并肩作战。

在记者驻地外，汉秀剧场的LED大屏上每天晚上滚动着“武汉加油”“湖北加油”几个大字。从曾经的“汶川加油”“中国加油”，到新冠肆虐期间人们对武汉和湖北的殷殷祈望，民族精神始终鼓舞着中华儿女在考验面前迎难而上，而像卢璐一样的记者们正是这种精神的见证者、记录者和实践者。

（二）职责与勇气："我来了，我该怎么做?"

卢璐是湖北人，她的家人、朋友、师长都居住在武汉。因为身处疫情中心，父母反复叮嘱她不要回家过年。可是在大年初五，她还是选择了回去。回忆起这个决定，卢璐觉得自己只是希望为家乡做些什么，“哪怕我没有以记者的身份去做采访，我也会做一个志愿者。对于我来说，这些都是我觉得应该去做的事情”。

逆行返乡，是出于对家乡的牵挂，更是出于职业担当。2020年3月11日，卢璐在一篇报道里这样写道：“再让我选择一次，我还是会冲上去。因为笔下有乾坤，肩头就有责任；因为在重大突发性公共卫生事件面前，新闻它也是一种救援。”这便是记者的模样，一腔热血、一片丹心。

到武汉之前，卢璐对“封城”没有确切的理解。抵达武汉当晚，她走到出站口的马路旁，才终于理解了它的含义。那是城市的所有街道、整个区域几乎都没有人了。没有流动，没有生机。

当时，不少患者被安置在中南医院，而卢璐和团队入住的酒店就在中南医院斜对面。“一街之隔，好像有种一下子也被框进医院范围的状态，紧张感一下子就上来了。”当时正是抗疫战斗最艰难的时刻，防疫工作尚在摸索中不断完善，卢璐和同事们都是第一次面对这种情况，他们不确定自己的防护措施是否正确，既担心自己的、团队的、远方家人的健康状况，又要考虑采访工作的进度和安全性，工作和生活的压力一齐袭来。

高强度工作从踏上进汉列车的那一刻就开始了。《光明日报》第一批前往武汉的记者包括卢璐在内仅有三人。在列车上，他们采访了其他同行的记者团队；到达武汉后，尽管舟车劳顿，他们还是第一时间记录下这座“空城”的样子，并在当晚发布了抵达武汉后的第一条微博和微信推送。卢璐说：“在那种环境下，当我们到达了武汉，就想把现场的情况赶紧写出来、拍出来、报道出来，让大家在最快的时间里看到。”这是身为记者的职业素养和天性。他们将记者的身份置于首位,也正是这个身份给予了他们坚守的勇气和力量。

每天七八点起床,穿上厚重的防护装备,扛着脚架和机器外出采访。晚上回到酒店写稿、开会、讨论第二天的选题策划,一直到夜里两三点才能休息,第二天又是早早起床,奔赴社区、施工地点或医疗点。这是卢璐和团队成员在近两个月时间里的日常状态。在这个过程中,卢璐的脑中始终绷着一根弦,她坦陈自己每天都感到疲惫,“但这种疲惫和工作、学习的疲惫还不一样,因为你担忧的东西很多,想不到我得赶紧休息,只想着我得把这事做了,做了再睡”。职责所在、信念所在,他们便无暇顾及恐惧和担忧。

(三)尊重、关切与善意:脚下有泥,心里有光

对于一名优秀的记者而言,与责任和担当同样重要的,还有对他人的关切。在走访华大基因的武汉基地时,卢璐采访了一位名叫吴昊的试剂盒研发者。当他换下防护服,露出红上衣的时候,卢璐立刻注意到了他的眼睛,那是一双和衣服的颜色一样红的眼睛。在采访中,卢璐得知他已经有 76 个小时没有合眼。那正是试剂盒需求量暴增的阶段,很多疑似病例都在等待确诊结果。连着 76 个小时,他不眠不休地带着团队奋战在生产研发一线。这个细节后来被卢璐写进了报道中,一个平凡英雄的形象跃然纸上。这种敏锐的观察力来源于记者对人的关切。它让卢璐能够准确找到人物最生动、最有代表性的特征,呈现具有现场感和饱含人性关怀的报道。

这次疫情中,医护人员是战斗在最前线的一群人。尽管他们是最核心的信源,卢璐仍然认为应该尽量避免占用医护人员的时间,“他们实在太累了,我其实很不忍心”。在和一位医生约采访时间的过程中,医生担心自己下夜班太晚,卢璐采访不方便。而卢璐告诉他:“一切就看您的时间,多晚我都等。”

卢璐还采访过一位名叫王利的志愿者司机,她是四川绵竹人,汶川地震的亲历者。12 年前,她还不满 18 岁,学校的老校区全部垮塌,十余名同学失联。她和母亲沿着废墟攀爬了很久才找到相对安全的地方,最终得到救援队的营救。对于亲历者而言,这或许是一段悲伤隐秘的记忆。采访王利之前,卢璐的采访对象多为科技文化领域的专家学者,采访的话题往往是严肃而理性的。这是她第一次进行深度的情绪采访。在采访过程中,卢璐选择先从当下的防疫工作聊起,待采访的氛围相对松弛,她再委婉地将

地震回忆的话题抛出。有了之前较长的采访铺垫，王利很自然地和卢璐分享了自己十多年前的获救经历。也正是那段劫后余生的经历，让王利决定成为社区保障车队的志愿者，将爱与希望传递下去。

让采访对象敞开心扉并非易事，这需要尊重，也需要情感连接和共情理解。卢璐坦言，在采访中自己多少有些忐忑，担心触及伤痛往事会让对方不适，这也正是深度访谈的难点。记者需要具备的不仅仅是采编写的技能，更是在对谈中与采访对象建立情感联系、表达共情和理解的能力。

(四)热爱与初心："不要忘了你为什么出发"

卢璐做一名记者的理想在2008年埋下种子。那年，中国经历了汶川地震和南方雪灾，刚上初二的卢璐在电视和报纸上看到无数记者深入一线，从最危难最艰苦的地方发回报道。她被记者见证历史、记录历史的行为打动。记者梦从此生根发芽。

成长环境让卢璐天然地与文字有亲近感。小时候，父母要求卢璐每日读书、写日记。时至今日，阅读已经成了她生活中不可或缺的一部分。

高考结束后，卢璐义无反顾地选择了新闻专业。一路前行，她遇到过许多引路人——有专业课的老师、行业中的前辈、团队里的同事……当然，还有家人。初到武汉前线，抗疫战况并不明朗，父亲尽管担心，还是一如既往地给予卢璐无条件的支持。他替卢璐劝说母亲，并对家中的长辈隐瞒了卢璐身在武汉的情况，让她能心无旁骛地投入抗疫工作和采访报道。

从业三年，卢璐从不后悔自己的选择。她觉得自己最大的收获是快乐。对她而言，这是一份永远都有新鲜感的工作。虽然每年都参与"两会"、互联网大会、进博会和数字峰会等会议论坛的采访报道，但她从不觉得自己在做重复的工作。"你得去挖掘不一样的东西出来。"在她眼中，每个采访对象每年都有变化，论坛会议的主题也随着时代进步而变动，寻找这些变化，就像是在追寻社会发展的足迹并为之写下注脚。

在经年累月的积累中，卢璐始终在成长。尽管她也遇到过纠结、苦恼和挫败，但这些难关在被跨过之后都成了她的经验，也让她在"临危受命"时更胸有成竹。在疫情报道工作中，日常的积累让她有了更高的新闻灵敏度，让她在有限的时间内迅速获取信息，高效完成工作。基础的采写能力在不同的新闻领域中是共通的，但能力仍有高低之分，一个好记者必然要经历实践的长期考验。卢璐在入行之后发现，传统媒体的前辈往往在新媒体领域也能做得游刃有余。尽管技术不断更迭，报道形式日渐丰富，但万变不离其宗，报道的核心仍然是内容，新闻敏感度、对选题的把控、搜集信息的能力、排列组合的能力始终是记者的基本功。

疫情前线的采访工作让卢璐遇到了各种各样的采访对象，她也在这个过程中收获了更为全面的采编经验。疫情结束后，卢璐有次前往内蒙古采访植树治沙的两位老人，在疫情中磨炼出来的共情能力让她与采访对象有了更深的交流。采访过程的对话感和倾诉感变强了，报道自然更为鲜活动人。

从业三年，卢璐对记者这个职业有了更丰富的理解。作为《光明日报》全媒体总编室的一名记者，卢璐始终在钻研。她希望能够做出真正让大众喜闻乐见的作品。这种希望源自她对本职工作的热爱，也源自她对专业领域日渐深入的了解。她坦言，许多大家有很多不为人知的故事，他们的精神值得被铭记，却在很多时候被埋没了。不使明珠蒙尘，这是她的信念，也是她在工作中身体力行为之奋斗的目标。在献礼国庆七十周年的作品《见证》中，卢璐为中国航天“大总师”孙家栋、雷达专家王小谟、经济学家厉以宁、考古学家刘庆柱等许多航空、经济学、法学领域的奠基人、泰斗和先驱们留下了珍贵的影像记载。于她而言，对社会有价值、对时代有意义、对他人有帮助，便是她持之以恒的工作目标。

谈到对自己的期许，卢璐的想法很简单——把报道做得更好。因为喜欢，因为从未忘记为何出发，卢璐不曾犹豫退缩。“你得知道你内心最想要的东西是什么，你确认了你想要的这个东西，你就去坚持它。”

三、致未来的记者：平凡岗位上的光与热

2020 年 3 月 4 日，《光明日报》一篇报道的标题是“那些匆匆而过的英雄本来如此平常”。在这场旷日持久的抗疫战斗中，武汉经历了 76 天“封城”。从最初的慌乱与不安，到一系列政策的出台和落地，身处疫情中心的每个人都以自己的方式坚守着、战斗着、祈望着。以平凡书写不凡，他们每一个人都是匆匆而过的英雄。在这些平凡的英雄中，有一群人是真实的守护者、故事的讲述者、历史的记录者，他们以真相驱散谣言与恐慌，将温暖和信念及时传递到四面八方。

他们是记者。记录英雄的人，本身就是英雄。

正如卢璐所说,“我们的笔下和镜头里,传递出的是冷暖的温度,是不负历史的记忆和时代的体温”。人们对美好时代的向往,包含着对优秀的、有责任与担当的记者群体的向往。

(一)一份职责,满腔热爱

选择记者这份职业,便是选择了风雨兼程。它需要的不是一时兴起、一腔孤勇,而是发自内心的热爱和对职责经年累月的坚守。普利策把记者称为“瞭望者”,记者们以“铁肩担道义,妙手著文章”自勉。从面对非典的“职责所在,责无旁贷”,到以调查报道揭露繁峙矿难真相,在重大社会公共事件中,我们总能看到记者的身影。而在疫情面前的勇敢无畏,更是勇气,是毅力,是身为记者的责任与担当。

尽管父母反复叮嘱不要回家过年,卢璐仍选择搭上逆行的列车。还有许许多多的记者和卢璐一样,他们相信“笔下有乾坤,肩头就有责任”,相信在疫情面前,“新闻也是一种救援”。59 天,这是卢璐在武汉疫情一线度过的时间,也是抗疫战斗最艰难的一段日子。“去时残雪未消石,归来繁花已破春”,陪伴她在武汉度过冬天的,是朴素而又平凡的、身为记者的职业责任感。

面对肆虐的新冠疫情,许许多多像卢璐一样的新闻工作者主动请缨、奔赴武汉。病毒的传染性极强,企业停工停产,街道空无一人,城市失却了生机和活力。不能聚集性采访,不能影响救治与生产,不能浪费防疫物资,同时还要考虑自己的人身安全,记者承受的不仅是受限的工作条件和极大的工作强度,还有对亲友的思念与担心,以及作为一个普通人,在身处险境时不由自主的恐惧和焦虑。而抵抗这一切的力量,只是身为记者的一份担当,是职责所在,便奋不顾身。

如果说疫情是一次突如其来的考验,在日常报道中,记者面对的便是一个个选择——选择话题、选择采访对象、选择呈现方式,甚至是选择用哪个词来赋予故事意义。其中最重要的一个选择,或许是对这份职业的坚持或放弃。优秀记者不畏强权维护正义的故事固然令人神往,但日常的采写工作却是平常朴素的。刚入行的记者或许会面对想象与现实的落差,在奔波与挫折中消耗精力和热情。疫情后回到原本的岗位,卢璐的工作也是平常的。她描述自己的工作是“了解和收集信息,用自己的经验加以转化,然后输出信息让更多人接收到”。这份工作或许平常,但对于卢璐而言,它并不平淡。她始终希望,也始终相信,自己的工作能为读者提供些许帮助。

卢璐把工作看作人生的缩影——总会有一些嘈杂的东西，像是写不出稿，四处奔波，采访环境不那么理想，或是采访对象不太配合……这些都是记者工作中的家常便饭。在旁人看来，记者或许是日复一日地奔波劳碌，但在卢璐和许多新闻工作者眼中，热爱便是动力，热爱让一切考验能够被战胜——“回头想来，都觉得是很美好的”。

（二）从传统新闻到新媒体：新闻报道的变与不变

没有人能在一夕之间成为优秀的记者。尤其在媒体深度融合的背景下，行业越来越呼唤“全能型”的、具备团队协作能力的记者。

入行三年，卢璐一直是全媒体总编室的记者。尽管在大学学习的是传统的纸媒报道，卢璐仍然在入职后很快适应了新媒体的报道形式。传媒技术发生了变革，但新闻的内容和本质始终如一。在她看来，新媒体和传统媒体有很多共通之处，都需要新闻工作者具备采访能力、高度的新闻敏感性以及对信息、选题的把控能力。这些能力很难通过书本和讲述教授，只能通过经年累月的实践和积累不断提升。

在武汉期间，所有的报道都是自定义的，获取信息、寻找信源、判别信息真伪和优先级、寻找报道切入点……这一切都需要记者在前线高效及时地完成，这也离不开长期的实践经验。优秀的记者是十年磨一剑，全媒体记者更是如此。罗马不是一天建成的，从培养新闻敏感性、训练采编能力和策划能力，到形成全媒体报道的制作能力，记者必然要投身于日久年深的报道实践，并始终保有对自身职业水平精益求精的高要求、高标准，通过日积月累的尝试、试炼，打磨铁杵、磨砺笔头与镜头。

尽管新媒体报道和传统媒体本质相通，它们在呈现形式上却是大相径庭，这些差异也对制作者提出更高的要求。在内容和形式方面，卢璐认为相比于传统文字报道，新媒体报道更强调现场感——如何通过视频、动画等形式展现环境，如何利用声音、特效元素丰富信息，都需要在制作中考虑。同时，新媒体作品在网络平台发布，适应网络语境、让网友也乐于接受和讨论，就成为新媒体作品的一大要点。在制作新媒体作品时，卢璐更倾向于让采访对象讲故事，用生动的故事呈现鲜活的人物，引出有价值的话题。在她眼中，一个优秀的新媒体作品应该展现较好的互动性，并呈现有意义的价值导向。回顾近几年较为成功的新媒体作品，人们不难发现这些作品的网感、故事性和互动性都非常突出。例如《人民日报》在 2019 年制作的 H5 作品《滑动手指，一笔画出 70 年！》将新中国成立七十年来的时代发展装入一幅动态的手绘长卷，读者滑动屏幕就能使卷轴慢慢展开，跟随作品一同回到七十年前的中国，重走发展富强的历史道路。除了较为常见的图解新闻、动态 H5，新闻游戏也是新媒体新闻作品的一种创新形式，如北京电视台制作的《2020 扶贫攻坚，助力奔小康》就是一个新闻游戏的典型案例，它将内蒙古、陕西、湖南等地的扶贫成果融入一个个寓教于乐的小游戏中，让读者在通关积分的过程中回顾各地的扶贫路。

新媒体新闻和传统新闻的另一个区别是对团队协作提出了更高的要求。在武汉期间，《光明日报》采用了特殊报道机制。卢璐和团队负责现场采访和编写报道，他们同时与后方保持远程联动，配合完成选题策划、后期制作。然而前后方的沟通必然存在温度差，后方对实况的理解与前方真实的体感有差别，对于事件重要性的判断也不尽相同，双方难免产生分歧。此时，及时有效的沟通就显得至关重要。卢璐和后方团队就曾在方舱休舱这一事件的重要程度上产生分歧，此时要最大化地传递真情实况、推动策划编辑的进展，就需要充分地沟通交流。

疫情是一次大考，日常的报道工作则是大大小小的持续性试炼。一个新媒体作品的诞生需要策划、采访、拍摄、后期人员的配合，H5 和微动画的形式还涉及设计和开发，每一个环节都需要沟通协调。记者工作不是孤军奋战，新媒体报道更是如此，它强调整个团队全流程的密切协作，从选题策划、作品构思，到呈现形式、传播平台，每个环节都需要准确高效的沟通合作。在现实工作中，分歧时常出现，团队需要磨合。但卢璐认为，只要大家目标一致，都为了做出好作品全力以赴，那么一切分歧和难题都能够迎刃而解。

(三)把握市场价值与社会价值的天平

传媒技术赋予大众发言和讨论的权利，但随之而来的是新闻的边界日渐模糊，新闻的严肃性在娱乐中消解。

对大众传媒的批评由来已久。20 世纪七八十年代，广告和消费文化大行其道，波兹曼在《娱乐至死》中痛陈娱乐文化对大众文化的侵蚀，他认为电视传媒的娱乐性迫使一切信息向娱乐靠拢，以求博得观众的青眼。时至今日，我们很难否认这个观点的前瞻性，但也不必谈娱色变。恰恰相反，主流媒体都在寻求融合严肃性和娱乐性的良方，前文提到的 H5、图解新闻、新闻游戏都是严肃新闻的娱乐化尝试。卢璐提到，自己在制作新媒体新闻作品的过程中，也会从优秀的自媒体作品中汲取灵感。新闻既要满足市场受众的喜好，又要保持自身的风格调性，二者之间如何协调，卢璐和许多新闻工作者也正在不断探索。《光明日报》在疫情期间制作的《一本来自武汉的采访手记》是一次成功尝试，它以年轻化的语态，用手绘动画结合图文速写的方式呈现了不同领域的闪光故事。

尽管娱乐性的信息形式往往更容易吸引关注，但过度娱乐化、盲目追逐点击量和阅读数据也并非良策。谈到这里，卢璐坦言数据和关注度不是自己现阶段的追求目标。她始终将自己视作一个初出茅庐的学习者，做出让自己满意的、有社会价值的作品，才是她目前最大的追求。这也是她从事新闻工作一直以来的祈望。卢璐说："坚持产出有社会价值的内容是我的初心。可能终其一生我都没有做出多么优秀的作品，但那始终是我追求的目标和方向。"

优秀的记者群体肩负职责和担当，他们就有如时代的良心、社会的压舱石。正是他们对真相、客观、公正的孜孜以求，让这个喧嚣的时代能留得一处清净理性的所在。

(四)不忘关切与初心

提问、交流、沟通是记者的日常功课，话筒递出的不仅是发声的机会，也是对人的关切与尊重。镜头记录的不仅是新闻事件，还是每个个体的人生百态。

疫情期间，《光明日报》开设的"武汉闯关""武汉面孔""武汉时间"栏目各有侧重，但都是围绕着人展开的。从患者家属，到医护人员，再到一个个志愿者，报道讲述人的故事，以鲜活的形象、话语、行为传递温暖与力量。

卢璐"不忍心"采访医护人员，是出于对他们身体状况的关切、对他们无私奉献的感激；她注意到吴昊连续76小时未眠后发红的双眼，是因为她敏锐而细腻的目光始终落在采访对象身上。在疫情之外，我们也总能看到记者弯下腰、俯下身，以平等的姿态对待采访对象。在《当孩子离去》中，面对思念孩子悲痛落泪的失独者，记者王晓清自然而然地握住对方的手；在《山那边的孩子》里，记者长江始终蹲下身、弯下腰，和身在山村中的孩子站在同一个高度。

传媒技术普及，自媒体井喷式发展，信息的记录和呈现方式日愈丰富，甚而有人提出"人人都是记者"；一些资讯平台尝试探索新闻新模式，鼓励用户上传自己随手拍摄的新闻线索。如果记者的工作仅仅是记录事件现场，那么这个职业几乎没有门槛。然而我们知道事实并非如此。除去采编、选题策划这些职业技能，一个真正的记者首先要有与采访对象平等对话的能力。说来简单，但我们也看到过不少失败的案例，某些记者或是以高高在上的形象，戴着墨镜、打着太阳伞采访灾后重建的工作者；或是戴着有色眼镜，想当然地心怀偏见引导话题。

"越是人人都有发言机会的时代，人人都能手握麦克风的当下，越是需要职业传媒人。"[①]这个时代早已不缺乏信息和话语，它需要的是更多次的俯身倾听、平等对话，是记者们一次次落在人身上的目光，和那目光中闪烁的温情与理解。

有一句话，叫"走得再远，也不要忘记为什么而出发"。许多人开始这份职业，是出于朦胧的向往，卢璐也是如此。从初二那年的敬仰和感动，到报考专业时的坚定，再到今日身赴前线、见证历史。一路走来，梦想不曾褪色，初心始终熠熠生辉。那份初心是对真相的执着，对客观公正的坚守，更是对脊梁笔挺、扎根基层的那些身影的向往。

---

① 引自央视特约评论员杨禹在2014年首届中国媒体品牌高峰论坛之圆桌会议上的讲话。

图书在版编目(CIP)数据

记者职业素养与实践路径探索研究/程素琴主编.--北京：中国传媒大学出版社，2022.10
ISBN 978-7-5657-3195-2

Ⅰ.①记… Ⅱ.①程… Ⅲ.①记者—新闻工作—研究—中国 Ⅳ.①G214.2

中国版本图书馆 CIP 数据核字(2022)第 149531 号

记者职业素养与实践路径探索研究

JIZHE ZHIYE SUYANG YU SHIJIAN LUJING TANSUO YANJIU

主　　编　程素琴
策划编辑　王雁来
责任编辑　李　莉
特约编辑　沈　悦
封面设计　郭　琳
责任印制　李志鹏

出版发行　中国传媒大学出版社
社　　址　北京市朝阳区定福庄东街 1 号　　**邮　　编**　100024
电　　话　86-10-65450528　65450532　　**传　　真**　65779405
网　　址　http://cucp.cuc.edu.cn
经　　销　全国新华书店

印　　刷　唐山玺诚印务有限公司
开　　本　787mm×1092mm　1/16
印　　张　13.5
字　　数　240 千字
版　　次　2022 年 10 月第 1 版
印　　次　2022 年 10 月第 1 次印刷

书　　号　ISBN 978-7-5657-3195-2/G·3195　　**定　　价**　69.00 元

本社法律顾问：北京嘉润律师事务所　郭建平